质量管理实操

从新手到高手

武　啸◎著

中国铁道出版社有限公司
CHINA RAILWAY PUBLISHING HOUSE CO., LTD.

内 容 简 介

21 世纪什么最重要？人才最重要。大量质量管理人才是商品高品质、高质量的重要保障，是国人消费升级的重要基础。那么，如何得到大量的质量管理人才？如何帮助质量管理从业者成长为质量管理高手？本书给出了求索之道。全书共分为三篇：基础篇主要介绍了质量管理面面观、质量策划、质量控制、质量检验、质量保证、质量改进等主要管理活动。提升篇则阐述了 ISO9000 质量管理体系、六西格玛管理、全面质量管理。时代篇结合时代特点，畅谈了大数据时代的质量管理趋势，分享了质量管理的精神家园——工匠精神。整书注重实操，实践性强。内容由浅入深、极易上手，有很强的指导和借鉴作用。

图书在版编目（CIP）数据

质量管理实操从新手到高手/武啸著. —北京：中国铁道出版社有限公司，2019.6（2022.12 重印）

ISBN 978-7-113-25134-5

Ⅰ. ①质… Ⅱ. ①武… Ⅲ. ①质量管理 Ⅳ.①F273.2

中国版本图书馆 CIP 数据核字（2019）第 031590 号

书　　名：质量管理实操从新手到高手
作　　者：武　啸

责任编辑：王　佩　　**编辑部电话：**（010）51873022　　**邮箱：**505733396@qq.com
封面设计：MXK DESIGN STUDIO
责任印制：赵星辰

出版发行：中国铁道出版社有限公司（100054，北京市西城区右安门西街 8 号）
印　　刷：北京铭成印刷有限公司
版　　次：2019 年 6 月第 1 版　2022 年 12 月第 6 次印刷
开　　本：700 mm×1 000 mm　1/16　**印张：**17.75　**字数：**324 千
书　　号：ISBN 978-7-113-25134-5
定　　价：55.00 元

前　言

改革开放40多年来，人民生活水平大幅度提高，同时对生活质量也提出了更高的要求，对琳琅满目的商品更是提出了高品质、高质量的需求。为了满足这些需求，各行各业都需要大量的质量管理从业者和质量技术人才，而如何更好、更快地培养出一批质量管理高手，除了必要的实践经验，更需要的是一些简单实用的工具指南，这也正是本书成稿的初衷。

“万丈高楼平地起”，对于大量有志于质量管理工作的从业者来说，如何从一名职场“小白”，尽快成为一名质量管理高手，这是一个循序渐进、不断提升的过程。作者正是本着这样的撰写思路，结合自己二十多年的质量管理实践经验，由浅入深、条理清晰地规划出了一条质量管理提升之道：从基础篇开始，由质量工作的面面观到质量策划、质量控制、质量检验、质量保证、质量改进等重要活动的讲解，使读者对质量工作有一个全面的认识，初步掌握质量管理的基础工作。随后顺理成章地延伸到提升篇，对ISO9000质量管理体系、六西格玛管理、全面质量管理进行了详细讲解，为管理工作的全面提升奠定了坚实基础。当然，传统也需要时代的音符。因此在最后引入了时代篇，畅谈了大数据时代的质量管理趋势，分享了质量管理的精神家园——工匠精神。

作者为了增强本书的实用性和可操作性，各项质量管理活动结构独立，各自成章，从内涵、流程、操作步骤到实践工具，面面俱到，形成了一个完备的操作范本，再结合每章结尾的智慧分享，完美演绎了各个质量管理活动，易学易懂，具有很强的指导和借鉴作用。

希望本书能够成为广大质量工作从业者的良师益友。不过，由于水平有限，加之时间仓促，书中难免出现疏漏和不当之处，恳请广大读者朋友批评指正。

作　者

2019 年 3 月

目　录

第一部分　基础篇

基础打得牢，方能快步跑！

第三部分　时代篇

把握时代脉搏，铸就质量新篇章！

第一部分　基础篇

基础打得牢，方能快步跑！

第1章

从质量看质管——质量管理面面观

本章导读：

- 质量内涵知多少
- 质量追求的目标
- 如何理解检出来
- 如何理解管出来
- 追求质量的意义
- 质量管理的境界

现代社会，商品琳琅满目，也鱼目混珠。质量问题几乎已引起每个组织的高度重视，已逐步成为关系组织的切身利益、关系社会的健康发展、受到人们普遍关注的重大战略问题。那么，关于什么是质量，又如何做好质量管理，以最终实现质量取胜，正是本书要讨论的重要话题。

1.1 质量内涵——不只求最好，而要求更好

1. 何为质量

谈到质量，就引出什么是质量，以及质量又有哪些属性和内涵的话题。关于这些话题，众说纷纭，难以归一，不同的人有不同的理解：一种观点认为：质量在“顾客眼中”，完全是以客户为基准的，顾客满意就是高质量；另一种观点认为：要以制造为基准，质量就是严格按照操作规程去做并“第一次就做好”；还有一种观点则是以产品为基准，其视质量为准确和可测量的变量；当然还要包括另一种观点：认为质量就是对于规范或要求的符合，只要符合规范或要求就有了质量；这些观点站在一定的角度，虽都有一定的道理，但都有一些片面性。

现代管理中，对于质量的理解，一般应用 ISO9000 标准给出的质量定义：质量是一组固有特性满足要求的程度。根据对定义的理解，它包括以下几个方面的内涵：

（1）固有的特性是指事物中本来就有的，尤其是那种永久的特性。

（2）既包括明确的要求，也包括隐含的或必要的需要和期望。

（3）质量不仅满足顾客的个体需求，还要满足社会需求。

（4）质量是相对的、动态的，需要不断改进，也即不只求最好，还要求更好。

（5）质量服务的客户不只包括外部的客户，也包括内部的客户。

2. 精益求精不等于不计成本

质量不是免费的，追求质量是要付出代价、付出成本的。而且，高质量往往也意味着需要付出一定的成本，但是，高质量不等于高昂成本，精益求精也不等于不计成本。

对于质量，社会上经常出现两种错误观点：一种认为质量太贵，负担不起，只要获利就行。这也成为许多经营者粗制滥造、仿冒伪劣的借口；另一种观点则把质量完美作为一种使命，不计代价、不惜成本，最终却丢失了市场，贻误了战机，也无法继续前行。这些观点都失去了质量的初衷。

追求产品最优异的性能、提供客户最满意的品质，是追求质量的基本属性，是一种精益求精的质量至上精神。不过，精益求精只是一种追求完美质

量的途径，但不是必须要达到完美质量的使命。因为追求完美质量有很多困难，要受到各种因素的影响，不计成本也往往事倍功半，收效甚微，并且也会丧失商品的基本属性——获利性，不符合基本的商品经济规律，因此，精益求精就是千方百计用最经济的方式实现质量属性，但一定不能不计成本。

3. 质量不是抽象的

许多人看到质量的定义和质量的属性，往往就进入一种认识误区，认为既然质量是一组固有特性满足要求的程度，既包括要求，也包括一些需求和期望，那么，质量就是抽象的，很难评估或测试的。其实不然，质量是客观存在的，也是可以衡量的。

（1）质量参数衡量

每种产品都有自己的内在属性，可以分解为组成它们的要素，称为质量参数。它与产品的性质密切相关。这些质量参数往往是明确的、容易掌握的，也就是可以用来进行衡量的。譬如：对于机械和电子产品，质量参数可能与性能、可靠性、安全性和外观等有关；对于医疗产品，质量参数则取决于物理性质、化学性质、药效、毒性、味道、有效期等；同样对于酒店服务质量，可以用地理位置、饮食条件、舒适程度、安静、清洁、电话服务等进行衡量。

（2）顾客满意度衡量

顾客满意度反映的是顾客的一种心理状态，它来源于顾客对市场上的某种产品服务消费所产生的感受与自己所期望的对比。也即：

顾客满意度 = 顾客实际的体验质量-顾客期望的服务质量

差值 =“0”，表示顾客刚好达到满足；

差值 <“0”，表示顾客不满意；

差值 >“0”，表示顾客满意。

通过合理设计顾客满意度调查表，就基本能反映产品或服务的质量。

（3）质量成本衡量

质量是有成本的，这些成本一般包括：预防成本，如质量策划、质量培训、质量会议、质量管理活动等；制造成本，如报废、返工、返修、质量停工损失等；检测成本，如材料检验、过程检验、成品检验、破坏试验、仪器校验等；服务成本，如服务费用、抱怨处理损失、减让损失、信誉损失等。这些成本基本上都是明确的、可核算的，用这些核算的质量成本就可作为衡量质量的重要参考。

【小贴士】金奖等于高质量吗？

商品社会，商品经济高度发达，围绕商品的质量活动层出不穷，花样方式不断翻新，各种形式的评优、评选活动也应运而生，各种金奖、银奖漫天飞舞，给人感觉眼花缭乱，无所适从。那么，金奖、银奖就真的意味着高质量吗？其实并不尽然。

- 相关协会、部门组织评优、评选活动的初衷是好的，但在执行过程中，由于利益因素，评优、评选活动往往会出现很多干扰因素，评出的结果也经常会出现鱼目混珠、滥竽充数的情况。
- 评优、评选只是一次性活动，金奖、银奖往往也是送选产品，得奖的结果只能表明该公司有生产金奖、银奖产品的水平，但不代表该公司生产的产品都达到了金奖、银奖水平。得奖是一种水平的肯定，而全部精品则需要持之以恒的精神。

因此说，金奖不见得就都是高质量，各种评优、评选活动，也并不能完全反映质量水平。

切记谨慎！

1.2 质量追求——不追求最贵，但追求最对

爱美之心，人皆有之。追求美好的生活，是人类的天性，也是人类进步的表现。追求高质量、高品质的生活，本无可厚非。不过，以为追求质量，就是追求奢侈，那是一种认识上的岐途。不知何时，社会出现了一种不好的风气：不求最对，但求最贵。选择物品，不看好坏，就看是否昂贵，只要是贵的，就以为是高质量，美其名曰：一分价钱一分货。听得很有道理，真的如此吗？

1. 最贵不一定最好

产品贵不贵体现的是产品的价格。产品好不好体现的是产品的价值，内在质量和品质。价格和价值有一定的内在联系，但又有很大区别。价值是凝结在商品中的无差别的社会劳动。它体现的是产品的内涵，成品后就基本不变。而价格虽然以价值为基础，但它受到很多因素的影响，很大程度上受制于市场。随着供求关系、个人喜好、品牌、气候、地域、宣传等因素的变动，价格波动很大。所以，我们经常看到，同样的物品，在不同的店铺价格差别很大。因此说，价格昂贵不见得就是高质量，最贵不一定最好。追求质量一定是追求最对，而不是最贵。

2. 追求时尚≠追求质量

“时尚”一词是指潮流代言词，英文为 fashion，频繁地出现在社交媒体上。追求时尚已逐渐成为追逐潮流、追求品质的一种表象。那么，追求时尚是否就真的等同于追求品质、追求质量呢？首先，让我们了解一下何为时尚。关于时尚，很多人的理解都不一样，有人认为时尚即是简单，与其奢华浪费，不如朴素节俭；有人认为时尚只是为了标新立异，给人耳目一新很有风范的

感觉。顾名思义，所谓时尚，是时与尚的结合体。所谓时，乃时间，时下，即在一个时间段内；尚，则有崇尚，高尚，高品位，领先。也即：时尚是在一定时间内的崇尚、领先，追求时尚是追求的一种潮流、领先，它与追求质量相差甚远。因此说：追求时尚≠追求质量。

1.3 质量结果——不是检出来，而是管出来

情景现场：一家企业生产的产品由于质量问题遭到了客户抱怨，向厂家提出了投诉，企业主管领导就把生产经理和质保经理召集到一起进行事故检讨：

主管领导："就该事故你们两位都谈谈看法吧。"

生产经理："产品有质量问题，是我们生产的责任，但质保怎么没把好关呢？"

质保经理："产品是生产出来的，质量是靠流程管理出来的，不是我们检出来的。"

生产经理："都靠我们生产者控制质量，那你们质保起什么作用，取消得了"

质保经理："质量靠你们控制，我们只是一种质量验证，如果靠我们就能保证质量，那你们闭着眼生产得了。"

……

似曾相识吧！至少应该不陌生。那么，究竟谁对谁错？

1．质量只是质检部门的事情吗

企业内提到质量，大家下意识地就认为质量是质检部门的事情，与我们关系不大。

"常在河边走，哪有不湿鞋？"生产部门认为每天生产那么多产品，当然会有次品出现。只要质检把次品检出来，不流入市场就行。

企划、财务、市场等部门认为我们又不直接参与产品制造，质量与我们没关系。

真的是这样吗？

随着市场经济的发展，质量已不仅仅是指产品质量，它还包括所有与提供产品有关的事情（如服务等），顾客满意度已成为评估质量的一种重要指标。也就是说，质量已不仅仅是技术问题，也是一种资源提供问题。它涉及企业内的所有资源，而非质检一个部门。

因此说，质量不只是质检部门的事情，而是全企业的事情。

2．质量不是检出来的，而是管出来的

产品实现是一个严谨、系统的过程，需要严谨的工艺流程给予保证，它涉及企业人、机、料、法、环等方方面面。产品质量就是靠这些严谨的工艺

流程、靠企业各项资源的整体策划、靠全过程的质量控制手段得以实现。而检验只是用各种方式、手段尽量客观、准确地测试、评估、验证产品质量，而不是实现产品质量。

因此说，质量是通过策划、控制、改进等环节管理出来的，而绝对不是检验出来的。

3．质量是结果导向？还是过程导向

情景现场：某企业年初正在召开质量例会，主管领导正在讲话：

主管领导："×年的质量目标是 99%，我不管你们各部门用什么手段，我只要结果：质量目标必须实现！"

会后各部门经理回部门后讲话："公司已经给制定了质量目标，是 99%，而且必须实现。我不管你们各车间用什么手段，我也只要结果，必须实现目标。"

各车间主任立即召集了各班组长开会："经理下达了×年的质量目标：99%，必须实现。各班组好好掂量，我只看检验结果。"

……

只要结果，不问手段，质量管理能够实现吗？

产品实现既然是一个严谨、系统的过程，那么，产品质量只能靠全过程控制才能得以实现。只要结果只是一种"死后验尸"，既不科学，也像盲人摸象，改变不了产品质量。

因此，质量实现一定要是过程导向，而不能是结果导向。

1.4 质量管理——既讲科学性，又讲艺术性

1．质量管理的含义

质量管理是指经济合理地提供符合买方质量要求的产品或服务的方法体系。通过确定质量方针、目标和职责，并在质量体系中开展质量策划、控制、保证和改进等管理职能，以使其实现的全部活动。是企业管理的重要组成部分。定义说明了：

（1）领导挂帅：质量管理是各级管理者的职责，但必须由最高管理者来领导，以统筹资源，激励全体员工积极参与。

（2）覆盖全程：质量管理应贯穿于企业生产经营的全过程，譬如市场调查、产品开发、生产准备、生产制造、检验检测、售后服务、人力资源、财务、培训等所有活动。

（3）体系保证：企业要通过建立和健全质量保证体系来实现质量管理。

（4）经济合理：质量管理应该充分考虑质量成本等经济因素。

（5）齐头并进：质量管理要与企业的其他管理活动，如经营管理、生产

管理、人力资源管理、财务管理等紧密结合在一起，才能实现质量目标，并保证经营目标的实现。

2. 质量管理的主要内容

质量管理主要包括：确定质量方针、质量目标、岗位职责及管理权限。开展质量策划、质量控制、质量保证、质量改进等各项管理职能活动。

3. 讲究科学性

企业既然一般是通过建立和健全质量保证体系得以实现质量管理。那么质量管理就是一种系统、严谨、科学的活动。在开展质量活动中，不是各自为政、独立运行，而是统筹兼顾、科学有序，从确定方针、目标开始，进行责、权、利的合理分配，然后再通过策划、控制、保证、改进等管理活动的开展，以最终实现目标、体现方针。各个步骤循序渐进、环环相扣，很有系统性和科学性。

4. 体现艺术性

各个企业或组织既有共性，又有自己独特的个性。因此，在质量管理过程中，就不能千篇一律、执行一种固有的模式，一定要根据实际情况，依据共性、突出个性，运用各种适合自己的管理方式和手段，以得到管理效益最大化。因此说，质量管理既有讲究章法、严谨、科学的一面，也有展现个性、变化、艺术的一面。

1.5 质量意义——企业生命线，立足很关键

朱镕基同志曾经说过:“质量本身代表一个国家的形象，一个民族的精神。我们必须树立全民的质量意识，只有全社会都认识到质量是企业的生命，我们才能把质量工作做好。”

质量是维系顾客忠诚的最好保证。一个真正有生命的企业一定是有厚重的质量基础做保障的。

1. 企业质量=企业生命

优质的产品和服务影响着企业的生产经营，决定着企业的成败得失：

（1）质量意味着盈利能力：质量提高意味着更少的缺陷、更低的服务成本、更高的生产效率，也就意味着企业利润增加，提高盈利能力。

（2）质量意味着信誉提升：质量代表了企业形象，反映了企业的综合素质，优质产品和周到的服务能够提升企业信誉，提高企业的综合实力。

（3）质量意味着社会责任：产品是企业的一种物质文化，产品销售也就是一种文化传达。优质产品表达的是一种优质承诺，体现的是一种社会责任，更容易被大家接受。

因此说，企业拥有了高质量，企业也就能够生命长存、基业长青。

2.“酒香不怕巷子深”

“酒香不怕巷子深”的意思是如果酒酿得好，就是在很深的巷子里，也会有人闻香知味，前来品尝。“陈窖一开香千里”，酒客不会因为巷子深而却步，终究会找到它。寓意是只要产品质量好，就一定会引起市场注意，受到市场追捧。也进一步说明了质量很重要，追求质量对企业立足很关键。

1.6 智慧分享

没有毛病的身体是“神体”，没有质量问题的企业是“神企”。企业只要运行，质量问题就不可避免，这也是质量管理存在的意义。因此，接受质量问题并持续解决问题就成为质量从业者追求的境界。关于质量管理的境界一般分为九个段位：

质量管理一段：喊口号。

管理特征：缺乏质量意识和专业知识；缺乏经常性的质量活动；没有独立的质量管理部门；没有制定质量目标和指标；检查力量薄弱，且常受制于生产管理者；员工常把质量问题的责任归于检查人员；“质量第一”只是“一个质量口号”。

质量管理二段：听反馈。

管理特征：缺乏质量意识和专业知识；对于质量的要求仅限于废品率、返修率；缺乏对各部门的指标考核和管理；有指定的质量管理部门，但承担的职能仅仅是搜集客户反馈和处理客户抱怨；高层管理者不参与质量活动，通常只介入重要客户抱怨的处理。

质量管理三段：靠检查。

管理特征：配备了必要的检查人员，主要通过检验保证产品质量；有独立的质量管理部门，但仅对生产部门进行废品率和检查返修率指标分解和考核；该段位的质量管理只是进行简单的质量结果控制。

质量管理四段：抓基础。

管理特征：主要通过检验保证产品质量；有独立的质量管理部门，常由质量管理部门独立负责产品质量；开始重视并开展质量管理的基础性工作，如质量教育、质量分析、计量管理和标准化等，但其他部门的参与还很薄弱。

质量管理五段：管现场。

管理特征：组织开展现场的质量改进活动；重视人、机、料、法、环和检验各要素的管理；积极推进现场目视管理、5S管理和作业标准化管理；有独立的质量管理部门，由质量管理部门和生产部门共同负责产品质量；不过质量管理也还是主要通过检验保证产品质量。

质量管理六段：盯关键。

管理特征：通过质量信息统计和工艺过程分析确定影响产品质量的关键工序和过程；通过设立“质量控制点”，加强对关键工序和过程的控制；积极开展 QC 活动，并按照 PDCA 循环进行质量改进；由独立的质量管理部门，由质量管理部门和生产部门共同负责产品质量。

质量管理七段：重预防。

管理特征：管理层开始关注开发阶段的设计质量；不仅生产和采购部门，设计开发部门也制定了高标准的质量目标；将质量职责授权到所有职能领域，质量管理部门转化为质量顾问的角色；各个职能部门参与质量预防，使质量问题提前做好预防。

质量管理八段：定标准。

管理特征：与质量相关的所有部门都制定了高标准的质量目标；各部门的质量职责得到充分明确，并能积极参与和开展质量活动；建立了较完善的质量管理体系，为保证体系的有效运行，各部门均能遵守相关程序和文件的规定；质量管理部门主要任务是充当质量顾问。

质量管理九段：求完美。

管理特征：各部门都制定了极其严格质量目标，为追求“零缺陷”而努力；高层管理者极其重视质量；所有员工积极参与“质量改进”活动；质量改进活动成为日常工作的一个组成部分。营造了一种有助于质量提高的企业文化氛围，每一位员工都意识到“质量”对企业的重要性，并愿为之努力。

第2章

质量策划——凡事预则立，不预则废

本章导读：

- 质量策划等于质量计划吗
- 如何理解策划是一个过程
- 质量策划有哪些主要内容
- 实施质量策划的流程步骤
- 质量策划常用工具有哪些
- 什么是质量展开功能技术
- 什么是产品质量先期策划

凡事预则立，不预则废，企业进行质量管理，是企业的根本大计，简单草率只会前功尽弃。因此，企业要做好质量管理，要谋划在先，谋定而后动，方能事半功倍。也即企业在确定了质量方针，制定了质量目标后，如何在各项质量管理活动中充分体现质量方针，如何通过企业努力实现质量目标，这些都需要进行完整、系统的策划，即进行质量策划。

2.1 策划内涵——不只意会还言传

事情想做好，首要是知晓。要想做好质量策划，首先要知晓何为质量策划？它有哪些内涵和外延，这些都需要策划者了然于胸，方能有的放矢，决胜千里。

质量策划是指确定质量以及采用质量体系要素的目标和要求的活动。它是质量管理的重要部分，致力于制定质量目标并规定必要的运行过程和相关资源以实现质量目标的过程。也就是企业要考虑采取哪些必要的措施，进行哪些必要的过程，以及提供哪些相应的资源，并把相应活动的责、权、利落实到部门和岗位，以最终实现质量目标。

1. 策划不等于计划

提到策划，我们往往会联想到计划，而在日常工作中，许多人也常常用计划代替策划，其实它们虽然很相似，但策划不等于计划。

关于策划：顾名思义，策是指计策、谋略；划是指计划、规划；连在一起就是有计划的实施谋略。是一个运用智慧和谋略的相关活动和理性行为。通常需组织者因时、因地制宜，集天时、地利、人和，整合各种资源而进行的一种安排周密的活动。因此说，质量策划是指组织通过创意、谋划和论证，充分考虑现有条件、资源，提出有战略意义的质量方针以及切实可行的质量目标并设计最佳方案的活动。质量策划书即指体现上述思想和过程的应用文体。它强调的是一系列的质量活动。

关于计划：它具有两重含义，其一是计划工作，是指根据组织外部环境与内部条件的分析，提出在未来一定时期内要达到的组织目标以及实现目标的方案途径。其二是计划形式，是指用文字和指标等形式所表述的组织以及组织内不同部门和不同成员，在未来一定时期内关于行动方向、内容和方式安排的管理事件。一般来说，质量计划是指组织通过分解和部署，充分调动各项资源，为实现质量目标而进行工作设计的活动。质量计划书即指体现这些思想和过程的应用文体。它是质量策划系列活动的一部分，是质量策划的结果之一。

因此，策划和计划既有不同之处，也有紧密的联系。

不同之处在于：策划一般在决策之前，是决策的依据和前提。它强调价值、科学和竞争，即首先要创造出有价值的目标和谋划出科学可行的方案，在竞争中展现自己的优势并获得决策通过。而计划一般在决策之后，是决策的细化和实现决策的保证。它强调具体、明确和控制，即重在围绕决策目标和优先方案对工作进行分解、对资源进行明确、细致地安排。

至于紧密联系，主要体现在：策划是制订计划的重要依据。策划不仅提供了计划制订和实施所应围绕的目标，还提供了目标实现的具体方案，这些都是计划制订时所必须考虑的。所以说，计划要依赖策划。同样，计划从一定程度上来说又是策划的一种体现，是策划的细化。它是策划实施的重要保证，是策划和实施之间的重要桥梁。

2. 策划是一个过程

质量策划是从确定质量目标到为实现质量目标而采取的系列方法措施的活动。它规划的是一个活动过程，有其输入—过程—输出的特殊要求。

质量策划的输入主要包括：

（1）质量方针或上级质量目标的要求。

（2）顾客和其他相关方的需求和期望。

（3）与策划内容有关的业绩或成功经历。

（4）存在的问题点和难点。

（5）已有的经验教训。

（6）质量管理体系已明确规定的相关要求或程序。

……

质量策划的输出内容包括：

（1）进行质量策划的目的，分析现状与质量方针和期望的差距。

（2）设定组织的质量目标。

（3）确定各项工作和措施，以及负责部门和职责。

（4）确定需求的各项资源、方法和工具。

（5）质量目标和各项措施的完成时间。

……

3. 策划：虽无所不在，但要效率优先

任何一个质量管理活动，不管其涉及的范围大小、内容多少，想要取得预期的目标，都需要进行质量策划。也就是说，只要有质量管理活动，就需要进行质量策划，它们是相伴而生的。当然，质量策划是有成本的，而且有时候成本还是很高的，所以，策划不能包罗万象、面面俱到，要本着效率优先的原则，针对一些影响业绩的关键活动进行质量策划。譬如：有关质量目标的策划、有关质量体系的策划、有关过程的策划及质量改进的策划等。质

量策划因质量管理活动而起，要有所选择才是组织质量管理之道。

4. 策划不只是意会

质量活动，策划优先。在质量管理的策划、控制、保证、改进等活动中，策划是“灵魂”，处于主导地位，指导质量控制、质量保证、质量改进等活动。因此，策划不能仅仅是大家都明白、都知道就行，它要有全面完善的策划书，同时要进行充分的告知、培训，以全面指导相应的质量活动，以确保质量目标的实现。

2.2 策划内容——方方面面考虑全

火车跑得快，全靠车头带。组织质量管理的好坏，要看质量策划是否全面完善。

组织的质量策划一般包括：

1. 产品策划：对质量特性进行识别、分类和比较，并建立其目标、质量要求和约束条件等。

2. 管理和作业策划：对实施质量体系进行准备，包括组织和安排。

3. 编制质量计划和作出质量改进规定。

不管何种形式的质量策划，主要内容要有：

1. 设定质量目标：任何一种质量策划，都应根据其输入的质量方针或上一级质量目标的要求，以及顾客和其他相关方的需求和期望来设定具体的质量目标。

2. 确定达到目标的途径：也就是说，确定达到目标所需要的过程。这些过程可能是链式的，从一个过程到另一个过程，最终直到目标的实现。也可能是并列的，各个过程的结果共同指向目标的实现。还可能是上述两种方式的结合，既有链式的过程，又有并列的过程。事实上，任何一个质量目标的实现，都需要多种过程。因此，在质量策划时，要充分考虑所需要的过程。

3. 确定相关的职责和权限。质量策划是对相关的过程进行的一种事先的安排和部署，而任何过程必须由人员来完成。质量策划的难点和重点就是落实质量职责和权限。如果某一个过程所涉及的质量职能未能明确，没有文件给予具体规定（这种情况事实上是常见的），会出现推诿扯皮的现象。

4. 确定所需的其他资源，包括人员、设施、材料、信息、经费、环境等。注意，并不是所有的质量策划都需要确定这些资源。只有那些新增的、特殊的、必不可少的资源，才需要纳入质量策划中来。

5. 确定实现目标的方法和工具。这并不是说所有的质量策划都是需要的。一般情况下，具体的方法和工具可以由承担该项质量职能的部门或人员去选择。但如果某项质量职能或某个过程是一种新的工作，或者是一种需要改进的工作，那就需要确定其使用的方法和工具。

6. 确定其他的策划需求。包括质量目标和具体措施完成的时间，检查或考核的方法，评价其业绩成果的指标，完成后的奖励方法，所需的文件和记录等。一般来说，完成时间是必不可少的，应当确定下来。而其他策划要求则可以根据具体情况来确定。

2.3 策划步骤——复杂问题简单化

复杂的事情简单化、简单的事情标准化，是做事成功的宝典。质量策划作为一个复杂的过程，为便于操作，就需要好好规划、制定流程，确保有章可循，事半功倍。

1. 收集资料

巧妇难为无米之炊，好的策划从收集资料开始，资料越完善、越细致，策划就越契合、越可操。资料一般包括：质量方针、相关方的需求和期望、与策划有关的业绩或成功经历、存在的问题点或难点、过去的经验教训等。

2. 设定质量目标

综合考虑各方需求，制定切实可行的质量目标，质量目标一般分为战略质量目标和战术质量目标。战略质量目标是在组织经营战略层面的质量目标，由组织最高管理层确定，是组织整体经营计划的一部分，而且是将质量作为组织目标中最优先级的目标；战术质量目标则是根据项目设定的分解质量目标。

3. 识别顾客

顾客就是使用或接受产品和服务的人，分为内部顾客和外部顾客。内部顾客是企业内部使用或接受产品和服务的人，内部顾客往往被组织忽视。外部顾客存在企业的外部，他们包括最终顾客、最终使用者，以及其他直接或间接得到产品和服务的人。这两种顾客对组织来说同样重要。

4. 确定顾客需求

对顾客需求的分类有不同的角度和方式，按照质量管理大师朱兰的理解，顾客需求分为五种类型：

（1）表达的需求：顾客通过语言明确表达出来的需求。

（2）真正的需求：顾客的内在需求。

（3）感觉的需求：这是一种顾客期望达到的需求，具有很强的不确定性和模糊性。

（4）文化的需求：主要包括一些服务质量、自尊和文化底蕴方面的需求。

（5）可追踪到的非预期用途的需求。

5. 开发产品特征

根据质量目标和顾客需求，开发反映顾客需求的产品特征，以满足顾客显性和隐性需求。产品特征开发一般包括两种情况：一是顾客（市场）直接推动；二是产品的相关方对顾客（市场）进行调查，预测、分析顾客需求，这是一种间接推动。产品特征策划的基本过程如图 2-1 所示。

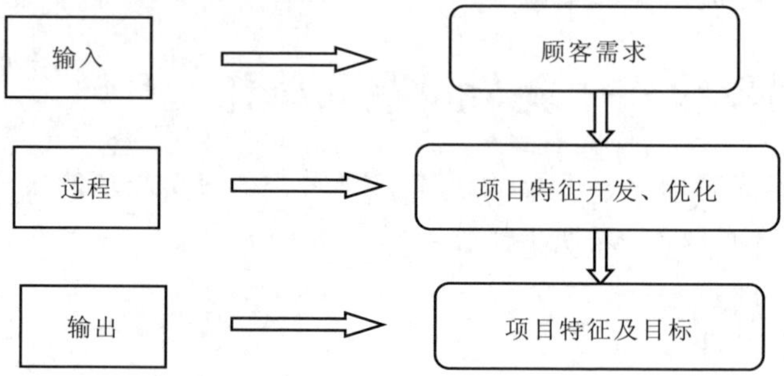

图 2-1　项目特征开发的基本过程

6. 开发过程特征

开发能够实现具有这种特征产品、满足顾客需求的生产过程。

7. 设定过程控制

为达到产品实现，要从人、机、法、料、环等方面进行严格的过程控制。譬如：提供充足的资源、设定职责和权限、确定实现目标的方法和工具、检查和考核的方法、评价指标以及质量策划实施检查表（表 2-1）质量策划流程如图 2-2 所示。

8. 形成书面策划书

策划书即体现策划思想和过程的应用文件，是质量管理活动的书面指导纲领。

表 2-1　质量策划实施检查表

部门：　　　　　　　　　　　　　　　　　　编号：

质量策划项目名称：
执行部门：
执行情况：
检查结论（成果及改进的要求、建议、措施） 检查人：　　　日期：　　　批准人：　　　日期：

续上表

对改进的要求、建议、措施落实的验证情况：   验证人：　　　　　　日期：

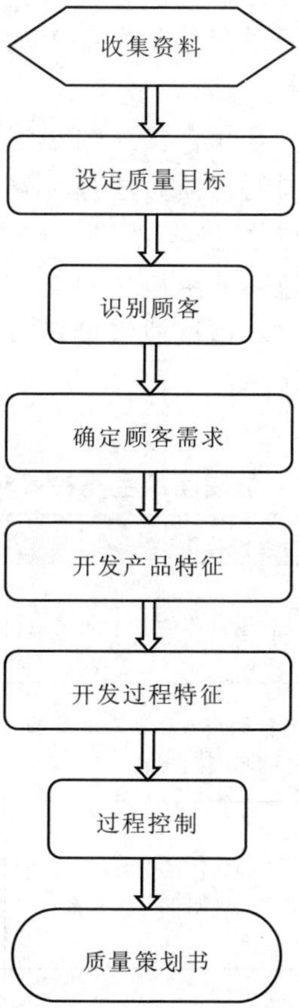

图 2-2　质量策划流程

2.4　策划工具——欲善其事先利器

工欲善其事，必先利其器。好的策划工具能够帮助组织的质量策划做得更快捷、更高效、更完善。一般常用的策划工具和方法有：流程图法、质量功能展开技术（QFD）、产品质量先期策划、基准对照法等。

1. 流程图法

流程图是以简单的图标符号，通过箭头以及线条依次表示流程走向，一步一步地呈现某个过程或工作流程的示意图。它以简单直观的形式提供了一种结构，各种数据操作一目了然，使人不会产生歧义。

流程图是反映与一个系统相关联的各部分之间相互关系的图。它将项目全部实施过程，按其内在逻辑关系通过箭线勾画出来，可针对流程中质量环节的关键环节和薄弱环节进行分析。流程图分析主要用于质量管理运行过程策划，是一种非常有效的分析过程现状和能力的分析方法。它是用来认识过程，进而对其进行改善的有力工具。

（1）流程图使用的主要符号和含义（图 2-2）

为便于识别，绘制流程图的习惯做法是：

圆角矩形表示“开始”与“结束”；

矩形表示行动方案、普通环节用；

菱形表示问题判断或判定、审核或审批环节；

平行四边形表示输入或输出；

箭头代表工作流方向等。

图 2-2　流程图的主要符号和含义

符号	含义	示例
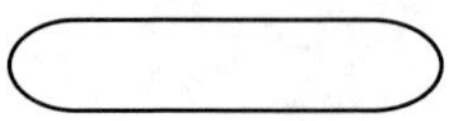	表示过程的开始或结束	模块设计开始
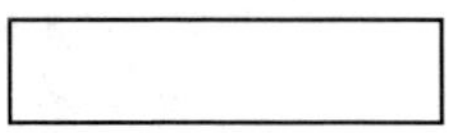	表示一项活动，活动的名称写在矩形内	设计优化
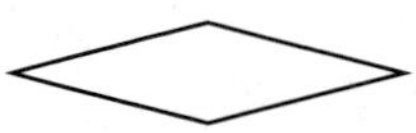	表示过程的分歧点，即决策点，说明下一步怎么办	审核
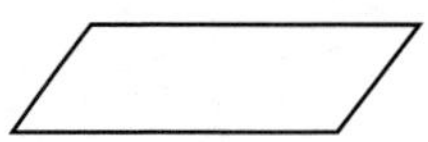	表示数据输入或输出	检验报告
	表示流向，箭头指出过程的流动方向	涂胶 → 烘干

（2）流程图的基本结构

主要有：顺序结构、条件结构（也叫选择结构）、循环结构、分支结构等。

（3）流程图的主要类型

主要有：数据流程图、程序流程图、系统流程图、因果流程图等。

1）数据流程图

数据流程图表示求解某一问题的数据通路，同时规定了处理的主要数据和所用的各种数据媒体。包括：

- 指明数据存在的数据符号，这些数据也可指明该数据所使用的媒体；
- 指明对数据执行处理的处理符号，这些符号也可指明该处理使用的机器功能；
- 指明几个处理和数据媒体之间数据流的流线符号；
- 便于读、写数据流程图的特殊符号。

在处理符号的前后都应是数据符号，数据流程图以数据符号开始和结束。

2）程序流程图

程序流程图表示程序中的操作顺序。包括：

- 指明实际处理操作的处理符号，它包括根据逻辑条件确定要执行路径的符号；
- 指明控制流的流线符号；
- 便于读、写程序流程图的特殊符号。

3）系统流程图

系统流程图表示系统的操作控制和数据流。包括：

- 指明数据存在的数据符号，这些数据符号也可指明该数据所使用的媒体；
- 定义要执行的逻辑路径以及指明对数据执行操作的处理符号；
- 指明各处理和数据媒体间数据流的流线符号；
- 便于读、写系统流程图的特殊符号。

系统流程图是在组织质量管理活动中应用比较多的一种质量策划方式，便于显示项目系统各要素之间的相互关系，能够帮助项目队伍预测在何处可能发生何种质量问题，并由此帮助开发处理它们的办法。如图 2-3 所示。

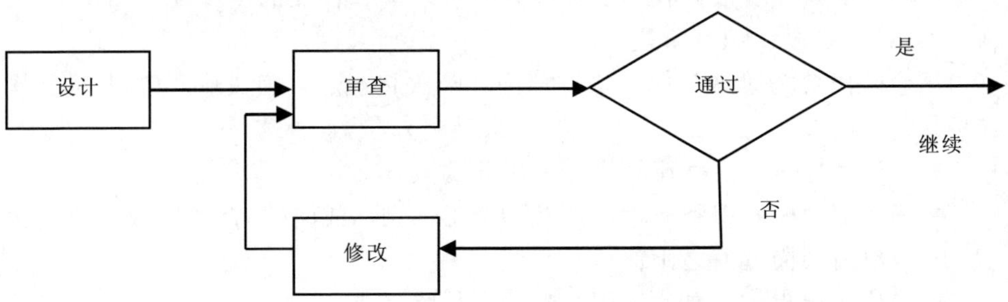

图 2-3　系统流程图

4）因果流程图

因果流程图表示系统操作控制因果关系的数据流。包括：

● 指明数据存在的数据符号，这些数据符号也可指明该数据所使用的媒体；
● 根据数据的因果关系指明各处理和数据媒体间数据流的流线符号；
● 便于读、写系统流程图的特殊符号。

因果流程图也是组织质量策划活动中应用比较广泛的流程图之一。主要用于分析和说明各种因素和原因如何导致或产生各种潜在的问题和后果。如图 2-4 所示。

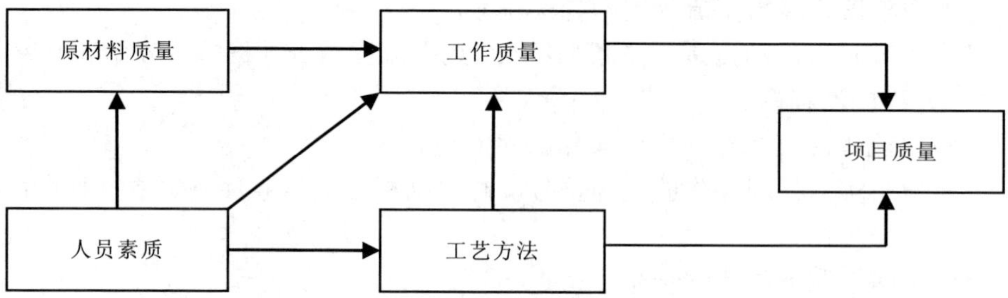

图 2-4　因果流程图

（4）流程图的编制程序

流程图的编制一般要遵循一定程序，包括三个阶段。

1）第一阶段：准备阶段

这个阶段分为选择绘制对象、组织准备、数据采集、分列步骤四个具体步骤：

● 选择对象——确定绘制哪个流程的流程图，什么类型的流程图；
● 组织准备——组成专门小组，对小组成员进行流程图相关基本知识与技能的培训；
● 数据采集——收集所有相关资料信息；
● 分列步骤——根据收集的数据划分可以单独存在的步骤。

2）第二阶段：识别阶段

这个阶段分为确认目标、确认部门、确认起止点、确认输入/输出四个具体步骤：

● 确认目标——明确流程设计或优化的具体目标；
● 确认部门——识别流程所涉及的全部部门（或岗位），把步骤安排在这些部门（岗位）之下；
● 确认起止点——寻找流程的起始点与终结点；
● 确认输入/输出——确定各个节点上信息资料的输入/输出，即需要引入什么文件资料，需要形成什么文件资料。

3）第三阶段：绘制阶段

这个阶段分为形成草图、修改核实、加入说明、正式定稿四个具体步骤：

- 形成草图——动笔绘制图形，填写相应文字标记等；
- 修改核实——反复征求各方的意见和反映，反复修改补充和完善，消除一切可能存在的错漏；
- 加入说明——形成有助于正确阅读理解流程图图示的文字说明；
- 正式定稿——经反复征求各方面意见建议，特别是有关责任者批准后，流程图正式定稿。

当然，不同类型流程图的编制程序并不完全相同，应根据具体情况进行确定。

【小贴士】流程图绘制要点：

绘制流程图是一种创造性地分析问题、解决问题的过程，绘制者可根据自己的风格及特定的需要，“自主”地实现这一过程，但有些事项需引起足够注意。

- 作为新流程设计成果的流程图应从系统流程图的绘制开始，并首先从主要子系统（流程中的主要步骤）入手规划，这些主要子系统或主要步骤指必然出现的、起关键性作用的组成部分；
- 各种流程图的流程方向应在页面上呈现由高至低、由左至右的一致性；
- 使用在一定范围内通用、统一的符号标记，图形尽可能简单，图形中的文字务必简要明确。一般情况下，一个处理框应当是一件独立的工作或者事件；
- 流程图的结构应完整，除表格图形外，还应完整准确地标明标题（即图名）、作者、日期、文字说明、页数、编号等；
- 应当警惕起始点过早出现，因为这种情况的发生会使流程中的非关键步骤过细、过多，人为造成流程的不必要复杂性，妨碍人们对关键步骤的关注和正确认识；
- 应当注意避免终结点的过早或者过晚出现，因为终结点过早出现意味着丢掉关键步骤，过晚出现则意味着流程中出现冗余的活动，这两种情况都是有害的；
- 尽量避免出现交叉的流动线路；
- 尽最大的可能便于读者阅读。

2. 质量功能展开技术（QFD）

质量功能展开技术即 QFD（Quality Function Deployment），于 20 世纪 60

年代首创于日本，是一种将用户或市场的要求转化为设计要求、零部件特性、工艺要求、生产要求的多层次演绎的分析方法。

QFD是用比较清晰的图表将顾客的需求和期望的复杂关系系统地表达出来，并进行综合权衡分析，以提供选定方案的决策依据。QFD是非常结构化的、矩阵驱动的过程，其运行包括四个阶段：

- 将顾客需求转化为产品特性；
- 将产品特性转化为零件特性；
- 将零件特性转化为关键工艺操作；
- 将关键工艺操作转化为生产要求。

（1）QFD架构下的典型质量管理工具

亲和图：使具有深层结构特征的顾客需求“浮出水面”。

关系图：用以发现优先需求、造成产品质量流程问题的根本原因以及沉默顾客的需求。

树图：用来寻找亲和图和关系图中的缺陷和遗漏。

各种矩阵：用来表示各指标之间的关系、优先项以及责任等。

流程决策程序图：用以分析可能造成新产品或服务失败的潜在因素。

层级分析法：对一系列的顾客需求进行优先排列，并选出满足这些需求的设计、生产方案。

蓝图：对提供产品或服务的整个流程进行分析、描述。

质量屋：在产品开发阶段考虑工艺和制造问题，直接面向顾客的需求。

质量屋是QFD使用的主要工具。它是由美国学者J.R.Hauser与D.Clausing于1988年提出。是一种确定顾客需求和相应产品或服务性能之间联系的图示方法，是产品开发中连接用户需求和产品属性的经典工具。

（2）QFD的工作原理和方法

QFD是一种思想，一种产品开发和质量保证的方法论。而质量屋则是在产品开发中具体实现这种方法论的重要工具。

质量屋是一个大型矩阵，由7个不同的部分组成（图2-5）：

1）顾客需求。

2）产品特性。

3）顾客需求的重要性。

4）计划矩阵。

5）顾客需求与产品特征之间的关系。

6）特性与特性之间的关系。

7）目标值。

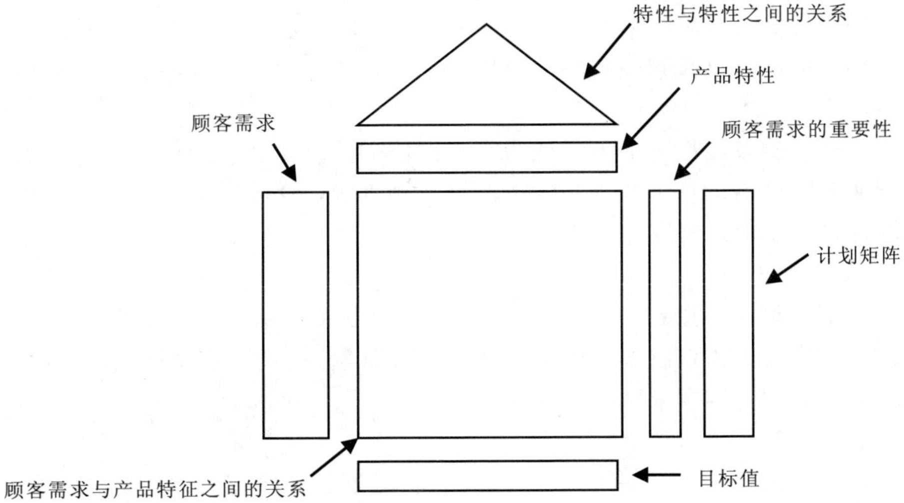

图 2-5 质量屋组成

质量屋的基本应用是倾听顾客的意见，捕捉顾客的愿望，很好地理解顾客的需求，并将顾客需求特性设计到产品中去，合理确定各种技术要求，应该为每一项工程技术特性确定定量的特性值。质量功能展开过程通过质量屋全面确定各种工程技术特性和间接工程技术特性的值。在质量屋每一项工程技术特性下加上对应的顾客测量值，根据顾客测量值来设计每项工程技术特性的理想值，即目标值。如果某项产品同时有几家组织生产，则组织之间存在着产品质量的竞争。这时质量屋可提供本组织的产品质量与主要竞争对手产品质量的比较。质量屋矩阵的右边为顾客对各项顾客需求特性的评价，分别按本组织的产品及竞争对手产品的质量以五级记分来评价。质量屋的下面分别列出了本组织的产品和竞争对手产品的各工程技术特性的客观测量值。这样，在质量屋中既有顾客需求特性及其重要性的信息，又有与顾客需求特性相关的工程技术特性信息及工程技术特性之间的相互关系信息，再加上对顾客需求特性和工程技术特性的竞争性评价，就可以借此分析判断本组织工程技术特性的规范是否符合顾客要求，同时也可以确定质量改进所在。

（3）QFD 的实施过程

实施 QFD 要经过从设计到生产的整个过程，过程分为四个阶段：设计、细节、工序和生产。这四个阶段有助于把来自顾客对产品的要求传送到设计小组和生产操作者手中。每个阶段都有一个矩阵，包括纵列的要求和横列的方式，在各个阶段，方式是重要的，它需要新技术，或冒较大的风险才能过渡到下一个阶段。

1）设计

在设计阶段，顾客帮助确定对产品或服务的要求，QFD 有助于各研究小组把顾客的需求反映到顾客要求的矩阵中去。

2）细节

由第一阶段过渡来的方式成为第二阶段的要求，在此阶段，对生产的产品或服务所必需的细节和各种组成部分得到确定，该阶段出现的细节同顾客特定的产品要求之间存在最强烈的关系。

3）工序

在第三阶段，拟定一个矩阵，说明生产产品所要求的工序，从第二阶段过渡来的方式成为该阶段矩阵中的要求，该阶段中出现的工序将最佳地实现顾客对产品的特定要求。

4）生产

在该阶段，对产品的生产要求形成，从第三阶段过渡来的方式成为本阶段的要求，这样决定的生产方式将使公司生产出能满足顾客要求的高质量产品。

（4）QFD 的功效

QFD 方法有很强的功效性：

1）QFD 有助于组织正确把握顾客的需求。

2）QFD 有助于优选方案。

3）QFD 有利于打破组织机构中部门间的功能障碍。

4）QFD 容易激发员工们的工作热情。

5）QFD 能够更有效地开发产品，提高产品质量和可信度，更大地满足顾客。

3．产品质量前期策划

产品质量先期策划（Advanced Product Quality Planning，简称 APQP）是一种结构化的方法，用来确定和制定确保某产品使顾客满意所需的步骤。产品质量先期策划的目标是促进与所涉及每一个人的联系，以确保所要求的步骤按时完成。有效的产品质量策划依赖于高层管理者对努力达到使顾客满意这一宗旨的承诺。

（1）APQP 的目的

1）制订产品质量计划来开发产品，满足顾客要求，达到顾客满意。

2）及时完成关键任务。

3）按时通过生产件批准。

4）持续地满足顾客的规范。

5）持续改进。

（2）APQP 的基础

1）组织小组

- 横向职能小组是 APQP 实施的组织；
- 小组需授权（确定职责）；
- 小组成员可包括：技术、制造、材料控制、采购、质量、销售、现场服务、供方、顾客的代表等。

2）确定范围

- 确定小组负责人；
- 确定各成员职责；
- 确定内、外部顾客；
- 确定顾客要求；
- 理解顾客要求和期望；
- 评定所提出的设计、性能要求和制造过程的可行性；
- 确定成本、进度和限制条件；
- 确定需要来自顾客的帮助；
- 确定文件化过程和形式。

3）小组间的联系

- 顾客、内部、组织及小组内的子组之间的联系；
- 联系方式可以是举行定期会议，联系的程度根据需要确定。

4）培训

- APQP 成功取决于有效的培训计划；
- 培训的内容：了解顾客的需要、全部满足顾客需要和期望的开发技能，譬如：顾客的要求和期望、开发技术、APQP、FMEA、PPAP 等。

5）顾客和组织参与

- 主要顾客可以和一个组织开始质量策划过程；
- 组织有义务建立横向职能小组管理 APQP；
- 组织必须同样要求其供方。

6）同步工程

- 同步工程：横向职能小组同步进行产品开发和过程开发，以保证可制造性、装配性并缩短开发同期，降低开发成本；
- 同步技术是横向职能小组为一个共同目标努力的过程；
- 取代以往逐级转递的方法；
- 目的是尽早使高质量产品实现生产；
- 小组保证其他领域/小组的计划和活动支持共同的目标；
- 同步工程的支持性技术举例：网络技术和数据交换等相关技术，DFX 技术、QFD。此外，同步工程还大量用到田口方法、FMEA 和 SPC 等技术。

7）控制计划

控制计划：控制零件和过程的系统的书面描述。

每个控制计划包括三个阶段：

- 样件：对发生在样件制造过程中的尺寸测量、材料与性能试验的描述；
- 试生产：对发生在样件之后，全面生产之前的制造过程中的尺寸测量、材料和性能试验的描述；
- 生产：对发生在批量生产过程中的产品/过程特性、过程控制、试验和测量系统的综合描述。

8）问题的解决

- APQP 的过程是解决问题的过程；
- 解决问题可用职责——时间矩阵表形成文件；
- 遇到困难的情况下，推荐使用论证的问题——解决方法。

9）产品质量先期策划的时间计划

- APQP 小组在完成组织活后的第一件工作——制订时间计划；
- 考虑时间计划的因素——产品类型、复杂性和顾客的期望；
- 小组成员应取得一致意见；
- 时间计划图表应列出——任务、职责分配及其他有关事项；
- 供策划小组跟踪进度和设定会议日期的统一格式；
- 每项任务应有起始日期、预计完成时间，并记录实际情况；
- 把焦点集中于确认要求特殊注意的项目，通过有效的状况报告活动支持对进度的监控。

10）与时间计划图表有关的计划

- 项目的成功依赖于及时和高效合理的方式规划计划表；
- APQP 时间表和 PDCA 循环要求 APQP 小组竭尽全力预防缺陷。APQP 的过程是采取防错措施，不断降低产品风险的过程；
- 缺陷预防：由产品设计和制造技术的同步工程推进；
- 策划小组应准备修改产品策划计划以满足顾客期望；
- 策划小组的责任：确保进度满足或提前于顾客的进度计划。

（3）APQP 的五个过程

1）计划和确定项目（图 2-6）

本过程的任务：

- 如何确定顾客的需要和期望，以计划和定义质量大纲；
- 做一切工作必须把顾客牢记心上；
- 确认顾客的需要和期望已经十分清楚。

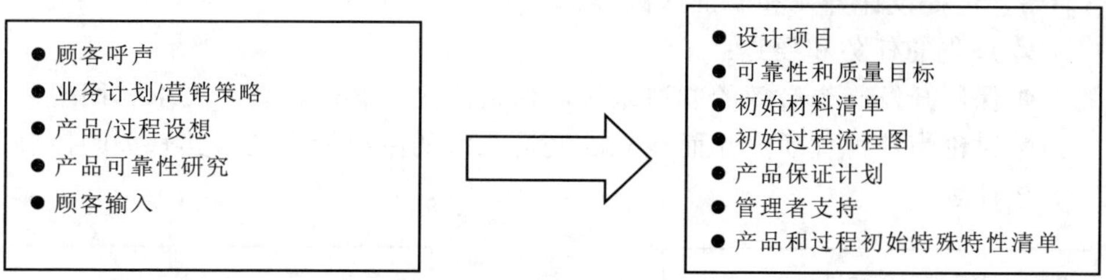

图 2-6　计划和确定项目

2）产品设计和开发验证（图 2-7）

本过程的任务和要点：

- 讨论将设计特征发展到最终形式的质量策划过程诸要素；
- 小组应考虑所有的设计要素，使设计是顾客所有或双方共有；
- 步骤中包括样件制造以验证产品或服务满足“服务的呼声”的任务；
- 一个可行的设计应能满足生产量和工期要求，也要考虑质量、可靠性、投资成本、重量、单件成本和时间目标；
- 尽管可行性研究和控制计划主要基于工程图纸和规范要求，不过通过分析工具也能猎取有价值的信息，以进一步确定和优先考虑可能需要特殊处理的产品和过程控制的特性；
- 保证对技术要求和有关技术资料的全面、严格的评审；
- 进行初始可行性分析，以评审制造过程可能发生的潜在问题。

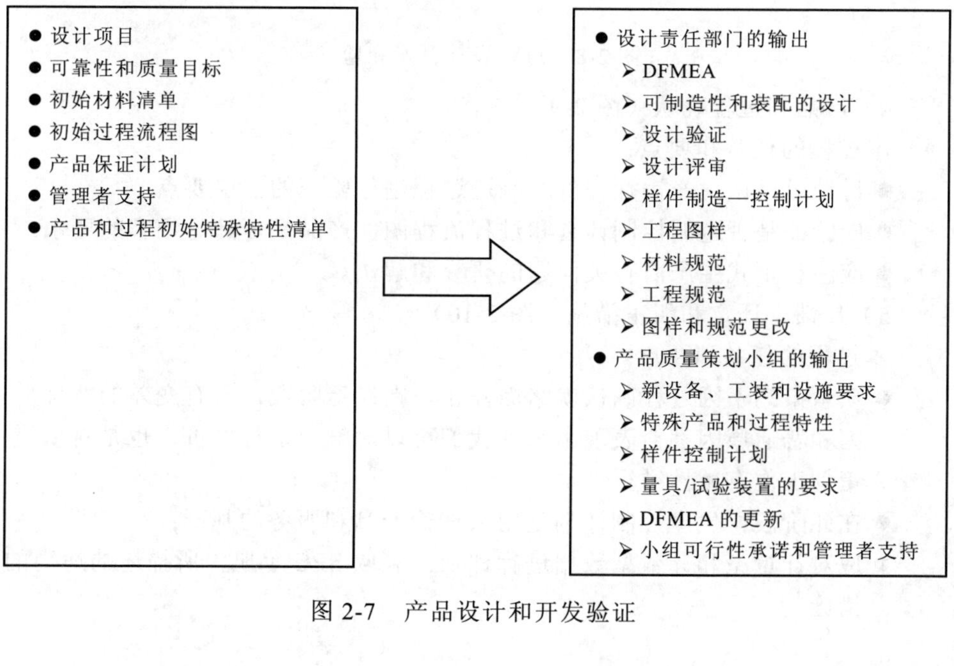

图 2-7　产品设计和开发验证

3）过程设计开发和验证（图 2-8）

本过程的任务和要点：

- 保证开发一个有效的制造系统，保证满足顾客的需要、要求和期望；
- 讨论为获得优质产品而建立的制造系统的主要特点及与其有关的控制计划。

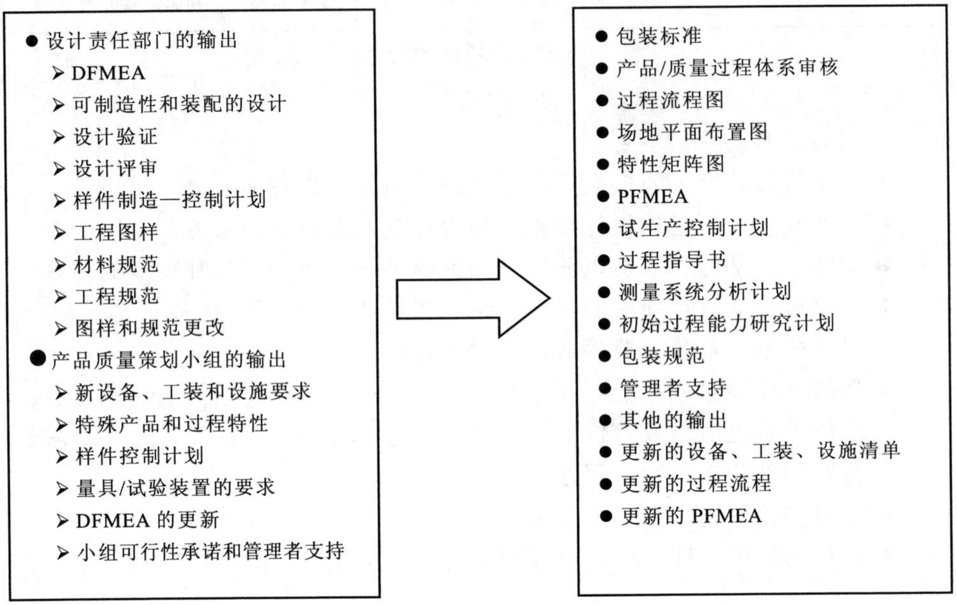

图 2-8　过程设计开发和验证

4）产品和过程确认（图 2-9）

本过程的任务和要点：

- 讨论通过试生产运行评价对制造过程进行验证的主要要点；
- 应验证是否遵循控制计划和过程流程图，产品是否满足顾客的要求；
- 应注意正式生产前有关问题的研究和解决。

5）反馈、评定和纠正措施（图 2-10）

本过程的任务和要点：

- 质量策划不因过程确认就绪而停止，在制造阶段，所有变差的特殊原因和普通原因都会表现出来，我们可以对输出进行评价，也是对质量策划工作有效性进行评价；
- 在此阶段，生产控制计划是用来评价产品和服务的基础；
- 应对计量型和计数型数据进行评估。采取 SPC 手册中所描述的适当的措施。

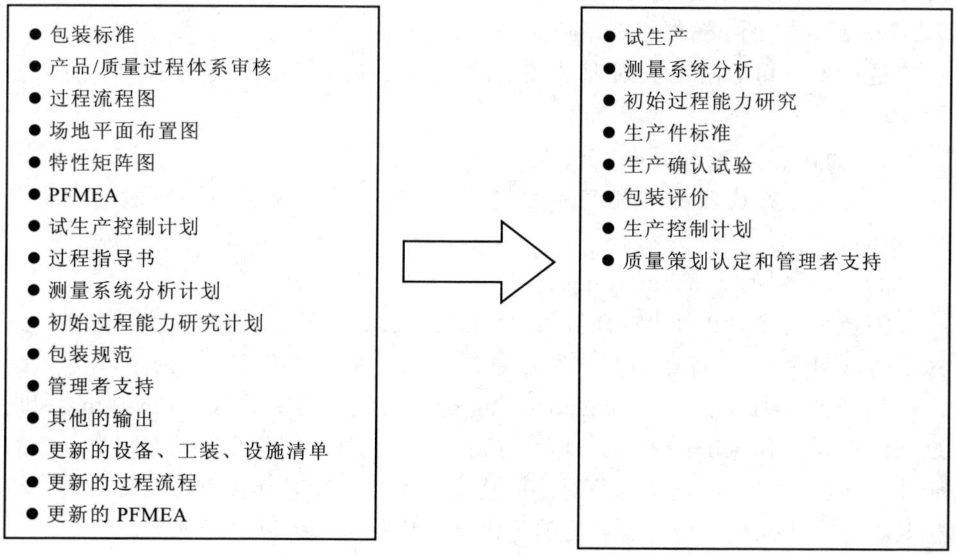

图 2-9　产品和过程确认

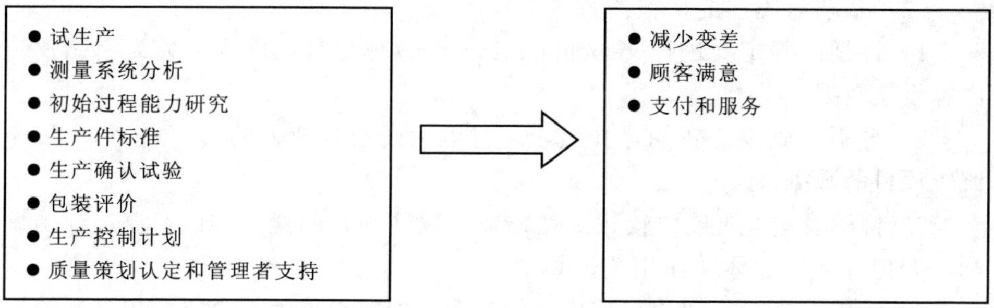

图 2-10　反馈、评定和纠正措施

（4）APQP 的功效

1）引导资源，使顾客满意。

2）促进对所有更改的早期识别。

3）避免晚期更改。

4）以最低的成本、及时提供优质产品。

4．基准对照法

基准对照法（Benchmarking），也称为“杠杆法”，其基本思想是将自己要改进的内容与竞争者或行业领先者的做法进行比较，以产生改进的思想，进而提供一套衡量业绩改进的目标和标准。

（1）基准对照法的分类

一种分类方法是根据所针对的企业运作不同层面分为三类，即战略层的

benchmarking、操作层的 benchmarking 和管理层的 benchmarking。

1）战略层的 benchmarking

是将本公司的战略和对照公司的战略进行比较，找出成功战略中的关键因素。

2）操作层的 benchmarking

主要集中在比较成本和产品的差异性，重点是功能分析，一般与竞争性成本和竞争性差异有关。

3）管理层的 benchmarking

涉及分析企业的支撑功能，具体指人力资源管理、营销规划、管理信息系统等（MIS）。其特点是较难用定量指标来衡量。

另一种分类方法是将 benchmarking 分为对竞争对手的 benchmarking 和瞄准一流企业的 benchmarking。前者一般仅限于生产同类产品或提供同类服务的企业，其目的主要是发现竞争对手的优点和不足，针对其优点，取长补短；根据其不足，选择突破口。而后者的范围就要广得多，可挑选任何业绩优良的企业。其好处是更能博采众长；另外，由于不存在竞争关系，交流信息的障碍少。

（2）基准对照法的操作流程

1）计划：确定要进行 benchmarking 的具体项目或内容，并为所比较的内容收集数据。

2）分析：确定比较的最佳组织（行业内的或行业外的），分析本项目和比较项目的数据。

3）目标设定：通过比较找到差距或者以往项目的最佳实践，设定行动目标，并把行动目标体现在相关计划中。

4）实施：执行计划并跟踪执行的情况，如发现偏差，提出变更，持续改进，直到达到预期的效果。

（3）基准对照法的功效

1）做竞争对手的 benchmarking：有助于确定和比较竞争对手经营战略的组成要素。

2）做行业内一流企业的 benchmarking：可以改进企业的内部经营，建立相应的赶超目标。

3）做跨行业技术性的 benchmarking：有助于技术和工艺方面的跨行业渗透。

4）以客户需求做 benchmarking：可发现公司不足，将市场、竞争力和目标设定结合在一起。

总之，不同的策划工具，有不同的特点和不同的功效，组织可以根据自身的实际情况或者策划目的，选择不同的策划工具。

2.5 智慧分享

“八仙过海，各显神通”。每个组织进行质量策划，由于基础条件千差万别，开展的过程也会各有侧重，但质量策划的一些精髓还是要认真把控。

1. 质量策划要与组织的经营战略紧密结合

质量策划不能闭门造车，不能无的放矢，要与组织的经营战略紧密结合。组织的经营战略是质量策划的指导和方针，质量策划需要紧紧围绕着组织的经营战略布局开展活动。譬如：如果组织的经营战略是要进军国际市场，那么，质量策划就要重点考虑相关行业国际公约、规范、技术标准、最新技术成果等；如果组织的经营战略是定位高端、精品市场，那么，质量策划就需要加强质量标准，组织的质量标准、技术规范等，就必须要高标准、严要求，一般要高于行业标准和技术规范。所以说，质量策划与组织的经营规范密不可分。

2. 质量策划绝对不仅仅是质量管理部门的事情

提起与质量相关的话题，一些组织就往往把它们归为质量管理部门的事情。其实不然。质量问题往往都是组织整体的事情，需要各部门各负其责、互协互作，才能事半功倍，从根本上解决问题。特别是质量策划，它是整个组织的质量战略规划，它需要组织全盘考虑，统筹规划。不只是质量管理部门要参与，组织内所有部门都要参与，各部门需要从组织的战略高度重视质量策划、实施质量策划、评估质量策划。

3. 质量策划是周期性的

依据组织的内外部条件，组织的经营战略会进行一些周期性的调整，相应的质量策划也需要进行周期性规划。质量策划的周期有长有短，长的话有3、5年规划，短的话有1年规划。一般组织的质量策划以3年为佳。当然，策划周期要结合组织的实际情况，如果组织的生产经营处于平稳运行期，质量策划可以规划的长一点；如果组织的生产经营处于动荡调整期，质量策划周期最好短一点。总之，质量策划的周期要符合组织的实际情况，以便更有针对性。

4. 质量策划不是一成不变的

“计划没有变化快”，市场瞬息万变，组织的内部条件也经常发生变化，依据组织的实际情况制定的质量策划也不可能一成不变。在一个策划周期内，如果组织内外部条件发生了重大变化，经营战略进行了调整，质量方针、技术标准、规范等发生了变化，质量策划也要进行顺应调整，以适应组织的整体战略布局。

5. 质量策划要顺应持续改进

持续改进是组织质量管理活动的永恒主题。组织要在市场竞争中处于优胜地位，就必须根据市场信息、顾客的反馈意见、国内外发展动向等因素，进行产品性能的调整、质量水平的跟进等工作，也即顺应市场，进行质量持续改进。质量改进是组织一种特殊的、脱离组织常规工作的过程，它涉及的因素较多、考虑的角度较多，需要进行大量的数据收集、系统的统计分析、多方位的排除求证、周密的规划安排，才能确保改进的效果，因此，质量改进必须要进行质量策划，而且是更加周密的策划。同时，由于一次策划只针对一次改进，那么组织的持续改进，就需要组织也要顺应改进，持续策划，以确保组织充满生机和活力，立于不败之地。

第3章

质量控制——细节决定成败

本章导读：

- 如何理解质量控制的内涵
- 质量控制主要内容有哪些
- 如何进行质量控制的规划
- 质量控制的关键点有哪些
- 质量控制有哪些实施步骤
- 如何理解和实现过程控制
- 质量控制有哪些实现工具
- 什么是统计过程控制技术
- 应用控制图主要注意事项

“说了不等于做了，做了不等于做好了”。组织设定质量目标容易，做好质量策划也不难，但如何不折不扣地实施好质量策划，又如何确实实现质量目标，就不是容易的事情了。就需要组织从细节做起，从一点一滴把控，认真做好质量控制。

3.1 控制内涵——内涵理解要透彻

为达到质量要求所采取的作业技术和活动称为质量控制。也就是说，质量控制是为了通过监视质量形成过程，消除质量环上所有阶段引起不合格或不满意效果的因素，以达到质量要求而采用的各种质量作业技术和活动。

质量控制的最终目标就是确保产品的质量能满足质量要求，这个要求既包括顾客提出的，也包括法律法规规定的和组织附加的。为实现这个目标，需要对质量控制的内涵理解透彻。

1. 质量控制不等于质量检验

既然质量控制的目的是保证质量，满足要求。为此，就要解决要求是什么、如何实现、需要对哪些进行控制、实现结果如何以及如何纠差等问题。也即质量控制是一个设定标准、测量结果，判定是否达到了预期要求，对质量问题采取措施进行补救并防止再次发生的过程。

而质量检验仅仅是对产品的质量特性进行测量，并与质量标准进行比较，以判断质量特性是否合格的一种活动。也即传统意义上的质量“把关”等行为。

质量控制运行的是一个过程，是一条线，实现的是过程控制。

质量检验是一个行为，是一个点，实现的是结果验证。它只是质量控制的一部分。

所以说质量控制不等于质量检验。

2. 控制覆盖全过程

质量控制的范围涉及产品质量形成全过程的各个环节，不仅仅局限于生产领域，还适用于产品的设计、生产原料的采购、服务的提供、市场营销、人力资源配置等，涉及组织内几乎所有的活动。也即横向到边、纵向到底，组织活动全覆盖。任何一个环节出现问题，不受控制，都会影响产品质量而不能满足要求。

3. 质量控制的动态性

不变是相对的，变化是绝对的。动态变化是组织质量控制的永恒主题。随着组织内外部环境、条件的变化，组织的质量要求也在不断变化，为了满足新的质量要求，对质量控制就提出了新的任务、新的课题，组织需要不断提高技术水平、工艺水平、检测水平、并不断研究新的控制方法以满足不断更新的质量要求。因此，质量控制不能停留在一个水平上，应不断发展、不断前进，永无止境，保持控制手段的有效性和适应性。

3.2 控制内容——内容规划提前定

质量控制说起来容易做起来难，作为一个复杂的系统过程，对控制的内容、规范，需要认真地思考和规划。

1. 控制金字塔（图 3-1）

组织的受控对象数目巨大，需要加以控制的事项更是倍数增加，为了把这些数量巨大的受控对象都控制得有条不紊，达到组织的受控目的，靠一类人或一个层级的人全面把控，很难面面俱到，效果也很不理想。比较理想的解决之道是：对象分类，层层管控。也即对受控对象进行分类，对控制主体按照控制的责任区域进行分工，责任明确，各司其职。一般把控制主体分为：技术控制、员工控制、管理人员控制。

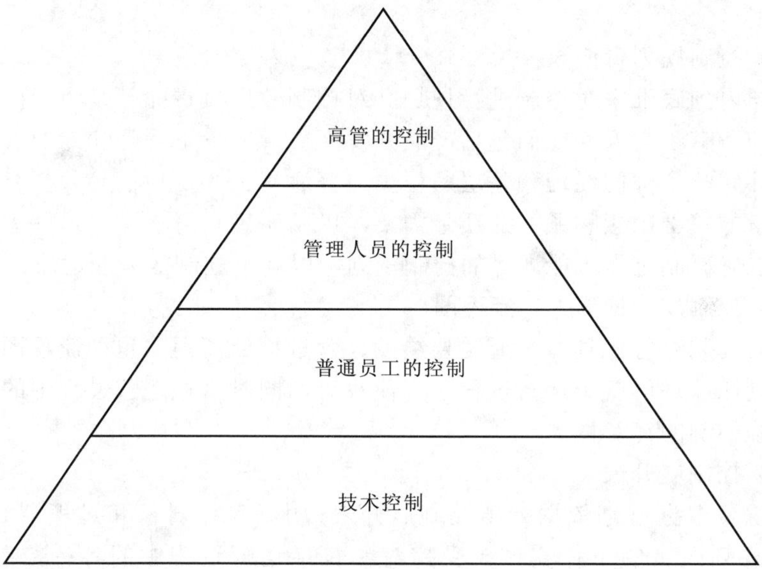

图 3-1　控制金字塔

（1）技术控制

技术控制又称非人工控制，它处于金字塔的底部，是自动反馈回路和防错过程，其运行中除了设备维护以外不存在人为的干扰。这些非人工方法承担了对绝大多数事项的控制。这里的受控对象纯粹是技术性的，控制以实时的方式进行。

（2）普通员工控制

普通员工通过组织授权的方式，参与基础控制和部分决策，共同参与组织的管理。方便了组织人际关系和运营过程的顺利实施，缩短了反馈回路，提高了效率，同时，增强了员工的主人翁意识，也使管理人员有更多的时间去进行计划和改进的工作。当然，将过程决策授权普通员工，必须要满足“自我控制”或“自我管理”准则。

（3）管理人员控制

管理人员控制包括最高管理层在内的各级管理人员的控制，他们主要负责组织的重要决策，把控质量控制的主体方向和整体效果。一般最高管理层的控制要尽可能地避免过深地陷入质量控制的细节控制。他们更多地应该负责：关键的少数决策、提供区分关键的少数决策和其他决策的准则以及授权员工决策的具体细则等。

2．控制规划

控制规划就是构造概念、方法和工具所构成的系统的活动。借助于这一系统，人们能够使运营过程保持稳定，从而生产出满足顾客需要所必需的产品特征。

（1）控制规划责任人

组织内到底谁来对控制进行规划，对控制效果负责呢？是组织内负责质量控制的所有参与人。他们包括产品开发人员、质量工程师和专业人员、跨职能设计团队、部门经理和基层监督员、普通员工等。他们必须要充分理解影响质量的关键因素和顾客的质量需要，以及明确自身在满足这些需要中的角色，以确保制定尽可能详尽的控制规划，以利于控制效果的达成。

（2）控制规划依据——流程图

在对控制进行规划时，通常要绘制运营过程的流向，也即流程图。以有助于规划团队理解整个运营过程，方便决策，同时辨识运营过程中的受控对象，加强控制的针对性。

（3）控制展开表

组织要根据规划依据列出控制展开表，明确受控对象和过程控制特征，以方便规划人员的工作安排。受控对象包括运营过程中的各种控制项目，控制特征既包括大多数控制项目的共性特征，也包括每个控制项目的独有特征。

（4）质量控制点

组织根据受控对象的重要程度和监督控制要求的不同，会在过程运行中设置相应的质量控制点，以加强质量的过程控制。这些质量控制点也被称为“见证点”和“停止点”。由于它们的重要性或其质量后果影响程度有所不同，它们的运作程序和监督要求也不同。

1）见证点

运行过程的见证点一般是工序运行过程中的重要点，对工序的质量影响比较重要。过程运行到见证点后，操作人员通知见证人到现场进行监测、检查，并在见证表中进行详细记录并签字确认。

2）停止点

停止点是重要性高于见证点的质量控制点，它通常是针对“特殊过程”或“特殊工艺”而言。凡列为停止点的控制对象，要求必须在规定的控制点到来之前通知见证人对控制点实施监控，只要监控合格后，才能进行延续活动，并做书面记录。

【小贴士】质量控制点的细分:

质量控制点也可以细分为：H点、W点、R点、 E点。

其中:

H点为不可逾越的停工待检点;

W点为见证点：需方代表参加的检验或试验的项目，即现场见证;

R点是文件见证点：供方只需提供检查或试验记录或报告的项目，即文件见证;

E点是试验点；需方接到见证通知后，应及时派代表到供方检验或试验的现场参加现场见证或停工待检。如果需方代表不能按时参加，W点可自动转为R点。但H点如果没有需方书面通知同意转为R点，供方不得自行转入下道工序，应与需方商定更改见证时间，如果更改后，需方仍不能按时参加，则H点自动转为R点。

3．控制阶段

从流程图揭示的运营过程，根据事件进程，可以分为不同的控制阶段。

（1）启动控制

启动控制就是要确定是否“按下启动按钮”。典型的这类控制包括：

1）倒计时：对为使过程就绪所需的必要步骤加以核对。

2）过程和产品特征的评价：以确定一旦开始，过程是否符合目标要求。

3）评价活动必须满足的准则。

4）达到准则要求的确认。

5）职责的分派。

（2）运行控制

运行控制在过程的运营期间定期进行。其目的是做出“运行或停止”的决策，即过程是应该继续产品的生产还是应该停下来。

运行控制由反馈回路的一次又一次闭合所构成。过程和产品绩效评价与目标相对照。如果产品和过程满足目标要求，且过程没有受到什么显著的不利改变，所作出的决定便是“继续运行”。如果有不符合发生或过程有了显著改变，便需要采取纠正行动。

（3）产品控制

产品控制发生在一定量的产品已经被生产出来之后。控制的目的是判断产品是否符合产品质量目标的要求。这一决策的职责分工因组织而各不相同。不过，所有做决定的人要提供必要的设备和培训，以使他们有能力理解产品质量目标，评价实际产品的质量并判断一致与否。

（4）装备控制

大多数运营过程都使用有形的装备，即设备、仪器和工具等。随着自动化过程、计算机、机器人等应用的日趋成熟，使得产品质量越来越依赖于装备的维护，因此，许多组织逐步推行了全面生产性维修（TPM）和以可靠性为中心的维修（RCM）,以确保装备的良好控制。

装备控制方案组成要素主要包括：

- 制定实施装备维护的日程计划表；
- 制定一个核对表，也就是一个维护措施所包括作业的清单；
- 训练维护人员来实施作业；
- 明确分派责任以确保对日程计划的遵守；
- 加强对于关键备件的管理；
- 将设备的预防性保养任务和频次标准化；
- 优化维修工作的人员配备和组织的效率；
- 增加设备与操作者的机械接口。

4. 过程符合性

过程符合性主要是确认运行过程与其质量目标的符合情况，一般通过判断装置所观察到的过程绩效与过程目标之间的差异来评定。

（1）符合性差异分类

观测到的差异通常可归于两种情况：一是观测到的改变是由过程中的一个主要变量的行为所引起的；另一是观测到的改变是由过程中的多个次要变量的交互作用所引起的。

这两类差异一般称之为“特殊性原因”和“一般性原因”。

“特殊性原因”通常是偶发性的，多起因于某一单个的变量。这种情况相对容易诊断和纠正。“一般性原因”通常是慢性的，多起因于多个次要变量的交互作用，从而难以诊断和纠正。这一对比明确了在解释差异时，区分特殊性原因和一般性原因的重要性。这种区分有着普遍的必要性。特殊性原因属于质量控制的范畴，而一般性原因则属于质量改进的范畴。

（2）自我控制与可控性

当组织内的员工具备了如下准则：

- 了解质量目标的手段；
- 了解自己的实际绩效手段；
- 当绩效与目标不符时改变绩效的手段。

员工就处在了自我控制的状态。

为满足这些准则要求，运营过程必须具备：

- 具有实现目标的能力；
- 提供运营人员可按需要调整过程以符合目标的特征。

自我控制的这些准则适用于所有职能和所有层次的过程，这里说的层次包括从总经理到非监督职位的员工。

如果自我控制的所有准则在普通员工这一层次上均已达到，则所发生的任何产品不符合都被称为是操作者可控的。如果自我控制的任意一个准则未能得到满足，则管理层的计划活动便是不完善的，源自这种计划不足的产品不符合被称为是管理层可控的。

（3）过程符合性决策

理想情况下，过程是否符合过程质量目标的决策应由基层员工做出。但在一些情况下，譬如：操作者不处于自我控制的状态、该过程对人身安全或环境至关重要等，过程的符合性决策是由非运营部门的人员，即独立的检查员或检验员做出。

5. 产品符合性

产品特征具有两个层次，分别服务于不同的目的。

一个层次的产品特征所服务的目的是：

- 满足顾客需要；
- 保护人身安全；
- 保护环境。

服务于上述目的的产品特征被称为具有“适用性”。

另一个层次的产品特征所服务的目的是：

- 为缺乏适用性知识的人员提供工作准则；
- 营造一种纪律与秩序的氛围；
- 保护无辜者不受无根据的指责。

这类产品特征通常包含在内部的规范、程序、标准等文件中。服务此类目的的产品特征被称为规范符合性，简称符合性。

两份层次产品特征的存在导致了两种决策，即产品是否具有符合性和产品是否具有适用性。

（1）产品符合性决策

大量的产品特征加上大量的产品导致了大量的产品符合性决策。理性状况下，这些决策权应授予组织的最低层次，即自动化的装置和操作层员工。有些条件下也有非运营部门的员工负责的情况。

（2）产品适用性决策

符合规范的产品基本都具有适用性，不符合规范的产品是否具有适用性呢？这就需要适用性决策，回答一些问题：

- 谁将会是使用者？
- 这个产品将被如何使用？
- 在结构的完整性、人身安全或环境方面有无风险？
- 替代方案会如何影响生产者和使用者的经济性？

回答这些问题的方法主要有：

- 将所有的不符合产品视为不具有适用性。这种方法一般适用于对人身安全或环境可能具有风险的产品。譬如：食品、药品等；
- 建立一个决策机构。这种方法主要用在一些重大问题的决策；
- 建立一个多重的授权体系。这种方法在组织内应用比较普遍。

3.3 控制流程——质量控制一二三

质量控制大致可分为 6 个步骤，如图 3-2 所示。

1. 选择受控对象

产品、服务或过程的每一个特征都可以成为一个受控对象。它可以来自很多方面，包括：

- 顾客表述的对于产品特征的需要；
- 从顾客需要转化的产品特征；
- 创造该产品或服务特性的过程的特征；
- 产业和政府的标准及法规；
- 保护人身安全和环保的需要；
- 失效模式和影响分析；
- 实验设计的结果。

在普通员工层次，受控对象主要由体现于规范和程序手册中的产品和过程特征构成。对管理层而言，受控对象则要广泛得多，且更多体现在经营方面，其重点转向顾客需要和市场竞争方面。

组织为了选择受控对象，就要识别主要的工作过程和产品，定义工作过程的目标，定义工作本身，确定过程的顾客，确保受控对象的全面、有序。

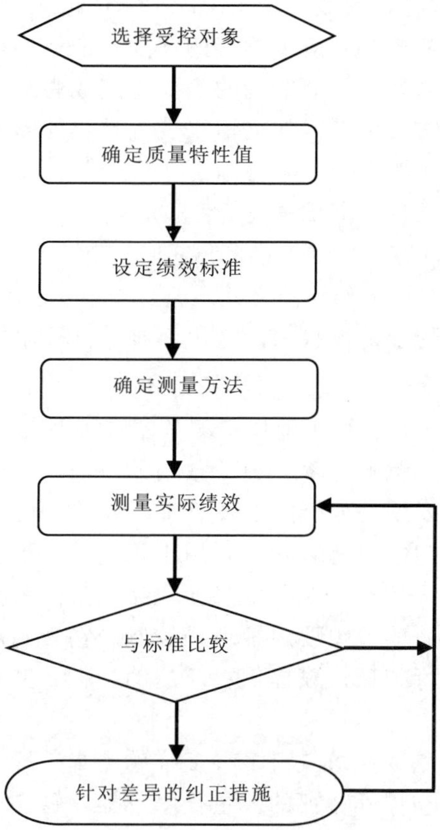

图 3-2　质量控制流程

2．确定质量特性值

质量特性一般分为两大类：真正质量特性和代用质量特性。

真正质量特性是指直接反映用户需求的质量特性。

代用质量特性是指对于一些无法直接定量表示的真正质量特性，相应确定一些数据和参数来间接反映它，这些数据和参数就被称为代用质量特性。

受控对象由于特点和特性不一样，质量特性也是多种多样。譬如：

硬件产品的质量特性：性能、寿命、可行性、安全性、经济性等；

软件产品的质量特性：功能性、可靠性、易用性、效率、可维护性等；

服务的质量特性：无形性、存储性、同步性、异质性等；

不管哪种产品，也不管是何类特性，都应当尽量定量化、尽量体现产品使用时的客观要求，用参数或数据表示出来，也即确定特性值。

3．设定绩效标准

对于每个受控对象都必须设定一个绩效标准，也即一个目标，这个目标包括产品目标和过程目标。绩效标准是组织追求的成果，是组织的努力方向。

产品和服务的首要目标是满足顾客的需要。商业顾客经常能够在一定程度上准确表达他们的需要，这类明确的需要直接成为组织的质量目标。与此相对照，一般消费者常常用含混的词语来表达自己的需要，这类表述必须转化为生产者的语言，才能成为产品目标。

生产产品的过程具有两套质量目标：

- 一是生产满足顾客需要的产品和服务；
- 二是以一种稳定且可预测的方式运营。

只有每个过程都处于受控状态，这两套质量目标才能够如期实现。

4. 确定测量方法

在确定测量方法时，必须明确规定测量方式（手段），测量工具的准确度和精确度，测量单位，测量频率、记录数据的方法，报告数据的形式，将数据转换成有用信息所要做的分析，以及负责测量的人员等。

测量手段是指专门的检测装置。它用于识别某一现象的存在及强度，并将所得到的数据转换成信息。这些信息便成为决策的依据。在组织的较低层次上，信息通常是实时的，主要用于现场控制。在较高层次上，需要将信息以各种不同的方式进行整理，以提供更广泛的指标、监测趋势及辨识那些关键的少数问题。

受控对象的广泛差异要求具有多种多样的测量手段。其中一个主要类别是用于测量产品特征和过程特征的大量技术仪器，譬如：温度计、钟表、计步器等。另一主要类别是各种数据系统以及相关的报告。还有一类利用人来作为测量手段，譬如：问卷、调查、访谈等。

5. 测量实际绩效

用适宜的测量手段尽可能准确地测量过程的实际绩效是质量控制的关键步骤。理想的绩效测量要具备简约、直接、精确、稳定、适应等属性。以确保真实地反映绩效，为随后的措施开展奠定坚实基础。

6. 与标准对照

与标准对照是一种判断、评估的过程，判断、评估可以是仪器执行，也可以是人工判别，还有可能是两种方式并存。无论采用何种方式，判断、评估时基本要执行如下活动：

- 将实际过程绩效与目标对照；
- 解释观测到的差异（如果存在），进行差异描述；
- 判断、评估结论；
- 决定需采取的行动；
- 触发纠正行动；

● 记录结果。

判断、评估时有可能是执行以上全部活动，也有可能只是进行一部分活动。

7. 针对差异的纠正措施

与标准对照时，如果发现差异，就需要采取相应行动，行动一般分为两个主要过程：一是分析差异的原因，二是采取纠正措施。这两个过程大家都喜欢通过戴明环（PDCA 循环）进行操作。

在功能完备的控制体系中，采取纠正行动的手段，往往是通过某种调节装置来实现的。这种装置可以是技术的、人工的或者是两者兼备的。一般来说，在运营或员工这一层次上，或许就是给计算机数据库发出指令的一个键盘，一个程序的改变、一份新的规范，或是调整机器的一个旋钮。对于管理层来说，也许是对一名员工的调整，一个新的组织政策，或是一个过程变革的团队。

另外，当采取相应纠正措施后，仍然要对过程进行监测，将过程保持在新的控制水准上，一旦发现新的影响因素，还需要测量参数、分析原因、进行纠正，以形成一个封闭型的反馈环。

3.4 过程控制——注重细节保过程

细节决定成败，质量控制的关键就在每一个过程，过程是为实现给定的目标而组织的一系列活动，它存在于组织经营活动的方方面面。因此，欲做好质量控制，先从每个细节做起，从每个过程控制做起。

1. 过程的描述和分析

要对过程的执行进行详细的描述，一般是使用流程图的方式，即用图示的方法来说明产品和服务的产生步骤。它能使人对过程整体有一个全面的理解。

用流程图可以帮助研究过程的结构和逻辑，方便识别过程中潜在的问题、瓶颈、不必要的步骤及纠正措施。

当过程包含了若干项职能或几个部门时，流程图要按照职能分配和部门分工分列进行描述，而且最好从画一个 4～12 步的总体图开始，用于说明过程的总体流程，然后每一个步骤再用详细的流程图说明。如果是一个非常复杂的过程，最好把它拆分为几个分过程进行描述。

在过程已实际存在的情况下，流程图将描述该过程的实际状况，并以此作为过程发展和改进的出发点。切记不要编造实际情况，这样做会出现如下情况：

● 过程中不合逻辑的部分被掩盖；
● 纠正措施被掩盖；
● 没有关于实际情况足够的信息。

一个真实的流程图有助于更好地理解过程并更容易看到过程中潜在的可改进之处。一项认真的分析总能使过程发生变化，产生让顾客更加满意的结果，即更好的质量、更低的成本和更高的效率。

当一个过程借用流程图进行分析时，对过程的每一个活动都应进行研究，提出一些问题：

- 这个活动是否确实有必要？
- 这个活动相对其成本来说，它的价值在哪里？
- 这个活动是否能与其他活动结合？
- 为保证这个活动的质量已经做了什么工作？
- 这些工作执行效果如何？

有些活动要进行选择，可能会提出一些不同的选项：

- 这是一项检查活动吗？
- 是否识别了在此活动中的所有缺陷和失效？

有些活动有纠错功能，与此有关的问题有：

- 如果这里没有缺陷与失效，这个活动是否还有必要？
- 此活动的范围有多大？
- 它是否能防止问题重复发生？

2. 过程波动

过程是由一系列活动组成的，由于每个活动的影响很多，稍有变化，就造成活动的变化，也对应的出现过程的波动。而且这种现象是经常发生的。譬如：在制造行业，由于加工误差的影响，同一种轴承每根之间的直径都会不一样。同一台机床生产出的次品数每天也会不同。同样，对于服务业及其服务效果，对待不同的顾客、在不同的场合、进行同样的服务，也都会有差异。

当然，这里说的是过程的波动，主要体现在过程一些质量特性的波动。这些质量特性的波动取决于影响最终结果的各种影响因素。譬如：人员、机器、环境、材料、顾客、方法等。由于影响因素的复杂性，因此，质量特性的波动也会出现一些不同，一般会出现两种波动：随机波动和异常波动。

（1）随机波动

质量特性的变化是随机的，被称为随机波动。被随机波动引起的缺陷和失效称为随机缺陷和失效。

随机波动是由许多原因引起的，而每一个原因只起很小的作用。这样，排除一个单一的原因只会对最终结果起到很小的影响。因此，从经济角度考虑，减少随机波动是非常困难的。

一个只表现为随机波动的过程所产生的值一般都处于中心值两侧，这样的过程我们往往称为处于统计控制状态的过程。这个结果常用频数表来说明，如图 3-3 所示。每一项观测值用一个条形图表示。频数表显示各个观测值以一个确定的模式围绕着中心线。这个模式就是所谓的频数分布，它由两个参数定义，一个表示集中趋向，一个表示离散程度。随着观测值数量越来越多，检测的精度越来越高，这两个参数就变得更加明显。

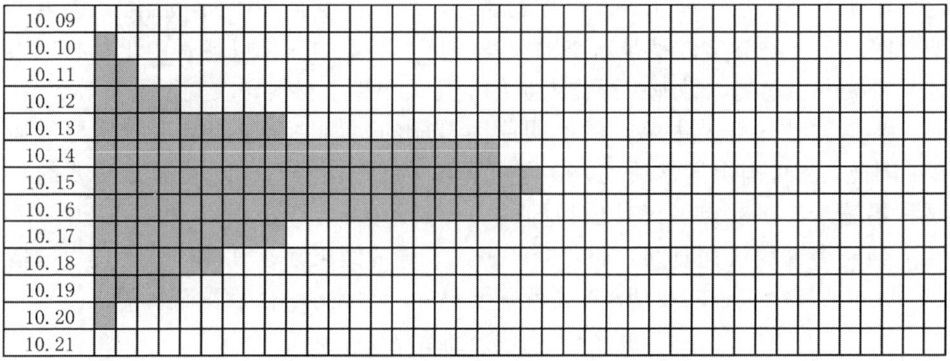

图 3-3　频数表

如果观测值的数量无限大，精度无限高，频率分布最终形成一条连续的曲线。对大多数由随机因素形成的特征值可以由一种数学模型表达，也即正态概率分布，如图 3-4 所示。

正态概率分布的特征值是平均值 μ，表现集中位置，以及标准差 σ，表现离散程度。这些符号是用于数学分布的。而在实际上有必要用观测值来预测分布，这时平均值用 μ 表示，标准差用 s 表示。

正态概率分布是围绕平均值 μ 对称的。所有观测值的 68.3%位于 μ-σ 与 μ+σ 之间，95.5%的观测值位于 μ-2σ 与 μ+2σ 之间，99.7%的观测值位于 μ-3σ 与 μ+3σ 之间。当过程处于统计控制状态时，就认为其结果是按正态分布的。

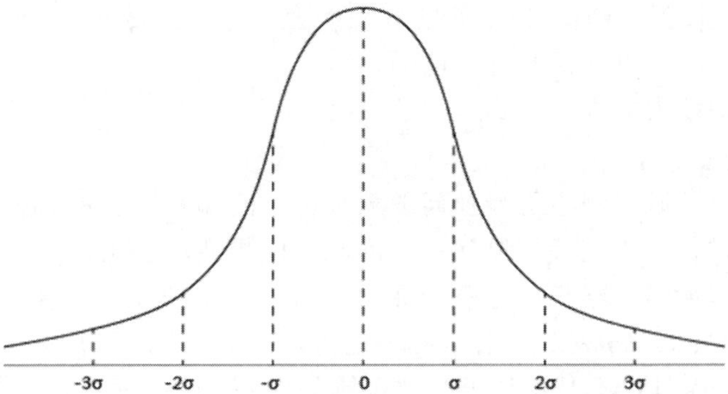

图 3-4　正态概率分布图

（2）异常波动

如果质量特性的变化不随机，这种波动称为异常波动。这种波动能引起系统性的失效或缺陷。

异常波动可能会引起一种趋势，如持续地沿着一个方向或另一个方向变化。这是由于某种因素逐渐加深对过程的影响，譬如：磨损和弯曲，温度、湿度的变化等。另一种异常波动是水平的突变。这种类型的变化可能是由于某种因素发生了突变引起的，譬如：操作人员的变化、更换了材料、改变了设备等。

异常波动一般是由单一的不明原因造成的，而这个原因能引起明显的后果。因此，及时确定异常波动，检验并采取措施消除异常波动是非常重要的。这种措施从经济观点考虑是值得的。

当一个过程只有随机波动时会产生比较好的结果。在有异常波动发生的情况下，想要减少过程的波动，首先就是要消除异常波动，然后再减弱随机波动。

表 3-1　随机波动与异常波动

随机波动	异常波动
含有许多独立的原因	含有一个或几个独立的原因
任何一个原因会引起很小的波动	任何一个原因会引起大的波动
随机波动不能经济地从过程中消除	异常波动通常能够经济地从过程中消除
当只有随机波动时，过程是以好的方式在运行	如果有异常波动存在，过程的运行状态不是太好

3．过程能力

过程输出的产品能够满足规定要求及目标的能力被称为过程能力。一个组织要满足其顾客的要求，它具有相应的过程能力是非常重要的，而且其各类活动的效率将取决于它的过程能力。

过程能力是可以衡量的。譬如某一车间生产变速箱每天能生产 20 台，当顾客每天的需求在 20 台之内时，该车间的过程能力就是足够的，当顾客增加需求量，超过每天 20 台，该车间的过程能力就达不到要求了，就需要增加人员、设备、材料等以便提高过程能力。

（1）过程能力的表示方式

1）用偏差表示

过程能力可以用测量所涉及问题质量特性的偏差来表示。通常用 6σ 表示。这里 σ 是指过程处于统计控制状态，即只有随机波动发生时的标准差。

如果过程输出的结果按正态分布，并且仍处于统计控制状态下，其结果的 99.7%将处于以 6σ 表示的对应范围之内。但是许多过程并不总是处于统计控制状态下，而且也不是总位于公差范围的中心。这就意味着只有以 6σ 表示的偏差要小于公差范围才行。经验表明原有过程的公差范围应等于 8σ 以上，而新过程应达到 9σ 以上。

2）用能力指数表示

一般情况下，能力指数是指公差范围与以 6σ 度量的过程偏差之比。它表明过程能力对产品设计质量要求的保证程度，一般以 C_p 或 C_{pk} 表示。C_p 适用于质量标准规格的中心值与实测数据的分布中心值一致，即无偏离的情况下。C_{pk} 适用于质量标准规格的中心值与实测数据的分布中心不一致，即有偏离的情况下。

当给定双向公差，质量数据分布中心（$\bar{x}$）与公差中心（M）相一致时，过程能力 C_p 计算公式为：

$$C_p = \frac{T}{6\sigma} = \frac{T_u - T_L}{6\hat{\sigma}}$$

其中：T_u 为公差上限，T_L 为公差下限。

- 当给定双向公差，质量数据分布中心（$\bar{x}$）与公差中心（M）不一致时，即存在中心偏差（ε）时，过程能力指数 C_{pk} 计算公式为：

$$C_{pk} = \frac{T - 2\varepsilon}{6\sigma}$$

$$\varepsilon = |M - \bar{x}|$$

为确保过程适用，对原有过程来说其能力指数最好应超过 1.33。对于新过程其能力指数应超过 1.5。

（2）过程能力分析

有关过程能力的信息可以采用过程能力分析的方法获得。

由于过程能力的影响因素比较多，譬如：设备、工具、材料、操作人员、环境等。因此，在进行过程能力分析时，就要将这些因素处于稳定和正常的条件下。譬如：在整个分析过程中使设备处于同样的工作状态，使用同一批材料、同样的操作人员、同样的环境等。

对生产过程能力的分析应覆盖生产一个正常规模批次的整个周期。

为保证分析有意义，在可能的情况下应进行 100 次观测，如果因成本原因，也可以减少，但不应低于 50 次。

另外，对过程能力进行分析要进行很好的策划，以避免出现疏漏。

在进行过程能力分析时，过程应紧紧跟随确定的目标，如果可能，应说明会影响结果的条件，譬如开始、停止、调整、更换操作人员、新的材料等。这些条件发生的时间应予以记录。

收集的信息一般应能提供如下内容：

1）过程是如何随时间变化的？

这意味着应对过程的波动形式进行分析。一般情况应借助于流程图显示出观察值随时间的变化。

2）过程是否处于统计控制状态？

目的是得到有关过程是否只有随机波动发生或是同时还存在有异常波动的信息。

3）过程是否具备足够的能力？

这个问题需要有关过程偏差的信息。用正态概率分布确定 6s 可以得到量化的信息。频数表或直方图能以图形方式说明过程的能力是否满足要求。

4）过程如何能更好地满足质量要求？

这一点正是我们对过程输出的兴趣所在。这时最好采用频数表、直方图或正态概率分布。

【小贴士】为什么过程能力足够也会产生有缺陷的产品？

在现实生产中，我们经常会发现明明过程能力足够，其结果却不能满足质量要求。产生这类缺陷和失效的原因有：

- 过程结果分布中心位置不好

过程结果分布中心与公差范围中心不重合。

- 过程有某种趋向

在生产批量不大时，过程有一定的趋向还影响不大，当大批量生产时，影响就非常明显。

- 过程的不规则

过程进行中发生了比较大的调整，譬如更换了操作者、设备、材料等。

- 单元混合

组成一个批次的各单元中包含有不能完全确定条件的单元。

- 测量设备不适用

检测设备不够精确或出现不适用的情况，影响分析和判断。

（3）过程能力的评价

一般以过程能力指数评定工序等级，以便有重点、有主次地采取不同措施加以管理和控制。

表 3-2 过程能力等级评定表

范围	等级	判断	应采取措施
C_p>1.67	特级	过程能力非常充分（过程能力过高）	理想状态，可考虑采用免检。为提高产品质量，对关键或主要项目可缩小公差范围；或为提高效率、降低成本而放宽波动幅度，降低设备进度等级；或将进度要求特别高的零件调至该工序进行加工等
1.67≥Cp>1.33	1 级	过程能力充分	理想状态，当不是关键或主要项目时，放宽波动幅度；降低对原材料的要求；简化质量检验，采用抽样检验或减少检验频次

续上表

范围	等级	判断	应采取措施
$1.33 \geq C_p > 1$	2级	过程能力尚可	必须用控制图或其他方法对过程进行控制和监督，以便及时发现异常波动；使产品按正常规定进行检验
$1 \geq C_p \geq 0.67$	3级	过程能力不充分（过程能力不足）	分析分散程度大的原因，制订措施加以改进，在不影响产品质量的情况下，放宽公差范围，加强质量检验，进行全数检验或增加检验频次
$0.67 > C_p$	4级	过程能力不足	一般应停止继续加工，找出原因，改进工艺，提高 C_p 值，否则全数检验，挑出不合格品

表3-2所列为过程能力指数不同值时的不同情况，C_p 或 C_{pk} 越大，说明过程能力越充足，产品的加工质量越高，但这时对设备、原材料和操作人员的要求也越高，加工成本也越大，所以过程的 C_p 值定为多少要看需要与可能、或客户的要求。一般 C_p 在1.33左右已是一个很好的过程。

4. 过程重点控制因素

为确保过程控制质量，需要对过程质量控制进行系统安排，对直接或间接影响过程质量的因素进行重点控制并制订实施控制计划。

（1）物资控制、可追溯性和标识

生产过程所需材料和零件的类型、数目及要求要作出相应规定，确保过程物资的质量，保持过程中产品的适用性。对过程中的物资进行标识，以确保物资标识和验证状态的可追溯性。

（2）设备控制

对影响产品质量特性的设备工具、计量器具等作出相应规定，在使用前均应验证其精确度，合理存放和防护，并定期验证和再校准。制订预防性设备维修计划，保证设备的精度和生产能力，以确保持续的过程能力。

（3）关键过程控制

对不易测量的产品特性，对有关设备保养和操作所需特殊技能以及特殊过程进行重点控制。及时改善和纠正过程中的不足，监测、控制和验证过程参数，确保所有设备及操作人员等能满足产品质量的需要。

（4）文件控制

保证过程策划的要求得以实现，并保证在过程中使用的与过程有关的文件适用、有效。

（5）过程更改控制

正确执行过程更改，明确规定更改职责和权限，更改后对产品进行评价，验证更改的预期效果。

（6）验证状态的控制

采用适当的方法对过程的验证状态进行标识，通过标识区别未经验证、合格或不合格的产品，并通过标识识别验证的责任。

（7）不合格产品的控制

制定和执行不合格品控制程序，及时发现不合格品，对不合格品加以明确的标识并隔离存放，决定对不合格品的处理方法并加以监督，防止顾客收到不合格品及不合格品的非预期使用，避免进一步加工不合格品而发生不必要的费用。

5．过程主要控制手段

（1）编制和执行专门的质量控制程序

过程质量控制程序针对的是特定过程，因此要参考过程的特点、影响因素，做到有的放矢，适用高效。

（2）强化检验和监督

控制虽然不等于检验，但检验毕竟是控制的一种重要手段。所以，要加强过程各节点的检验和监督，对过程运行偏差及时发现、及时纠正、及时预防。

（3）编制和执行不合格品控制程序

既然生产过程不能完全避免不合格品，那么我们至少要做到的是标识、隔离、处理好不合格品。编制不合格品控制程序并严格执行就是一种有效的手段。

（4）加强设备设施的维护保养

工欲善其事，必先利其器。运行良好的设备设施才能确保良好的产品质量，确保产品实现过程的有效可控，因此，要加强设备设施的维护保养，保证良好的运行状态。

（5）采用先进的控制工具实现过程控制效果

先进适用的控制工具是控制效果事半功倍的重要保障。随着质量控制的不断积累，先进控制工具的出现也是一种必然，掌握好前人的经验，站在新的起点是一种明智的选择。

3.5 控制工具——控制实现有手段

质量控制的统计工具虽然不少，但应用最为广泛的还是统计过程控制技术（Statistical Process control,SPC）。因此，这里重点介绍一下统计过程控制技术。

统计过程控制是应用统计技术对过程中的各个阶段进行评估和监控，建立并保持过程处于可接受的并且稳定的水平，从而保证产品与服务符合规定要求的一种质量管理技术。统计过程控制是在控制图之后产生的，是过程控制主要应用工具，它可能是统计性的，也可能是非统计性的。就核心内容而言，主要是利用控制图分析过程的稳定性，对过程存在的异常因素进行预警。

统计过程控制有四种度量指标：σ（标准差，正态分布的参数）、μ（平均值，正态分布的参数）、C_p和C_{pk}（过程能力，评价稳定过程能力的指数）、P_p和P_{pk}（过程能力，长期过程能力的指数）。

1. 控制图

控制图是对过程质量特性值进行测定、记录、评估，从而检察过程是否处于控制状态下的一种统计方法图表，又称为管理图。它是用来区分由系统原因引起的异常波动，或是由过程固有的随机原因引起的正常波动的一种工具。正常波动一般在预计的界限内随机重复，而系统原因引起的异常波动则表明需要对其影响因素加以判别、调查，并使之处于受控状态。

一般控制图分为上控制限（Upper Coctrol Limit,UCL）、下控制限（Lower Control Limit,LCL）和中心线（Control Line,CL）三条线。上下控制界限统称为控制线，若控制图中的描点落在上、下控制界限之外或描点在上、下控制界限之间的排列不随机，则表明过程异常。

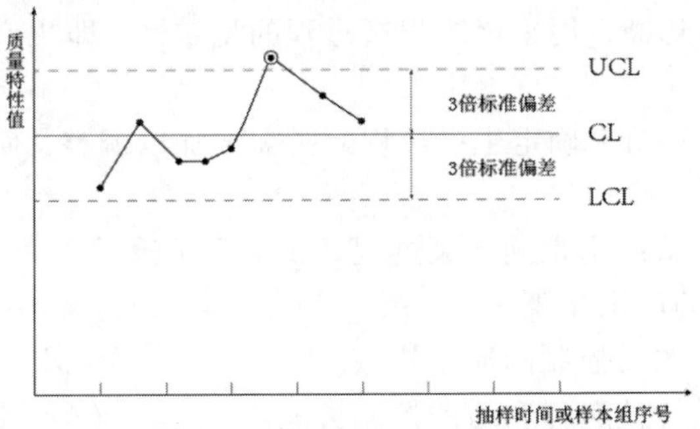

图 3-3 控制图的基本形式

（1）控制图的种类

控制图的种类很多，一般按质量特性值的数据性质可分为计量值控制图和计数值控制图两大类（见表 3-3）。其中最常用的是平均值-极差（x̄-R）控制图。

表 3-3 控制图种类与适应场合

类别	名称	控制图符合	特点	适用场合
计量值控制图	均值-标准差控制图	$\bar{x}$ −s	常用，判断工序是否正常的效果最好，但计算 S 的工作量大	适用于产品批量较大，且稳定、正常的工序
	均值-极差控制图	$\bar{x}$ −R	最常用，判断工序是否正常的效果好，计算 R 的工作量小	适用于产品批量较大，且稳定、正常的工序

续上表

类别	名称	控制图符合	特点	适用场合
计量值控制图	中位数-极差控制图	$\tilde{x}-R$	计量简便，但效果较差	适用于产品批量较大，且稳定、正常的工序
	单值-移动极差控制图	$x-R_s$	简便省事，能及时判断工序是否处于稳定状态，缺点是不易发现工序分布中心的变化	因各种原因（时间、费用等），每次只能得到一个数据或希望尽快发现并消除异常因素
计数值控制图	不合格品数控制图	p_n	较常用，计算简单，操作工人易于理解	样本含量相等
	不合格品率控制图	p	计算量大，控制线凹凸不平	样本含量可以不等
	缺陷数控制图	c	较常用，计算简单，操作工人易于理解	样本含量相等
	单位缺陷数控制图	μ	计算量大，控制线凹凸不平	样本含量可以不等

（2）控制图的作用

1）过程状态诊断：用来诊断生产过程的稳定性。即生产过程是否处于统计状态。

2）过程控制：用来确定生产过程何时需要加以调整，何时应保持生产过程的稳定状态。

3）改进的确认：用来确定某过程是否得到了改进。

（3）控制图的应用步骤

1）选取控制图要控制的质量特性。

2）根据质量特性选择合适的控制类型。

3）确定合适的样本组、样本大小和抽样间隔，并假定在样本组内，波动仅由随机因素引起。

4）收集并记录至少20～25个样本组的数据，或使用以前所记录的数据。

5）计算各组样本的统计量，如样本的均值、极差和标准等。

6）计算统计量的控制界限。

7）画出控制图并标出各组的统计量。

8）分析样本点的排列状态，判断过程是否处在控制状态。

9）做出最终判断，决定下一步行动。

（4）计量值控制图

计量值控制图常用的有：$\bar{x}-s$ 图、$\bar{x}-R$ 图、$\tilde{x}-R$ 图、$x-R_s$ 图，其中以均值-极差控制图（$\bar{x}-R$ 图）应用最为广泛。

计量值控制图的控制对象是可以计量的质量特性数据，譬如重量、长度、寿命、强度等。

1）均值-极差控制图（$\bar{x}$－ R 图）

所谓均值-极差控制图就是将$\bar{x}$控制图与 R 控制图联合使用的一种控制图的形式。

$\bar{x}$－R 图控制界限的计算

● $\bar{x}$ 控制图的计算方式

$$CL \approx \bar{\bar{x}}$$
$$UCL \approx \bar{\bar{x}} + A_2\bar{R}$$
$$LCL \approx \bar{\bar{x}} - A_2\bar{R}$$

其中 $\bar{\bar{x}}$ ——样本平均值的平均值；

$\bar{R}$ ——样本极差的平均值；

A_2——由样本容量 n 确定的控制图系数，可由控制系数表查出。

● R 控制图界限的计算方式

$$CL \approx \bar{R}$$
$$UCL \approx D_4\bar{R}$$
$$LCL \approx D_3\bar{R}$$

其中 D_3、D_4——由样本容量 n 确定的控制图系数，可由控制系数表查出。

在控制图系统表中可以看到，当样本容量 $n \leqslant 6$ 时，D_3 为负数。由于 R 值为非负，所以 LCL 取负值无意义，此时可取 LCL=0.即取坐标轴为下控制界限。

2）均值-标准差控制图（$\bar{x}$－ S 图）

$\bar{x}$－ s 图控制界限计算公式

● $\bar{x}$ 控制图的计算方式

$$CL \approx \bar{\bar{x}}$$
$$UCL \approx \bar{\bar{x}} + A_3\,\bar{s}$$
$$LCL \approx \bar{\bar{x}} - A_3\,\bar{s}$$

其中：$\bar{\bar{x}}$ ——样本平均值的平均值；

$\bar{s}$ ——样本标准差的平均值；

A_3 ——由样本容量 n 确定的控制系数。可由控制系数表查出。

● s 控制图界限的计算方式

$$CL = \bar{s}$$
$$UCL = B_8\bar{s}$$
$$LCL = B_7\bar{s}$$

其中：$\bar{s}$ ——样本标准差的平均值；

B_7、B_8 ——由样本容量 n 确定的控制图系数，可由控制系数表查出（见表 3-4）。

表 3-4 控制图系数选用表

n \ 系数	d_2	d_3	A_2	A_3	D_3	D_4	B_3	B_4	B_7	B_8
2	1.128	0.893	1.880	2.659	—	3.267	—	3.267	—	2.603
3	1.693	0.888	1.023	1.954	—	2.579	—	2.568	—	2.281
4	2.059	0.880	0.729	1.628	—	2.282	—	2.266	—	2.096
5	2.326	0.864	0.577	1.427	—	2.115	—	2.089	0.026	1.974
6	2.534	0.848	0.483	1.287	—	2.004	0.030	1.970	0.115	1.885
7	2.704	0.833	0.419	1.182	0.076	1.924	0.118	1.882	0.183	1.817
8	2.847	0.820	0.373	1.099	0.136	1.864	0.185	1.815	0.237	1.763
9	2.970	0.808	0.337	1.032	0.184	1.816	0.239	1.761	0.283	1.717
10	3.078	0.797	0.308	0.973	0.223	1.777	0.284	1.716	0.321	1.629

（5）计数值控制图

计数值控制图可以分为计件值控制图和计点值控制图。

1）计件值控制图

计件值控制图又可分为不合格品数控制图（pn 图）和不合格品率控制图（p 图）。

● 不合格品数控制图（pn 图）

在生产过程稳定时，产品的不合格品率（p）也比较稳定，即有一个比较固定的数字。反之，不合格品率（p）的变化较大，反映在样本中，不合格品率（p）与不合格品数（pn）变化也比较大。我们可以规定一个不合格品率或不合格品数，通过统计方法来判断生产过程的不合格品率和不合格品数是否超过规定的界限，如果超过了这个界限，就说明生产过程发生了异常变化，需要进行调整，这就是不合格品数控制图和不合格品率控制图的基本原理。

pn 控制图应在样本容量 n 固定的情况下使用，并且使样本中含有 1～5 个不合格品。如果不合格品数 pn 常取 0，将失去控制图的作用。

因为 np≥5 时，二项分布近似正态分布，所以使用这种控制图时，往往 n 都比较大，即 $n \geq \frac{5}{p} = \frac{5}{\bar{p}}$，其中：p 为总体不合格品率；$\bar{p}$ 为样本平均不合格率。根据经验，n≥50。基于样本容量取值原因，总体不合格率太小时，也不宜采用这种控制图。

pn 控制图界限的计算公式：

$$CL \approx n\bar{p}$$

$$UCL \approx n\bar{p} + 3\sqrt{n\bar{p}（1-\bar{p}）}$$

$$LCL \approx n\bar{p} - 3\sqrt{n\bar{p}（1-\bar{p}）}$$

其中：n——样本容量；

$\bar{p}$——样本平均不合格率，$\bar{p}=\frac{\sum_{i=1}^{k}p_i n_i}{kn} = \frac{\bar{p}n}{n}$

● 不合格品率控制图（p 图）

当样品容量不固定时，不合格品数控制图已不适用，此时可采用不合格品率控制图。

p 控制图界限的计算方式：

$$CL \approx \bar{p} = \frac{\sum_{i=1}^{k}n_i p_i}{\sum_{i=1}^{k}n_i}$$

$$UCL \approx \bar{p} + 3\sqrt{\frac{\bar{p}（1-\bar{p}）}{n_i}}$$

$$LCL \approx \bar{p} - 3\sqrt{\frac{\bar{p}（1-\bar{p}）}{n_i}}$$

使用 p 控制图时，一般要求样本容量大些。样本容量 n 太小，往往使 p=0，因而失去了控制图的意义。但是，样本容量 n 太大，又使检查费用增加。因此，一般应使 p 控制图下控制界限满足条件 LCL≥0，即：

$$\bar{p} - 3\sqrt{\frac{\bar{p}（1-\bar{p}）}{n_i}} \geqslant 0$$

或 $$n \geqslant 9（\frac{1}{\bar{p}} - 1）$$

因此，可根据产品的$\bar{p}$值，利用公式选择适当的样本容量 n。

由于样本容量不等，相应的控制界限也不相同，所以，不合格品率控制图会形成一条阶梯形曲线。为了避免控制界限线的复杂化，可以采用一种修匀的方法，即用n_i的平均值$\bar{n}$代替所有的n_i，将控制界限线画成直线。但是这种修匀的方法必须满足下列条件：

$$n_{max} < 2\bar{n}\ ;$$

$$n_{min} > \frac{1}{2}\bar{n}$$

【小贴士】计件值控制图应用说明：

对于 pn 图和 p 图，实际起作用的是上控制界限，下控制界限只是用来检查生产过程是否发生变化，如果描点超出下控制界限，只能说明生产过程更稳定，加工精度更高。因此，有的 pn 图和 p 图不画出下控制界限。

2）计点值控制图

计点值控制图包括：缺陷数控制图（c 图）和单位缺陷数控制图（u 图）

● 缺陷数控制图（c 图）

缺陷数控制图是当样本容量固定时，用来控制像裂纹、砂眼、凸包等缺陷的控制图。

应用缺陷数控制图时，应使每个样本中的缺陷数 c 不少于 1～5 个。如果缺陷数 c 常为 0，将使控制图失去作用。

c 图控制界限计算公式：

$$CL \approx \bar{c} = \frac{\sum_{i=1}^{k} c_i}{k}$$

$$UCL \approx \bar{c} + 3\sqrt{\bar{c}}$$

$$LCL \approx \bar{c} - 3\sqrt{\bar{c}}$$

其中：$\bar{c}$ 为样本平均缺陷数。

● 单位缺陷数控制图（u 图）

当样本的单位数 n 不固定时，就需要将它换算成标准单位（面积、体积或长度）的缺陷数来进行控制，此时就要应用单位缺陷数控制图。

u 图控制界限计算公式：

$$CL \approx \frac{\sum_{i=1}^{k} c_i}{\sum_{i=1}^{k} n_i} = \bar{u}$$

$$UCL \approx \bar{u} + \frac{3}{\sqrt{n_i}}\sqrt{\bar{u}}$$

$$LCL \approx \bar{u} - \frac{3}{\sqrt{n_i}}\sqrt{\bar{u}}$$

u 图控制界限随着n_i的大小不同而发生变化，因而其控制界限线不是直线，而是一条阶梯状曲线。为了方便，当$n_{max} < 2\bar{n}$且$n_{min} > \frac{1}{2}\bar{n}$时，可以用$\bar{n}$代替公式中的$n_i$，将控制界限线近似地改为直线。此时：

$$\bar{n} = \frac{\sum_{i=1}^{k} n_i}{k}$$

（6）控制界限的计算

为了便于使用，现将各种类型的控制图界限归纳为如表 3-5 所示。

表 3-5　不同控制图、控制界限计算及相应的国家标准

数据	分　布	控制图名称及符号		中心线	上、下控制界限	标　准	
—	—	常规控制图（总则）		E（x）	E（x）$\pm 3\sqrt{D(x)}$	GB4091.1	ISO 7870
计量值	正态分布	$\bar{x}-s$ 图 均值–标准差图	$\bar{x}$ 图	$\bar{\bar{x}}$	$\bar{\bar{x}}\pm A_3\bar{s}$	GB4091.2	ISO 8258
			s 图	$\bar{s}$	$B_8\bar{s}$；$B_7\bar{s}$		
		$\bar{x}-R$ 图 均值–极差图	$\bar{x}$ 图	$\bar{\bar{x}}$	$\bar{x}+A_2\bar{R}$	GB4091.3	
			R 图	$\bar{R}$	$D_4\bar{R}$；$D_3\bar{R}$		
		$\tilde{x}-R$ 图 中位数–极差图	$\tilde{x}$ 图	$\tilde{x}$	$\tilde{x}\pm m_3A_2\bar{R}$	GB4091.4	
			R 图	$\bar{R}$	$D_4\bar{R}$；$D_3\bar{R}$		
		$x-R_s$ 图 单值–移动极差图	x 图	$\bar{x}$	$\bar{x}\pm 2.66\bar{R}_s$	GB4091.5	
			R_s 图	$\bar{R}_s$	$3.27\bar{R}_s$；—		
计数值	二项分布	p 图 不合格品率图		$\bar{p}$	$\bar{p}\pm\frac{3}{\sqrt{n_i}}\sqrt{\bar{p}(1-\bar{p})}$	GB4091.6	ISO 8258
		pm 图 不合格品数图		$\bar{p}n$	$\bar{p}n\pm 3\sqrt{\bar{p}(1-\bar{p})}$	GB4091.7	
	泊松分布	c 图 缺陷数图		$\bar{c}$	$\bar{c}\pm 3\sqrt{\bar{c}}$	GB4091.9	
		u 图 单位缺陷数图		$\bar{u}$	$\bar{u}\pm 3\sqrt{\bar{u}/n}$	GB4091.8	
任何数据	任何分布	T 图 通用控制图		O	±3	GB6381	

（7）控制图在统计过程控制中的应用

从控制图的使用角度，它可以分为分析用控制图和控制用控制图。

1）分析用控制图

分析用控制图主要用来调查工序是否处于控制状态，如果发生了异常能否消除这种异常，从而改善工序的稳定状态。分析用控制图的调整过程就是质量不断改进的过程。它主要分析如下：一是过程是否为统计控制状态、二是过程的过程能力指数是否满足要求。

作分析用控制图时，一般需要 20～30 组样本数据来计算控制界限。

分析用控制图判断生产过程处于统计控制状态的准则是：

- 连续 25 个点在控制界限内。而且描点排列没有缺陷。
- 连续 35 个点最多有 1 个描点在控制界限外，其他描点在控制界限内，排列没有缺陷。
- 连续 100 个点最多有 2 个描点在控制界限外，其他描点在控制界限内，排列没有缺陷。

当分析用控制图中，如果 25 个中有 1 个描点越出控制界限，或者 25 点均在控制界限内，但排列有缺陷，应当查明原因，把异常因素找出来。

分析用控制图的控制界限常用虚线“ ----- ”表示。

2）控制用控制图

在建立控制用控制图之前，必须先作出分析用控制图，进行工序能力调

查，找出影响工序质量特性的异常因素，采取措施，改善工序质量，然后再进行工序调查，收集统计数据，重新制作控制图，再进行分析，经过多次往复使工序达到最佳状态，此时的控制图称为控制用控制图。控制用控制图主要用来控制工序，使之保持在统计状态下稳定进行生产。

如果分析用控制图判明生产过程已经处于统计控制最佳状态，而且过程能力较好地满足了技术标准的要求时，此时可以把分析用控制图的控制界限延长作为控制用控制图的控制界限。

控制用控制图的控制界限常用点画线“_._._..”表示，分析用控制图与控制用控制图区别如表 3-6 所示。

表 3-6 分析用控制图与控制用控制图区别表

序号	区别点	分析用控制图	控制用控制图
1	过程以前的状态	未知	已知
2	做控制图需要自组数	每次 20～30 组	每次一组
3	控制图的界限	需计算	延长前控制线
4	使用目的	了解过程	控制过程

3）各类常规控制图的应用

- 平均值-极差控制图（$\bar{x}$ - R 控制图）：对于计量数据而言，这是最常用、最基本的控制图。它主要用于控制对象为长度、重量、强度、纯度、时间、效率和生产量等计量值的场合；
- 平均值-标准偏差控制图（$\bar{x}$ - S 控制图）：与 $\bar{x}$ - R 控制图应用范围相似，只是用标准差 S 控制图代替极差 R 控制图。由于极差计算简便，故极差图得到更为广泛的应用。不过随着电子计算机的应用和普及，标准差的计算也不成问题，故 $\bar{x}$ - S 控制图的应用也越来越多；
- p 控制图：用于控制对象为不合格品率或合格品率、交货延迟率、缺勤率、差错率等计数质量指标的场合；
- pn 控制图：用于控制对象为不合格品数的场合；
- c 控制图：用于控制一部机器、一个部件、一定的长度、一定的面积或任何一定的单位中所出现的不合格品数目；
- u 控制图：是在样品规格有变化，换算为平均每单位的不合格品数后使用的控制图；

4）控制图应用方法和顺序

在生产过程中应用控制图进行质量控制，一般执行以下三个步骤：

- 调整阶段：当生产过程中产品质量尚未稳定，即生产处于失控状态时，应加强管理、调整，改进工艺，修正工序，使生产进入稳定状态；
- 受控阶段：经过系列调整，生产过程进入受控状态，根据管理的需要，选择合适的控制图进行过程质量管理；

- 管理阶段：在该阶段，需要用控制图所使用的数据作直方图，并结合产品的质量指标来估算 C_p 值或 C_{pk} 值，真正做到产品质量受控。

【小贴士】控制图应用注意事项（图 3-4）

- 选择控制图要根据所控制质量指标的数据性质来进行选择；
- 鉴于过程具有各种各样的特性，在使用控制图时应选择能够真正代表过程的主要指标作为控制对象；
- 在控制图中描点在界内，同时描点的排列也是随机的，则认为生产过程处于稳定状态或统计控制状态。如果控制图描点出界或界内描点排列不是随机的，就认为生产失控。对于应用控制图还不够熟悉的员工来说，即使在控制图描点出界的场合，也首先应该从以下几方面进行检查：样本的抽取是否随机？测量有无差错？数字的读取是否正确？计算有无错误？描点有无误差等；
- 若描点出界或界内点排列非随机，应立即查找原因、采取措施、加以消除，直到不再出现为止。并将采取的措施纳入记录，防止它再次出现；

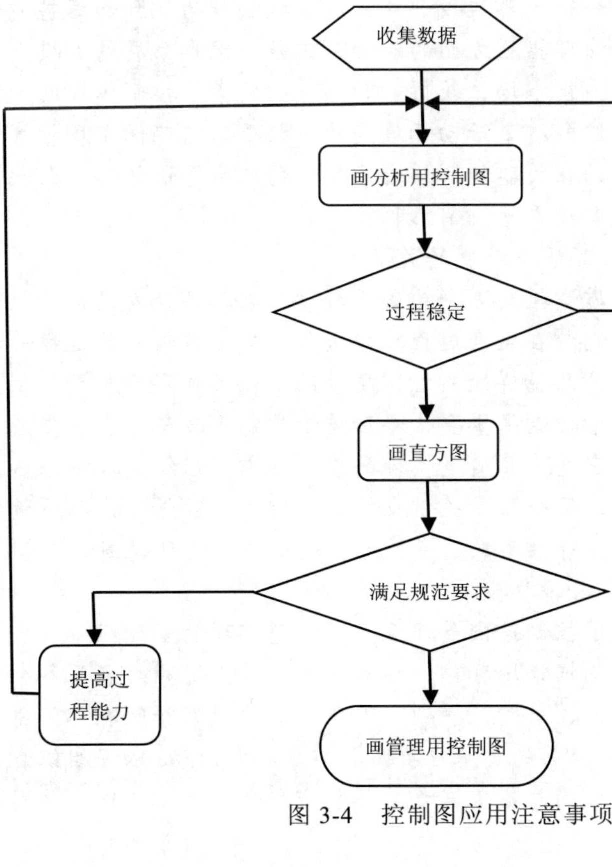

图 3-4　控制图应用注意事项

- 对于控制图来说，描点出界起着报警的作用。但一般来说，控制图只能做到报警的作用，而不能指出具体的原因所在，要找出原因，应根据技术和经验来解决；
- 由于生产过程是动态变化的，所以控制图也要保持动态性，经过一定时间后，需要重新抽取数据，进行计算、加以检验；
- 控制图的计算、日常记录及异常表现都应作为技术资料加以保存，作为以后出现异常时查找原因的重要参考。

3.6 智慧分享

“规划再全、规定再好，没有控制，不见成效”。为了有效消除产品实现各个阶段有可能引起不合格和不满意效果的因素，组织开展了质量控制。但质量控制开展的具体效果如何，则要看各个组织对质量控制的理解程度和重视程度。作为质量管理活动的重要组成部分，质量控制起着举足轻重的作用。

1. 质量控制是确保产品质量的核心因素

作为质量管理活动的一个重要组成部分，质量控制是为达到和保持质量而进行控制的技术措施及管理措施方面的活动。它是确保产品质量和提升产品质量，促使组织发展、赢得市场、获得利润的核心因素。控制体现的是执行力，质量控制反映了组织内质量活动开展的执行效率，它确保了质量策划的实施，内含了质量检验的相关职能，促进了组织的质量保证能力。因此，为确保产品质量，要高度重视质量控制的职能。

2. 过程质量控制是产品质量控制的关键

现代质量工程技术把质量控制划分为若干阶段，在产品开发设计阶段的质量控制称作设计质量控制；在生产过程阶段进行的质量监控称作过程质量控制；而在产品实现后以产品抽样检验控制质量的阶段称作事后质量控制。在上述若干阶段中设计质量控制很重要，事后质量控制也必不可少，但最关键的还是过程质量控制，它是产品质量实现的重要保障。组织通过对每道工序、每个环节、每个步骤、每个质量关键点的认真监控，确保了产品质量的有序实现，保证了各项质量特性参数，有效地控制了质量波动范围和趋势。

3. 质量控制需要每个人的参与

质量控制的内涵揭示了控制范围要涉及产品质量实现的全过程，既包括生产过程、采购过程，也包括市场营销、财务保障、人力资源配置等各个过程。也就是说组织内的生产、采购、营销、财务、人力资源等所有部门都要参与质量控制，对应的各个部门的员工也要参与质量控制活动。依据组织责、权、利的分配，大家分工明确、各负其责，并紧密配合、互助协作，共同实现质量控制，确保产品质量的实现和提升。

4. 质量控制水平在一定程度上反映了组织的整体质量水平

既然组织质量控制是确保产品质量和质量提升的核心，是产品质量控制的关键。那么，也就说明了质量控制对组织的产品质量和质量水平很重要，它间接地反映了组织的质量状况，一定程度上是组织质量水平的体现。也即：有什么样的质量控制能力就有什么样的质量水平。如果组织的质量控制能力比较差，那么产品实现过程中的质量就处于不受控状态，产品质量就无法得到保证，组织的整体质量水平也就比较差；反之，如果组织的质量控制能力比较高，产品实现过程中的各个方面都处于受控状态，产品质量就能够保证，组织的整体质量水平也就比较高。

第4章

质量检验——管理成果验后看

本章导读：

- 如何正确理解检验的内涵
- 质量检验主要对象有哪些
- 质量检验主要职能是什么
- 质量检验主要类型有哪些
- 如何进行质量检验的策划
- 何为检验计划书主要内容
- 检验策划的关注点有哪些
- 如何全面地理解抽样检验
- 抽样检验有哪些检验方法
- 如何理解和应用 GB2828
- 质量检验管理制度知多少

每个人都有追求美好生活的愿望，我们都希望自己使用的产品具有高质、美观、完美的特性。但理想很美感，现实很骨感。高质量、稳定的产品特性作为一种美好的追求是无限的，但确保产品实现的资源是有限的，而且这些资源条件会随时发生变化，各工序不可能持续处于稳定状态，以至于质量特性波动是随机的、不可避免的。因此，质量检验就提上了日程，通过检验实现“把关”是完全必要的。虽然随着技术的进步和智能化工具的逐步推广，会逐步减少检验的工作量，但检验还需长久存在。

4.1 检验内涵——专业内质把握牢

质量检验是指借助于某种手段或方法来测定产品的一个或多个质量特性，然后把测得的结果同规定的产品质量标准进行比较，从而对产品作出合格或不合格判断的活动。通过观察和判断，并结合测量、试验所进行的符合性评价。

质量检验的具体工作包括：测量、比较、判断、应对。

1. 基本要点

（1）检验对象

检验的对象是产品。产品可以是原材料、外购件、半成品和成品。可以是单个成品或成批产品。

（2）检验依据

检验依据是技术标准、产品图样、制造工艺和供需合同等。产品的技术标准是产品质量的主要依据。技术标准中规定产品技术要求、试验方法、检验规则和标志、包装等内容。产品图样和设计文件是产品制造、检验、安装、调试过程中最主要的依据，也是供需双方表达技术思想的基本工具；工艺文件是指导工人操作和用于生产、工艺管理等方面的各种技术条件。

（3）检验手段

在检验活动中必须对产品质量特性进行观察、测量、试验、判断。因而必须具备一定的检验手段。检验手段包括硬件和软件。硬件主要指人员和资源，即具备所从事检验工作技能的人员、检验场所和设施、测试仪器和计量器具，检验过程所必需的消耗品以及能源等。软件主要指检验方法。

（4）检验数据

在对产品质量特性进行测试后，被检产品的质量特性可以用数据来表示。数据是对产品质量进行判定的依据。若质量特性是计量值，数据可以用具有确定单位的量值来表示；若质量特性是计数值，数据可用离散数值来表示。

（5）检验结论

判定产品的质量的合格性是产品质量检验活动的目的。在获取产品质量特性的数据之后，必须与规定的要求进行比较，确定产品的合格性，并作出检验结论。对单个产品，一般划分为合格品和不合格品，或划分为若干等级。对批次产品，必须将样本的检验结果，依据抽样方案中的判断规则进行比较，并判断检查批次是否合格。

2. 主要职能

（1）鉴别

根据技术标准、产品图样、作业规程或订货合同的规定，采用相应的检测方法观察、试验、测量产品的质量特性，判定产品质量是否符合规定的要求，也即鉴别审定。鉴别是“把关”的前提。

（2）把关

依据鉴别审定，实行严格把关，做到不合格的原材料不投产，不合格的半成品不转序，不合格成品不出厂，才能保证产品的质量。

（3）预防

现代质量检验区别于传统检验的重要之处，在于现代质量检验不单纯是起到把关的作用，同时还起到预防的作用。

（4）报告

报告职能也就是信息反馈的职能。通过对质量检验获取的原始数据的记录、统计、分析，评价产品的实际质量水平，以报告的形式反馈给管理决策部门，以便做出正确的判断和采取有效的决策措施。

（5）改进

质量检验参与质量改进工作，是充分发挥质量把关和预防作用的关键，也是检验部门参与质量管理的具体体现。

（6）监督验证

质量监督验证是市场经济和质量保证的客观要求，而质量检验是质量监督验证的重要手段，是质量监督验证的参考依据、准确判断的基础。

4.2 检验类型——各种类型看实效

质量检验的类型很多，按不同的划分标准有不同的分类。

1. 按生产流程的时段可分为：来料检验、过程检验、最终检验。

（1）来料检验

来料检验是指在接受供应方提供的产品时进行的有关检验。目的是防止不符合质量要求的产品进入需方的活动中并由此引发问题或降低其活动的质量。它是产品质量保证的基础因素。

（2）过程检验

过程检验是指产品在生产过程中分段、分步开展的测量、鉴别活动。目的是防止不合格产品流转到下道工序，以至于产生大批量的不合格品。过程检验的主要方式有：首件检验、巡检、自检、末件检验。

1）首检

首检是指对过程设置和调整后生产的第一件产品进行检验。目的是尽早发现问题，防止成品产品报废的有效措施。

通常在下列情况下应该进行首件检验：

- 一批产品开始投产时；
- 设备重新调整或工艺有重大变化时；
- 轮班或操作工人变化时；
- 毛坯种类或材料发生变化时 。

2）巡检

巡检就是检验人员按一定的时间间隔和路线，依次到工作地或生产现场，用抽查的形式，检查刚加工出来的产品是否符合图纸、工艺或检验指导书中所规定的要求。它是对生产过程发生异常状态实行报警，防止成批出现废品的重要措施。

当巡检发现工序有问题时，应进行下面两项工作：

- 寻找工序不正常的原因，并采取有效的纠正措施，以恢复其正常状态；
- 对上次巡检后到本次巡检前所生产的产品，全部进行重检和筛选，以防不合格品流入下道工序。

3）自检

自检是指操作人员对自己生产出的产品按照技术标准进行检验，以确认产品的质量符合性。自检一般是在首检检验后开始批量生产期间进行。是一种成本最低、效率最高的检验方式。但对操作人员的质量意识要求也比较高。

4）末件检验

末件检验是指对一个检验批次最后几件进行检验。它可以使过程的缺陷在下一个批次生产开始前得以解决，以杜绝缺陷延续的风险。

（3）最终检验

最终检验是指在产品最后完成时进行的全面检验。目的是防止不符合质量要求的成品进入成品库或发送到顾客手中。

2．按照检验的数量可划分为全数检验、抽样检验。

全数检验是指 100%检验，在执行时，一个检验批次中所有产品的一个或多个特性将受到检验。执行全数检验的批次一般数量比较少，或者非常重要、有严重影响的产品。譬如：航空零件的检验。

抽样检验是指对一个检验批次中，一个或几个产品进行一个或几个方面进行检验。抽样检验又可分为：现场抽检、百分比检验、统计抽样检验。

现场抽检是指在现场从一个批次中随意抽几件进行检验。抽取过程很随意。

百分比检验是对检验批次中按一定比例进行检验的一种方式。由于检验批次通过检验的概率与检验批次的大小有很大关系，一般不推荐采用。

统计抽样检验是运用统计理论的规则，进行抽样检验。这个规则一般提供了有关抽样量及抽样规则的信息。在进行统计抽样检验时，要考虑抽样误差概率。

3．按检验的目的可划分为生产检验、验收检验、监督检验、验证检验、仲裁检验。

生产检验是通过在生产过程中的抽检来防止生产不合格产品，并在检验结果的基础上采取适当措施减少不合格的发生。通常也称为过程检验。

验收检验目的是确定一个检验批次应该被接受还是被拒收。一般发生在原材料入库、产品入库以及产品中转进入下一道工序等环节。接受检验可采用全数检验，也可采用抽样检验。

监督检验是指在企业自检的基础上，由监督管理部门在市场上或去生产厂家进行的验证性检验。监督检验在有些行业是强制性检验，譬如：特种设备领域。有些行业是随机抽检确认，譬如：食品、建材等行业。

验证检验是指通过提供客观的证据对规定的要求已达到满足的认定。譬如：量器具的验证检验、材料化学成分的验证检验等。

仲裁检验，我们强调的是产品质量仲裁检验。是指经省级以上质量技术监督部门或者其授权的部门考核合格的产品质量检验机构，在考核部门授权其检验的产品范围内，根据申请人的委托要求，对质量争议的产品进行检验，并出具仲裁检验报告的过程。

有些检验不会严格按照以上分类进行区分，有时会出现几种检验并存的情况，譬如：食品行业的检验有时既包括监督检验、也有验证检验，甚至还有可能进行仲裁检验。

4．按质量特性值可划分为计量检验、计数检验。

数据信息的形式可分为计量值数据和计数值数据。计量值数据是指特性的取值可在一个给定的间隔内任意取值。计数值数据是指特性的取值只能取一些特性的值。

计量检验最后要得到所检验特性的测量值。通过对测量结果的统计评价，确定这个检验批次是否可以接受或一个过程是否要改变。

计数检验把抽出的产品分为正确的和有缺陷的。有缺陷产品数量将决定检验批次是否能被接受。

计量检验与计数检验的比较如表 4-1 所示。

表 4-1　计量检验与计数检验的比较

项目	计量检验	计数检验
信息采集与结果分析的工作量	大	小
检验测量方法需要的知识	多	少
同一样本检验涉及的特性	单一特性	较多特性
检验数量	少	多

5．按检验后检验对象的完整性可划分为破坏性检验、非破坏性检验。

破坏性检验是指对产品进行破坏性测量的检验方式。破坏性检验后该产品就意味着不能使用了。一般应用在对批次产品的检验，或者生产材料和工艺的确认。譬如产品的老化试验、成分鉴定等。

非破坏性检验是指不能破坏产品的性能、外观、形状等进行的检验，确保检验后产品还能使用。大多数的检验都是非破坏性检验。

6．按供需关系可划分为第一方检验、第二方检验、第三方检验。

第一方检验一般是指生产厂家进行的检验。主要是内部检验。

第二方检验一般是指使用者进行的检验。使用者包括顾客、代理商、渠道商、使用厂家等。

第三方检验一般是指第三方中介机构、协会或者监管部门等进行的检验。

7．按检验技术方法可划分为理化检验、生物检验、感官检验。

顾名思义：理化检验是指对产品的理化性能进行检验，检验手段主要是通过一些仪器仪表进行检验。生物检验是指对产品的生产性能进行检验，主要是进行一些病理性检验。感官检验是指通过人体的视觉、味觉、嗅觉、听觉等进行的一些简单检验。

4.3　检验策划——综合考虑定基调

产品形成的各个阶段，从原材料投入到产品实现，有各种不同的复杂生产作业活动，同时伴随着各种不同的检验活动。这些检验活动是由分散在各生产组织的检验人员完成的。这些人员需要熟悉和掌握产品及其检验和试验工作的基本知识和要求，掌握如何正确进行检验操作。为此，需要认真规划和详细安排，以指导检验人员完成检验工作，保证检验工作的质量。也即做好检验策划。

检验策划就是产品生产者对整个检验工作进行的系统策划和总体安排的结果，确定检验工作何时、何地、何人（部门）做什么，如何做的技术和管理活动。明确地规定检验站（组）的设置，资源的配备（包括人员、设备、仪器、量具和检具），选择检验方式、方法和确定工作量等。检验策划后的最终输出就是形成检验计划书。

1. 过程影响因素分析

对一个过程进行检验策划时，一般要说明流程每个阶段需要的检验方式、检验操作的细节、设计检验工作场所以及检验活动的有效辅助工具，如检验说明书、技术文件、检验标准、数据表、检验设备等。而这些工作的开展，首先要对这个过程进行详细分析，分析影响产品质量的重要因素，特别是一些有决定性影响的因素：

（1）设置

设置是指过程的一些设定、规定。它直接影响过程的顺利开展。因此，在生产过程开始前，必须保证完成设置工作，使过程能够生产出满足质量要求的产品。

对设置方面的检查是检验首先要进行的工作，一般指首件检验。通过首件的检验来确认过程设置的完善程度，确保能够实现目标。

（2）机械、工具

机械、工具的选择一般在过程开始前已经规划好，确保了符合性、适用性、耐久性等。如果在过程中可能随时间而发生改变（往往过程中无法避免这种变化），就必须进行周期性的检验，已确认影响程度，并作出合适的应对。譬如：更换工具、机械，进行过程的调整等。

（3）人员

人员是影响过程的关键因素，人员既包括操作员，也包括检验人员。操作人员的技能和敬业指数直接决定了产品的质量。而检验人员的素质则决定了检验的误差。因此，检验策划要重点考虑人员因素。

（4）原材料、部件

材料在过程的早期阶段对质量有关键性的影响。也就是说，应该注意与供方和在公司内过程早期阶段实施质量保证措施，对于供方应采取进货检验的方式保证材料质量，对过程早期阶段应采取过程检验的方式以进行过程控制。

（5）方法

过程实现的方法主要指的是生产工艺，它直接决定了产品实现的途径和难易程度。因此，在检验设置时要充分考虑方法因素，在适当的工艺节点安排相应的检验方式，也即在不同的检验点设置不同的检验方式。

2. 检验策划的内容

检验策划的输出主要体现在检验计划书。检验计划书的基本内容有：

(1) 编制检验流程图，确定适合作业特点的检验程序

1) 流程图的分类

流程图一般有生产（作业）流程图、工艺流程图（工艺路线图）、检验流程图。工艺流程图是生产流程图和检验流程图的基础和依据。

- 生产流程图：是将产品从原材料（包括外购、外协件等）和其他工艺所需的材料投入开始到最终产品实现的全过程中的所有备料、加工制作（工艺反应）、搬运、包装、防护、存储等作业的程序，包括每一过程涉及的车间、工段、班组或场地，用图表和文字组合形式予以表达，以便于生产管理和劳动组织；
- 工艺流程图：在机械制造行业习惯上称为工艺路线。它是根据设计文件将工艺过程控制的要求和实现的方式、方法，表示为具体采取的流程顺序、工艺步骤和加工制作的方法、要求。
- 检验流程图：是用图形符号，简洁明了地表示检验计划中确定的特定产品的检验流程（过程、路线）、检验站（组）设置和选定的检验方式、方法和相互的顺序和程序的图纸。它是检验人员进行检验活动的依据。检验流程图和其他检验指导书等一起构成完整的检验文件。

较为简单的产品可以直接采用工艺流程图，并在需要控制和检验的部位、处所，添加检验站（组）和检验的具体内容、方法，起到检验流程图的作用和效果。

对于比较复杂的产品，单靠工艺流程图往往还不够，还需要在工艺流程图的基础上编制检验流程图，以明确检验的要求和内容及其与各工序之间的清晰、准确的衔接关系。

检验流程图对于不同的行业、不同的企业、不同的产品会有不同的形式和表示方法，不能千篇一律。但是一个组织内部流程图的表达方式、图形符号要规范、统一，以便于准确理解和执行。

2) 检验流程图的编制

- 首先要熟悉和了解有关的产品技术标准及设计技术文件、图样和质量特性分析；
- 其次要熟悉产品的工艺文件，了解产品工艺流程；
- 再次根据工艺流程、工艺规程等工艺文件，设计检验工序的检验点，确定检验工序和生产工序的衔接点及主要的检验工作内容，绘制检验流程图；
- 最后对编制的流程图进行评审。由产品设计、工艺、检验人员、生产管理人员、生产操作人员一起联合评审流程图的合理性，提出改进意见，进行修改；

流程图最后经组织内技术或质量的最高管理者（如总工程师、质量经理）批准实施，检验流程图如图 4-1 所示。

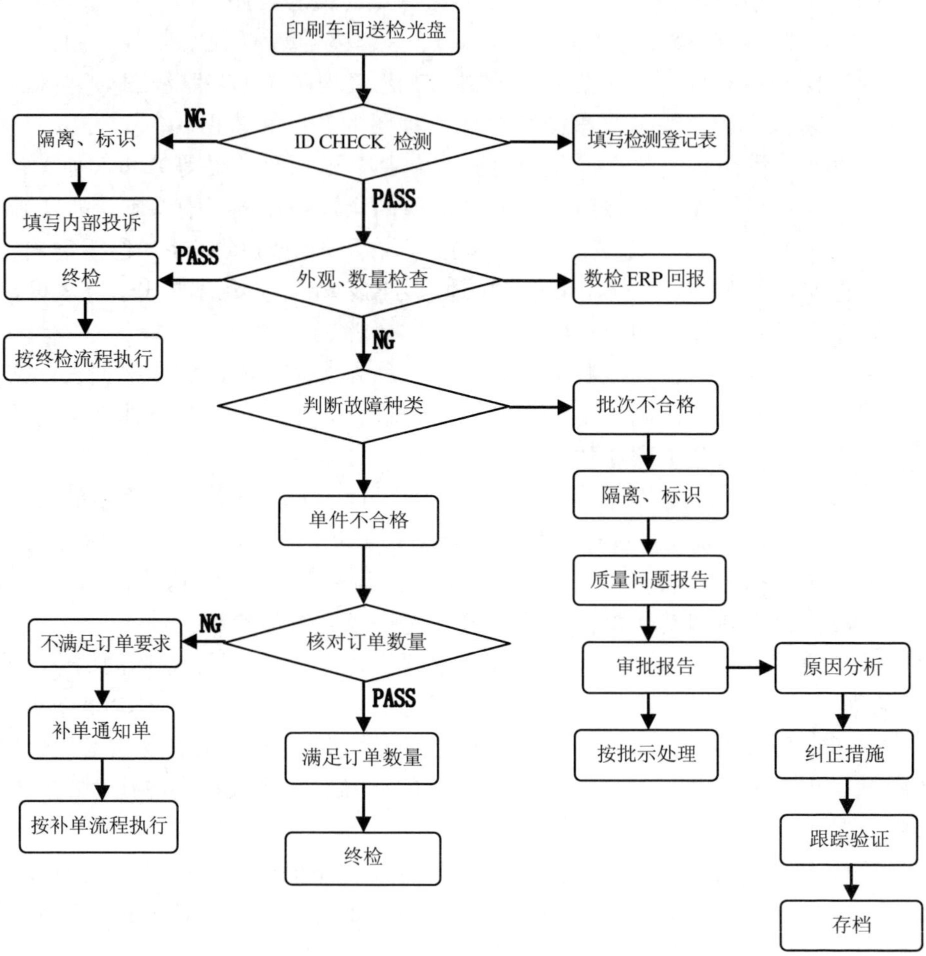

图 4-1 检验流程图

（2）合理设置检验站、点（组）

检验站是根据生产工艺布置及检验流程设计确定的生产过程中最小的检验实体。其作用是通过对产品的检测，履行产品检验和监督的职能，防止所辖区域内不合格品流入下道工序或销售出厂。

1）检验站设置的基本原则

- 要重点考虑设在质量控制的关键部位和控制点。譬如：在企业外购物料进货处、在产成品的出厂处、在车间之间、工段之间、半成品进入半成品库之前、成品进入成品库之前，一般都应设立检验站。其次，在关键零件、关键工序之后或生产线的最后工序处，也必须设立检验站；

- 要能满足生产过程的需要，并和生产节拍同步和衔接。在流水生产线和自动生产线中，检验通常是工艺链中的有机组成部分，因此在某些重要工序之后，在生产线某些分段的交接处，应设置必要的检验站；
- 要有适宜的工作环境。检验站要有便于进行检验活动的空间，要有合适的存放和使用检验工具、检验设备的场地，要有存放等待进行检验产品的面积，要方便检验人员和操作人员的联系，使生产工人送取检验产品时行走的路线最佳，检验人员要有较广的视域，能够很清楚地观察到大部分操作工人的生产活动情况；
- 要考虑节约检验成本，提高工作效率。为此，检验站和检验人员要有适当的负荷，检验站的数量和检验人员、检测设备、场地面积都要适应生产和检验的需要。

2）检验站设置的分类

- 按产品类别设置：

是指同类产品在同一检验站检验，不同类产品分别设置不同的检验站，如图 4-2 所示。

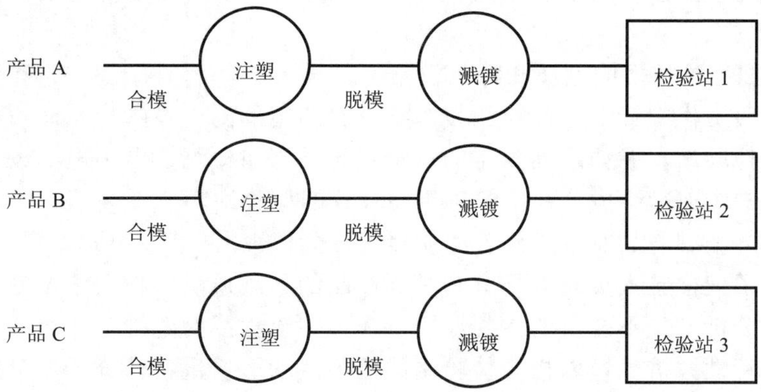

图 4-2　按产品类别设置检验站

其优点是检验人员对产品的结构和性能容易熟悉和掌握，有利于提高检验的效率和质量，便于交流经验和安排工作。它适合于产品的工艺流程简单，但每种产品的生产批量又很大的情况。

- 按生产组织设置：

按生产组织设置检验站如图 4-3 所示。

一是按生产组织设置如：一车间检验站；二车间检验站；三车间检验站；热处理车间检验站；铸锻车间检验站；装配车间检验站等。

二是按生产作业班次设置：每一作业班次分别设立检验站。

某些连续生产性质的组织，如钢铁冶金、化工产品、纺织等，设备需要连续不停地运转，检验人员一般随作业班次跟班进行检验。

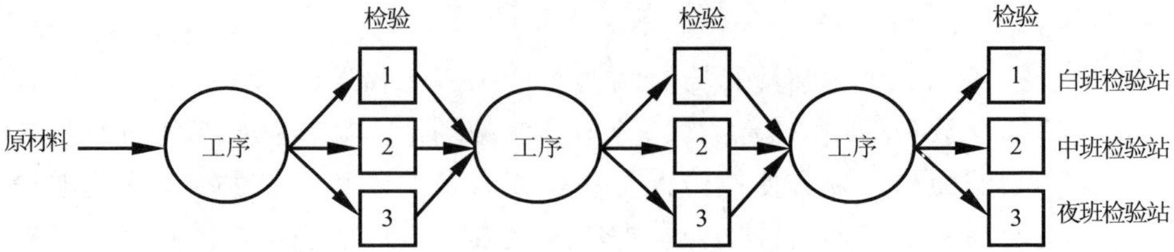

图 4-3　按生产组织设置检验站

● 按工艺流程顺序设置：

一是进货检验站（组）：负责对外购原材料、辅助材料、外购配套件、工艺性协作件及其他散件等的进厂检验。

二是过程检验站（组）：在生产车间各生产工序设置。

三是完工检验站（组）：在生产车间对各生产工序已全部加工完成的零件进行检验，其中包括零件库检验站。

四是成品检验站（组）：专门负责成品装配质量和防护、包装质量的检验工作。

● 按检验技术的性质和特点设置：

检验工作中针对特殊检测技术要求和使用的测试设备特点而设置专门、专项的检验站。譬如：高电压的试验、无损探伤检测、专项电器设备检测、冶炼炉的炉前冶金成分快检等项目而设置的检验站。

（3）编制产品及组成部分的质量特性分析表

为了使检验人员充分了解和掌握产品的各项质量特性要求及其与整机的关系，分析产生不合格的主要原因，应该在流程图的基础上，由技术部门编制质量特性分析表，以指导检验站的检验活动。质量特性分析表可以按产品（包括零件或部件）编制，表中详细列出各道工序所需检验的质量特性，并指出这些特性的主要影响因素，作为编制检验文件的依据。制定质量特性分析表所依据的主要技术资料有：

1）产品图纸或设计文件。

2）工艺流程（路线）及工艺规程。

3）工序管理点明细表。

4）用户或下道工序要求的变更质量指标的资料。

（4）制订产品不合格严重性分级表

不合格是指单位产品的任何一个质量特性不符合规定要求。它是由于产品在生产过程中，影响质量的基本因素的波动和变化造成的，质量特性分析表如表 4-2 所示。

表 4-2　质量特性分析表

主要件质量特性分析表			第　　页 共　　页
零件号	17001	零件名称	齿轮
工序	磨削		
重要质量特性	端面平行度：0.08/1000　0.05/1000 孔与端面垂直度：100:0.04		
重要质量特性分析	端面平行度、孔与断面垂直度合格与否，直接影响了齿轮的精度，影响齿轮的装配效果		
决定因素	1．人的因素：与员工的技能水平和执行操作规程与否有关； 2．机器的因素：机器的加工精度要能满足要求； 3．方法的因素：加工的装夹方法，磨削的工艺分配等有关； 4．材料的因素：锻件的硬度均匀性、内部金相的一致性； 5．环境的因素：环境温度要适应，不能过高或过低		

1）不合格分级的作用

不合格严重性分级，就是将产品可能出现的不合格，按对产品适用性影响的不同进行分级，列出具体的分级表，并据此实施管理。具体地说，不合格分级的作用是：

- 明确检验控制的重点；
- 有利于选择更好的验收抽样方案；
- 便于综合评价产品质量；
- 发挥质量综合管理和质量检验职能的有效性。

2）不合格严重性分级的原则

- 所规定的质量特性的重要程度：根据企业设计部门提供的产品质量特性重要度分级表或设计文件中的原材料、元器件、零部件汇总表上标明的质量特性重要度标识，编制产品不合格严重性分级表。
- 对产品适用性的影响程度：不合格严重性分级不能单纯由质量特性的重要程度来决定，还要从使用和安全、经济等方面综合考虑产生不合格后产品应如何处理来决定。

不合格的严重性分级除考虑功能性质量特性外，还必须包括外观、包装等因素。

3）不合格分级的级别

一般将不合格划分为几个等级。我国某些行业将不合格分为四级，其代号分别为 A、B、C、D，某些行业则分为 A、B、C 三级。

分为三级时：

- A类不合格：单位产品极重要的质量特性不符合规定，或单位产品的质量特性极严重不符合规定。
- B类不合格：单位产品的重要特性不符合规定，或单位产品的质量特性严重不符合规定。
- C类不合格：单位产品的一般特性不符合规定，或单位产品的质量特性轻微不符合规定。

分为四级时：

- A级——非常严重（不合格分值100分）：
  - 必然会造成部件在使用中运转失灵，并在现场难以纠正，如继电器线圈断线；
  - 必然会造成间隙的运转故障，在现场难以确定其位置，如接线连接不实；
  - 会使部件完全不适用，如电话拨号盘不能恢复到正常位置；
  - 在正常使用的情况下，易造成人员伤害或财产损失，如接线露出部分有锐利的边缘。
- B级——严重（不合格分值50分）：
  - 可能会造成部件在使用中运转失灵，并在现场难以纠正，如插销保护涂层的缺损；
  - 必然会造成部件在使用中运转失灵，但在现场易于纠正，如继电器接触不良；
  - 必然会造成尚未严重到运转失灵程度的麻烦，如保险器组不能在特定电压下运转；
  - 必然会导致增加保养次数或缩短寿命，如单接点圆盘不合格；
  - 会大大增加用户安装上的困难，如安装孔错位；
  - 极严重的外形或涂层上的不合格，如涂层颜色同其他部件不能匹配，需要重涂。
- C级——中等严重（不合格值10分）：
  - 可能会造成部件在运转中失灵，如接触低于最低限度；
  - 可能造成尚未严重到运转失灵程度的故障，如振铃不在特定范围内运转；
  - 可能导致增加保养次数或缩短寿命，如接触部位脏污；
  - 造成用户安装上的困难，例如安装托座歪曲；
  - 较大的外观、涂层或工艺不合格，例如涂层有明显的划痕。
- D级——不严重（不合格值1分）：
  - 不影响部件在使用时的运转，保养或寿命，如套管太长或太短；

➢ 外观、涂层或工艺上的小毛病，如涂层轻微划痕。

当然，不合格等级的划分，对不同行业、不同产品会有所不同，应根据具体情况确定，具体如表 4-3 所示。

表 4-3 不合格等级的划分

不合格等级代号	不合格等级	对安全、性能的影响	对精度、性能的影响	对最终产品可靠性的影响	对产品外观的影响	对信誉和经济性的影响
A 级	致命不合格	造成对人身、产品危害和不安全，导致零配件报废、人身伤亡	影响严重	对某些产品在使用期间造成重大故障，丧失工作能力	影响严重	需承担法律责任
B 级	严重不合格	造成故障，降低单位产品预订的性能	有较重影响	对使用期内可靠性有较大影响	引起用户不满或索赔	造成信誉和经济损失
C 级	一般不合格	对单位产品预订性能有一定降低	一般影响	对使用期内可靠性有一定影响	引起用户不满但不会索赔	用户有意见，造成信誉损失
D 级	轻微不合格	对产品性能无影响	影响很小	几乎没有影响	不会引起用户不满	不会造成损失

4）产品不合格严重性分级表

产品不合格严重性分级原则（标准）是企业的一种管理规范性质的文件（可编入企业管理标准内），并不是某种产品检验计划的构成文件，而反映某一产品不合格严重性的分级表才是该产品检验计划的组成部分。不合格严重性分级表应明确列出不合格的项目、状况及严重性级别，它是不合格严重性分级原则对某一产品的具体化，下面以某机床产品不合格分级为例进行介绍，如表 4-4 所示。

表 4-4 某机床产品不合格分级表

序号	缺陷内容	不合格分级			
		A	B	C	D
一	外观质量				
1.	机床上各种铭牌歪斜、不平整、不牢固				×
2.	机床结合部缝隙较大			×	
3.	铭牌上打错或不清晰			×	
4.	机床外部油漆喷涂有缺陷、不均匀				×
5.	外漏加工面有明显磕碰、生锈		×		
二	结构性能质量				
1.	整个油压系统漏油，油压不正常，油温超标	×			

续上表

序号	缺陷内容	不合格分级			
		A	B	C	D
2.	各联锁装置失灵，快速进退动作混乱，会造成安全事故	×			
3.	进给手轮、工作台手轮、操作液压手柄超过规定力矩		×		
4.	刀架、砂轮架超过限位装置失效	×			
5.	机床噪音超过规定值			×	
三	包装质量				
1.	包装箱尺寸不符合规定，超过要求				×
2.	包装箱底座不牢固、不可靠，有断裂现象			×	
3.	包装箱内缺备件，缺技术文件规定的物品			×	
4.	外箱质量差，造成箱内积水			×	
5.	机床及附件、工具油封保护不良，可能造成锈蚀		×		

（5）对关键的和重要的产品组成部分编制检验规程（检验指导书、细则或检验卡片）

检验指导书又称检验规程或检验卡片，是产品生产制造过程中用于指导检验人员正确实施产品和工序检查、测量、试验的技术文件。它是产品检验计划的一个重要组成部分，其目的是为重要零部件和关键工序的检验活动提供具体操作指导。它是质量体系文件中的一种作业指导性文件，又可作为检验手册中的技术性文件。其特点是表述明确，可操作性强；其作用是使检验操作达到统一、规范。

由于生产过程中工序和作业特点、性质的不同，检验指导书的形式、内容也不相同，有进货检验用检验指导书、工序检验用检验指导书、组装和成品完成检验用指导书。

1）检验指导书的编制要求

一般对关键和重要的零件都应编制检验指导书，在检验指导书上应明确详细规定需要检验的质量特性及其技术要求，规定检验方法、检验基准、检测量具、样本大小以及检验示意图等内容。编制检验指导书的基本要求有：

- 对所有质量特性，应全部逐一列出，不可遗漏。对质量特性的技术要求要明确、具体，使操作和检验人员容易掌握和理解。此外，它还可能要包括不合格的严重性分级、尺寸公差、检测顺序、检测频率、样本大小等有关内容；
- 必须针对质量特性和不同精度等级的要求，合理选择适用的测量工具或仪表，并在指导书中标明它们的型号、规格和编号，甚至说明其使用方法；
- 当采用抽样检验时，应正确选择并说明抽样方案。根据具体情况及不合格严重性分级确定 AQL 值，正确选择检查水平，根据产品抽样检验的目的、性质、特点选用适用的抽样方案。

2）检验指导书的主要内容

检验指导书的主要内容包括：

- 检测对象：受检产品名称、型号、图号、工序（流程）名称及编号；
- 质量特性值：按产品质量要求转化的技术要求，规定检验的项目；
- 检验方法：规定检测的基准、检验的程序和方法、有关计算（换算）方法、检测频次、抽样检验时有关规定和数值；
- 检测手段：检测使用的计量器具、仪器、仪表及设备、工装卡具的名称和编号；
- 检验判断：规定数据处理、判断比较的方法、判断的原则；
- 记录和报告：规定记录的事项、方法和表格，规定报告的内容与方式、程序与时间。
- 其他说明事项。

当然，检验指导书的格式，应根据企业的不同生产类型，不同工种等具体情况进行设计，具体如表 4-5 所示。

表 4-5　某零件检验指导书

零件名称		零件编号		检验频次	日期
套筒		KL 30-170		全检	
注意事项	1. 在使用杠杆卡规检验时，活动脚需松开进出，防止零件表面划伤。 2. 需要量块校准尺寸，并消除量块误差。 3. 在测量零件时，必须做好清洁工作，消除毛刺和硬点，保护良好状态。 4. 在检验接触精度时，需保持塞规清洁，防止拉毛、起线。 5. 使用的各种量器具要有在合格期内的合格证。				
序号	检验项目	检验要求	测量器具	检验方法	备注
1	尺寸公差、配合间隙	＜0.01	内径千分尺、量块、杠杆卡规	与 100 件研配	关键项目
2	粗糙度：ϕ400 外圆	0.1	样板比较	目测	—
3	圆度：ϕ50 外圆	0.005	杠杆卡规	H3-4	关键项目
4	平行度	0.002	杠杆卡规	H1-2	关键项目
5	同轴度	0.01	扭簧测微仪	H3-5	关键项目
6	硬度：ϕ50 外圆	HRC58	硬度计	每批抽检一件	—
7	ϕ50 外圆径向跳动	端部：0.01 距端部 200 处：0.03	千分表	千分表打点检测	关键项目
简图（略）					

（6）编制检验手册

检验手册是质量检验活动的管理规定和技术规范的文件集合。它是质量检验工作的指导文件，是质量体系文件的组成部分，是质量检验人员和管理人员的工作指南，对加强生产单位的检验工作，使质量检验的业务活动标准化、规范化、科学化具有重要意义。

检验手册主要由程序性和技术性两方面内容组成。具体包括：

● 质量检验体系和机构，包括机构框图，机构职能（职责、权限）的规定；
● 质量检验的管理制度和工作制度；
● 进货检验程序、成品检验程序；
● 过程（工序）检验程序；
● 计量控制程序（包括通用仪器设备及计量器具的检定、校验周期表等）；
● 检验有关的原始记录表格格式、样张及必要的文字说明；
● 不合格产品审核和鉴别程序；
● 检验标志的发放和控制程序；
● 检验结果和质量状况反馈及纠正程序；
● 不符合规定质量要求的材料、零部件、半成品、成品的处理程序。

需要说明的是：检验手册中要说明质量检验工作宗旨及其合法性、目的性，并经授权的负责人批准签字后才能生效。一般来说，编制检验手册是专职检验部门的工作，由熟悉产品质量检验管理和检测技术的人员编写，并按规定程序批准实施。

（7）选择适宜的检验方式、方法

产品质量检验中，正确选择检验方法对提高检测数据的准确性来说是至关重要的，它能规范检验工作，减少检验工作的随意性，保证检验数据的准确性。所以，在产品质量检验的过程中，必须要求检验人员根据产品所检项目的具体要求，选择合适的检验方法。

检验方法按来源可分为标准方法和非标准方法。

标准方法是国际、国家或行业认可并被广泛接受的方法。它是经过反复试验论证其准确度和精确度能满足产品质量检验要求的方法。反之，没有经过反复试验论证的即为非标准方法。随着科学技术的不断发展、新产品的不断出现，标准检验方法在时间和内容上已不能完全满足新产品的检验要求，以至于采用新技术、新方法的非标准方法应运而生，不断完善着检验方法的不足。

检验方法选择原则：

1）检测部应采用满足客户需要并适用于所进行检测的方法，且应优先使用以国际、区域或国家标准颁布的方法并确保所用标准为最新有效版本。

2）当客户未指定所用方法时，公司应选择由国际、区域或国家行业标准发布的，或由知名的组织或有关科学书籍期刊发布的，或由设备制造商指定的方法。

3）组织制定的或采用的方法如能满足检测的预期用途并经过验证确认后，也可使用。所选用的方法应通知客户。当认为客户提出的方法不合适或已过期时，公司应通知客户。

4）组织方制定的新方法由技术负责人指定具有足够资源的、有资格的人员进行。

（8）编制测量工具、仪器设备明细表，提出补充仪器设备及测量工具的计划

根据产品质量检测的具体要求、方式方法等，选用适合的测量工具、仪器设备，并建立详细的明细表，以确保检验检测工作得以顺利开展。而且随着检测工作的进行，如果根据实际检验需求，需要补充一些必备的仪器设备及测量工具的，要制订需求计划，经检测部门负责人审核确认后，再进行补充。

（9）确定检验人员的组织形式、培训计划和资格认定方式，明确检验人员的岗位工作任务和职责等

组织质量检验人员的类别、数量和素质要有合理配置，以满足生产需求。

1）检验人员的分类

按照工作性质，可以把检验人员划分为：

- 检验管理人员：从事质量检验的管理工作。包括主管检验工作的负责人、检验的组织调度、检验技术、质量统计和质量信息管理的人员等。
- 检验工作人员：从事具体检验工作的人员。
- 计量工作人员：从事专职计量检定和计量量器具修理、保养的人员。

2）检验人员配置原则

- 检验人员的类别应与检验计划相适应。
- 检验人员的数量应与生产规模相一致。对生产质量稳定、工艺先进的组织，其质量检验人员一般按照职工总数的 2%～4%配置。对生产产品品种多、生产质量不稳定、工艺水平较低的组织，其质量检验人员一般按照职工人员的 7%～10%或更多一些配置。
- 检验人员的技术等级，一般要高于所检验产品同工种技术工人的平均等级。

3）检验人员的管理

- 检验人员的思想素质、文化素质、技术业务素质要符合检验工作的要求。

● 明确各岗位检验人员的岗位职责及工作权限，经培训、考核合格后才能从事检验工作。
● 加强检验人员的在岗教育培训工作，逐步提高检验人员的综合素质。

【小贴士】检验策划关注点

一般情况下，企业在进行检验策划时的关注点主要是技术要求、工艺要求、行业标准的技术条件，但往往忽略以下问题：

● 检验策划时仅考虑技术条件等要求，没有考虑质量风险；
● 检验策划时只考虑标准检验项目，而没有考虑顾客的其他要求；
● 检验策划比较随意，不经论证，不够严谨。

因此，在进行检验策划时，要充分考虑质量风险，重点关注以下几点：

● 规划好检验节点：包括：适宜的检验时机、适宜的顺序、适宜的场所以及适宜的状态等；
● 严格检查关键零件，或者零件中的关键特性；
● 认真考虑质量风险高的项目或特性；
● 对已经发生的或者经常发生的质量问题，以及用户在产品使用过程中出现的问题，也要考虑；
● 顾客在合同中规定的、顾客关注的、顾客特殊要求的项目，要重点检查。

4.4 抽样检验——方案灵活好推广

抽样检验是统计抽样检验的简称。是指从一批产品中随机抽取少量产品（样本）进行检验，据以判断该批产品是否合格的统计方法和理论。它是根据样本中的产品的检验结果来推断整批产品的质量。如果推断结果认为该批产品符合预先规定的合格标准，就予以接收；否则就拒收。

抽样检验的基本术语有：样本、单位产品、不合格和不合格品、批量、检查批等。

1. 抽样检验的特点和应用范围

抽样检验不同于全数检验，主要有如下特点：

1）检验的产品单位数量少，因此可以节省检验费用，降低成本。

2）接收品中可能包含不合格品，不接收批中也可能包含合格品。

3）抽样检验存在两类错判的风险，即把接收批误判为不接收批，或把不接收批误判为接收批。

鉴于抽样检验本身特点，它的应用范围有：

1）破坏性检验。

2）检验群体数量非常多。

3）检验群体体积非常大。

4）检验对象是散装或流程性材料。

5）检验成本比较高的检验。

6）其他不适用全数检验的检验。

2. 抽样检验的方法

抽样检验的常用方法有：简单随机抽样、系统抽样、整群抽样、分层抽样。

1）简单随机抽样

将调查总体全部观察单位编号，再用抽签法或随机数字表随机抽取部分观察单位组成样本。简单随机抽样时必须注意不能有意识抽好的或差的，也不能为了方便只抽表面摆放的或容易抽到的。如抽奖时摇奖的方法就是一种简单的随机抽样。

优点：操作简单，均数、率等计算简单。

缺点：总体样本大，难以一一编号。

2）系统抽样

又称机械抽样、等距抽样。即先将总体的观察单位按某一顺序号分成 n 个部分，再从第一部分随机抽取第 k 号观察单位，依次用相等间距，从每一部分各抽取一个观察单位组成样本。这种方法主要用于无法知道总体的确切数量的场合，如每个班的确切产量，多见于流水生产线的产品抽样。

优点：易于理解，简便易行。

缺点：总体有周期或增减趋势时，易产生偏性。

3）整群抽样

将总体分成许多群，然后随机抽取若干群，并由这些群中的所有个体组成样本。

优点：便于组织，节省费用。

缺点：样本代表性差，抽样误差大。

4）分层抽样

先按对观察指标影响较大的某种特征，将总体分为若干个类别，再从每一层内随机抽取一定数量的观察单位，合起来组成样本。有按比例分配和最优分配两种方案。

优点：样本代表性好，抽样误差小。

缺点：手续较繁复。

以上 4 种基本抽样方法都属单阶段抽样，实际应用中常根据实际情况将整个抽样过程分为若干阶段来进行，又称为多阶段抽样。

各种抽样方法的抽样误差一般为：

整群抽样≥简单随机抽样≥系统抽样≥分层抽样

3. 抽样方案的分类

抽样检验方案按照质量检验特性值的属性分为计量抽样检验和计数抽样检验。

计数抽样检验方案又可分为：标准计数一次抽检方案、计数挑选型一次抽检方案、计数调整型一次抽检方案、计数连续生产型抽检方案、二次抽检、多次抽检、序贯抽样检验方案等。

1）计量抽样检验方案

是指定量地检验从批中随机抽取的样本，利用样本特性值数据计算相应统计量，并与判定标准比较，以判断产品批是否可接受。它主要应用在质量特性是连续变化的产品。

计量抽样检验的优点是：计量型数据比计数型数据包含更多的信息，除了能判断批接受与否外，还能提供更多关于被检验特性值的加工信息。更重要的是计量抽样检验可以减少被检验的样本量，在同样的质量保证条件下，计量抽样检验样本量可以减少 30%，可以从样本中获取更多的质量信息，带来更大的经济效益。不过，它的局限性是必须对每个待检的质量特性制订一个抽样方案，因此在产品所检特性较多时，使用计量抽样较为烦琐。

计量抽样检验分为以总体平均数 μ、总体标准差 σ 和总体不合格品 P 衡量批质量的抽样检验。以下介绍以不合格品率衡量批质量的计量一次抽样检验。

- 已知总体标准差 σ。对于在 σ 已知条件下求得的抽样方案（n，k）的方法通常称为 σ 法。抽样方案表示为（n，k），其中，n 为 N 批量中抽取的样本量，k 为接受常数。质量要求：若 $P\leqslant P_0$，则至少以 1-α 的概率接受检验批；若 $P\geqslant P_1$，则至多以 β 的概率接受检验批。这里 P_0 为可接受质量的不合格品率；P_1 为极限质量的不合格品率。

当具有上规范限 U 时，判定规则：$Q_u\geqslant k$，批接受；$Q_u<k$，批拒收。式中 k 为接受常数，质量统计量 $Q_u=\frac{U-\bar{x}}{\sigma}$。

当具有下规范限 L 时，判定规则：$Q_L\geqslant k$ 时，批接受；$Q_L<k$，批拒收。式中 k 为接受常数，质量统计量 $Q_L=\frac{\bar{x}-L}{\sigma}$。

当具有双侧对称规范时，判定规则：$Q_u\geqslant k$ 且 $Q_L\geqslant k$ 时，批接受；$Q_L<k$ 且 $Q_L<k$ 时，批拒收。式中 k 为接受常数，质量统计量 $Q_u=\frac{U-\bar{x}}{\sigma}$、$Q_L=\frac{\bar{x}-L}{\sigma}$。

- 对于未知总体标准差 σ 时，一般要用样本标准差 S 作为它的估计值。因此称 σ 未知条件下求得的抽样方案（n、k）的方法为 S 法。

当具有上规范限 U 时，判定规则：$Q_u \geqslant k$，批接受；$Q_u<k$，批拒收。式中 k 为接受常数，质量统计量 $Q_u=\frac{U-\bar{x}}{s}$ 。

当具有下规范限 L 时，判定规则：$Q_L \geqslant k$ 时，批接受；$Q_L<k$，批拒收。式中 k 为接受常数，质量统计量 $Q_L=\frac{\bar{x}-L}{s}$ 。

当具有双侧对称规范时，判定规则：$Q_u \geqslant k$ 且 $Q_L \geqslant k$ 时，批接受；$Q_L<k$ 且 $Q_L<k$ 时，批拒收。式中 k 为接受常数，质量统计量 $Q_u=\frac{U-\bar{x}}{s}$ 、$Q_L=\frac{\bar{x}-L}{s}$ 。

2）计数抽样检验方案

有些产品的质量特性，如焊点的不良数、测试坏品数以及合格与否，只能通过离散的尺度来衡量，把抽取样本后通过离散尺度衡量的方法称为计数抽样检验。计数抽样检验中对单位产品的质量采取计数的方法来衡量，对整批产品的质量，一般采用平均质量来衡量。

● 一次抽检方案

一次抽检方案是最简单的计数抽样检验方案，通常用（N，n，C）表示。即从批量为 N 的交验产品中随机抽取 n 件进行检验，并且预先规定一个合格判定数 C。如果发现 n 中有 d 件不合格品，当 d≤C 时，则判定该批产品合格，予以接收；当 d>C 时，则判定该批产品不合格，予以拒收。

譬如：当 N= 100，n=10，C=1，则这个一次抽检方案表示为（100，10，1）。其含义是指从批量为 100 件的交验产品中，随机抽取 10 件，检验后，如果在这 10 件产品中不合格品数为 0 或 1，则判定该批产品合格，予以接收；如果发现这 10 件产品中有 2 件以上不合格品，则判定该批产品不合格，予以拒收。

● 二次抽检方案

和一次抽检方案相比，二次抽检方案包括五个参数，即（N，n1，n2；C1，C2）。其中：

n1——抽取第一个样本的大小；

n2——抽取第二个样本的大小；

C1——抽取第一个样本时的不合格判定数；

C2——抽取第二个样本时的不合格判定数；

N——批量总数。

二次抽检方案的操作程序是：在交验批量为 N 的一批产品中，随机抽取 n 件品进行检验。若发现 n 件被抽取的产品中有不合格品 d，则：

若 d1≤C1，判定批产品合格，予以接收；

若 d1＞C2，判定批产品不合格，予以拒收；

若 C1<d1≤C2，不能判断。则在同批产品中继续随机抽取第二个样本 n2 件产品进行检验。

若发现 n2 中有 d2 件不合格品，则根据（d1+d2）和 C2 的比较作出判断：

若 d1+d2≤C2，则判定批产品合格，予以接收；

若 d1+d2＞C2，则判定批产品不合格，予以拒收。

譬如：当 N=100，n1=40，n2=60，C1=2，C2=4，则这个二次抽检方案可表示为（100，40，60；2，4）。其含义是指从批量为 100 件的交验产品中，随机抽取第一个样本 n1=40 件进行检验，若发现 n1 中的不合格品数为 d1：

若 d1＜2，则判定该批产品合格，予以接收；

若 d1＞4，则判定该批产品不合格，予以拒收；

若 2＜d1≤4（即在 n，件中发现的不合格品数为 3，4 件），则不对该批产品合格与否作出判断，需要继续抽取第二个样本 ，即从同批产品中随机抽取 60 件进行检验，记录中的不合格品数：

若 d1+d2≤4，则判定该批产品合格，予以接收；

若 d1+d2＞4，则判定该批产品不合格，予以拒收。

● 多次抽样方案

多次抽检方案是允许通过三次以上的抽样最终对一批产品合格与否作出判断。按照二次抽检方案的做法依次处理。

● 序贯抽样检验方案

序贯抽样检验是多次抽样的进一步发展。它的原理是序贯概率比检验，特点在于：不事先规定抽样数，每次从批中只抽取一定单位产品，检验后按某一确定规则作出接受或拒收该批产品或需要继续抽检的判定。优点是在规定得 P_0、P_1 及相应的 α 、β 条件下平均抽样数，即平均样本量比一次、二次、多次抽样方案都要少。缺点是它需要组织多次测试、试验。

序贯抽样检验是逐个地抽取个体，但事先并不固定它们的样本个数，根据事先规定得规则，直到可以作出接受或拒收批的决定为止。如果在累计样本量 n_{cum} 个产品中出现 d_n 个不合格，序贯抽样方案给出 g、h_a、h_R，当 $d_n \leqslant A_n = g \times n_{cum} - h_a$ 时，则接受该批产品；当 $d_n \geqslant R_n = g \times n_{cum} + h_a$ 时,则拒收该批产品，当 $g \times n_{cum} - h_a \leqslant d_n \leqslant R_n = g \times n_{cum} + h_a$ 时，则继续抽检。

4．抽样检验的步骤

1）确定质量标准：对单位产品明确规定合格品和不合格品的标准。

2）决定检验的形式和方法：根据产品的质量特性选择和检验项目的特性选择适宜的检验形式和方法。

3）确定抽样计划：依据检验要得到的目的制订抽样计划。

4）批的形成、取样：考虑到检验批的组成对质量保证有很大的影响，组成批的基本原则是，同一批内的产品应当是在同一制造条件下生产的。取样则根据产品的质量特性来决定，要尽可能地随机化。

5）样本检验：对样本进行测试检验，判定合格与否。

6）批的判断：根据样本检验的结果，依据不合格品数的判断标准对整批产品进行接收或拒收的判定。

7）批的处置：判为接收的批即可交付，对于样本中已发现的不合格品是退货，还是换成合格品，要按事先签订的合同来定；对于判为拒收的批，全部退货。不过，也可以根据事先签订的合同来定，可以有条件地接受。

5．抽样特性曲线（OC 曲线）

当用一个确定的抽检方案对产品批进行检查时，产品批被接收的概率是随产品批的批不合格品率 p 的变化而变化的，它们之间的关系可以用一条曲线来表示，这条曲线称为抽样特性曲线，简称为 OC（Operating Characteristic Curve）曲线。

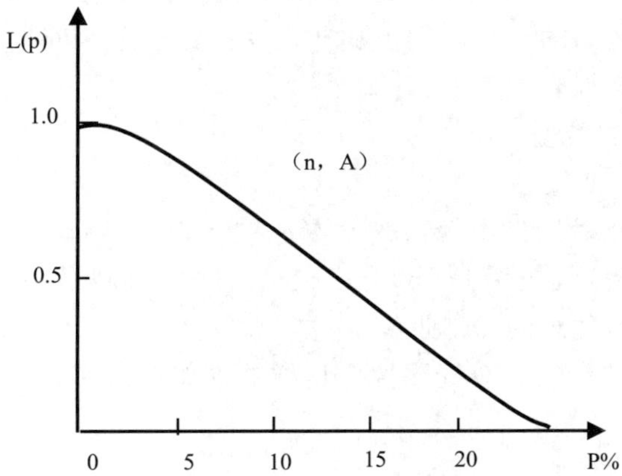

图 4-4　OC 曲线

1）OC 曲线说明

- 抽样特性曲线和抽样方案是一一对应关系，也就是说有一个抽样方案就有对应的一条 OC 曲线。它是描述一个抽样方案的抽检特性的曲线，表述了一个抽样方案对一个产品的批质量的辨别能力；
- OC 曲线是一条通过（0，1）和（1，0）两点的连续曲线；
- OC 曲线是一条严格单调下降的函数曲线；
- OC 曲线包含的主要参数有：L（p）——批接收概率；

  p——批不合格率；

  p_t——批不合格率标准；

N——批量数；
n——样本数；
A——不合格判定数。

2）OC 曲线与参数的变化关系

OC 曲线的形状与抽样方案中的参数有密不可分的关系，随着参数的变化，形状会发生不同的变化，当然也就表述了不同的意义：

- 保持 n 固定不变，令 A 变化，则如果 A 增大，则曲线向上变化，方案放宽；如果 A 减小，则曲线向下变形，方案加严；
- 保持 A 不变，令 n 变化，则如果 n 增大，则曲线向下变形，方案加严；反之 n 减小，则曲线向上变形，方案放宽；
- n，A 同时发生变化，则如果 n 增大而 A 减小时，方案加严；若 n 减小而 A 增大时，则方案放宽；若 n 和 A 同时增大或减小时，对 OC 曲线的影响比较复杂，要看 n 和 A 的变化幅度各有多大，不能一概而论。如果 n 和 A 尽量减少时，则方案加严；对于 n 和 A 不同量变化的情况，只要适当选取它们各自的变化幅度，就能使方案在（0，pt）和（pt，1）在这两个区间的一个区间上加严，而在另一个区间上放宽，这一点对实际工作是很有用的。

3）OC 曲线的类型

- 理想的 OC 曲线

一般我们规定，当批不合格率 p 不超过 p_t 时，这批产品即为合格批。因此，当 $p \leqslant p_t$ 时，接收概率 L（p）=1；当 $p > p_t$ 时，接收概率 L（p）=0。其对应的 OC 曲线即为理想的 OC 曲线。

不过，由于抽样的固有局限性，这样的理想曲线实际上是不存在的。

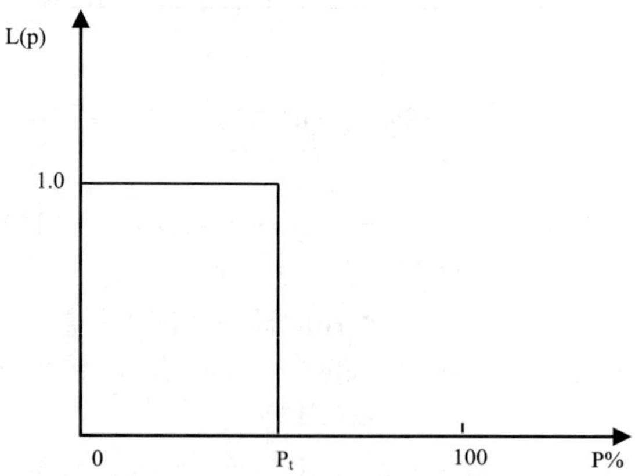

图 4-5 理想的 OC 曲线

● 不理想的 OC 曲线

如果一批产品，采用抽样方案（1,0）来验收这批产品，即从产品批中随机地抽取 1 个产品进行检查，若这个产品不合格，则判产品为批不合格品，若这个产品合格，则判产品批合格。这种抽样方案对批质量的判定能力和对用户的质量保证都是很差的。这是一种很不理想的 OC 曲线。

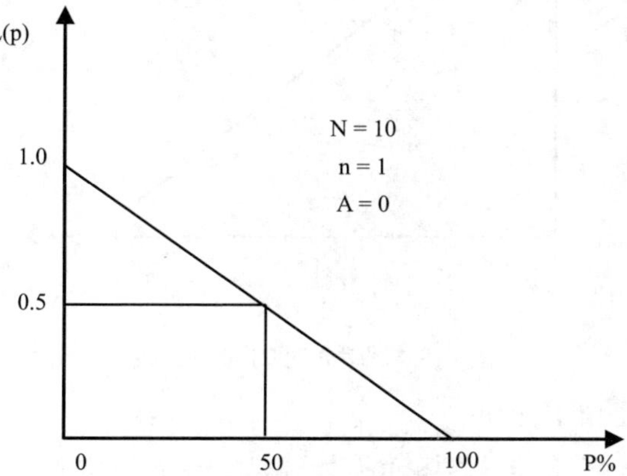

图 4-6 不理想的 OC 曲线

● 常见的 OC 曲线

常见的 OC 曲线是介于理想曲线和不理想曲线之间的一种曲线：

当 A=0 时的曲线：

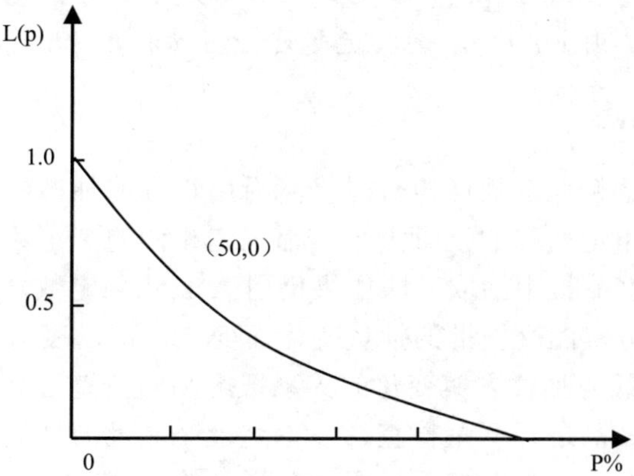

图 4-7 A=0 时的 OC 曲线

当 A≠0 时的曲线：

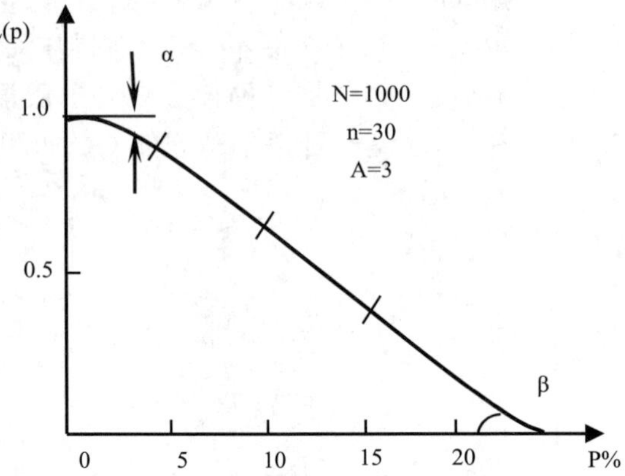

图 4-8　A≠0 时的 OC 曲线

【小贴士】OC 曲线应用

理想方案虽然不存在，但这并不妨碍把它作为评价抽检方案优劣的依据，一个抽检方案的 OC 曲线和理想方案的 OC 曲线接近程度就是评价方案检查效果的准则。为了衡量这种接近程度，通常是首先规定两个参数 p0 和 p1（p0<p1），p0 是接收上限，即希望对 p≤p0 的产品批次以尽可能高的概率接收；p1 是拒收下限，即希望对 p≥p1 的产品批以尽可能高的概率拒收。若记 α=1-L（p0），β=L（p1），则可以通过这四个参数反映一个抽检方案和理想方案的接近程度，当固定 p0，p1 时，α、β越小的方案就越好；同理若对固定的α、β值，则 p0 和 p1 越接近越好；当α和β→0，p0→p1 时，则抽检方案就趋于理想方案。

4）百分比抽样方案

目前我国有些企业在抽样检查时仍然沿用百分比抽检方案，所谓百分比抽检方案，就是不论产品的批量大小，都规定相同的判定数，而样本也是按照相同的比例从产品批中抽取，即如果仍用 A 表示判定数，用 k 表示抽样比例系数，则抽样方案随交检批的批量变化而变化，可以表示为（kN|A）。

通过 OC 曲线与抽样方案变化的关系很容易弄清楚百分比抽检的不合理性，因为对一种产品进行质量检查，不论交检产品批的批量大小，都应采取宽严程度基本相同的方案，但是采用百分比抽检时，不改变判定数 A，只根据批量不同改变样本容量 n，因而对批量不同的产品批采用的方案的宽严程度明显不同，批量大则严，批量小则宽，所以很不合理。百分比抽检实际是一种直觉的经验做法，没有科学依据，因此，许多企业已经不采用这种抽检方法。

6. 抽样方案的标准化应用

抽样检验方案作为一种简便易行、成本低的检验方法，应用非常广泛，各国在不断研究、论证的基础上都形成了自己的抽样检验标准。我国同样也不例外，从 20 世纪 80 年代开始就不断进行研究，在博采众长的基础上，制定了一系列抽样检验国家标准，如表 4-6 所示。

表 4-6 常用抽样检验国家标准及其代码

类型	名称	国家标准代码
计数抽样检验	标准型不合格品率抽样检验	GB/T 13262-91
	挑选型抽样检验	GB/T 13546-92
	调整型（一次、二次和五次）抽样检验	GB 2828-2003
	周期型（一次、二次和五次）抽样检验	GB 2829-2002
	孤立批（一次、二次）抽样检验	GB/T 15239-94
	序贯型抽样检验	GB 8051-2002
	连续型抽样检验	GB 8052-2002
	跳批抽样检验	GB 13263-91
	链式抽样检验	/
	贝叶斯抽样检验	/
计量抽样检验	标准型不合格品率一次抽样检验	GB 8053-2001
	标准型平均值一次抽样检验	GB 8054-95
	标准型方差一次抽样检验	/
	调整型一次抽样检验	GB 6378-2002
	序贯型抽样检验	/
	贝叶斯抽样检验	/
其他类型抽样检验	可靠性抽样检验	/
	粒度均匀散料抽样检验通则	GB/T 13732-92
	验证抽样检验	
	监督抽样检验	GB/T 14162-92 GB/T 14437-97 GB/T 14900-94 GB/T 15482-95 Gb/T 16306-96

目前，最常用的抽样检验方案是计数调整型抽样检验。

【小贴士】抽样检验应注意的问题

- 由于存在随机误差，样本质量指标不一定等于总体质量指标。即：样本不合格品率不一定等于总体不合格品率、样本平均每百单位产品不合格数不一定等于总体（批）平均每百单位产品不合格数、某质量特性的样本平均值不一定等于该质量特性的总体（批）平均值；

● 抽样检验不能保证被接收的总体（批）中的每件产品都是合格品。

4.5 GB 2828简介——传统国标应用忙

GB 2828 系列标准是我国在博采众长的基础上，于 1987 年制订的“逐批检查计数调整型抽样程序及抽样表”。是按批量 N，检验水平 IL，接受质量限 AQL 检索的抽样系统。它包括四种检验状态和六个转移规则。它的主导思想是根据产品质量变化情况，适当地根据转移规则对抽样方案的宽严程度进行调整，为使用方和生产方提供适当的保护，把抽样检验和质量变化联系在一起形成了一个动态过程。

1. GB 2828 简介

（1）抽样体系的特点

1）保证了产品的长期质量；

2）对不合格进行了分类，并确定不合格批的处理方法；

3）根据实践经验确定了批量和样本量之间的关系；

4）具有一次、二次、五次三种不同次数的抽样方案，方便使用者选择；

5）AQL 值和样本量均采用优先数；

6）依据产品批的质量情况，可以调整检验的宽严程度。

（2）适用范围

GB2828 适用于连续批检验的如下场合：成品、部件和原材料、操作、在制品、库存品、维修操作、资料或记录、管理程序。在技术规范、合同、检验规程以及其他文件中都可以引用该标准，也可适用于组织内各部门之间半成品验收检验。

（3）过程平均

一系列初次提交检验批的平均质量或平均不合格品率称为过程平均。

平均质量一般用每百单位不合格品数或每百单位不合格数表示。

$$\overline{P} = \frac{D_1+D_2+\cdots+D_k}{N_1+N_2+\quad+N_k} = \frac{\sum_{i=1}^{k} D_i}{\sum_{i=1}^{k} N_i}$$

其中：D_i——N_i 中的不合格品（不合格）数；

k——批数。

过程平均是过程固有的一种质量参数，它不可能计算或选择，但可以估计。

$$\widehat{P} = \overline{P} = \frac{d_1+d_2+\cdots+d_k}{n_1+n_2+\quad+n_k} = \frac{\sum_{i=1}^{k} d_i}{\sum_{i=1}^{k} n_i}$$

其中：d_i——第 i 样本量 n_i 中的不合格品（不合格）数；

k 的取值：一般取 10～20，或更大一些。k 值越大，估计值越精确。如果只了解最近一段时期的生产状况，可取 k = 5。

过程平均与生产情况有关，与检验方法无关。是生产方和使用方确定AQL的重要因素。

【小贴士】过程平均估计时的注意事项

- 不同类型的不合格品（或不合格）数应分别估计。
- 估计时只能使用初检批的样本数据。
- 用二次或多次抽样方案的样本数据估计时，只应使用一次样本的结果。
- 检验不应该是截尾的。

（4）可接受质量水平（AQL）

AQL（Acceptable Quality Limit）是指接受质量限。即当一个连续系列批被提交验收时，可允许的最差过程平均质量水平。它是整个调整型抽样体系的基础，它不是描述抽样方案特征的指标，也不是描述所测试的产品特性和特征的指标，而是描述过程平均质量的指标。GB2828 抽样体系中的抽样表就是按照 AQL 来设计的。

AQL 普遍应用于各行业产品的质量检验，不同的 AQL 标准应用于不同物质的检验上。在 AQL 抽样时，抽取的数量相同，而 AQL 后面跟的数值越小，允许的瑕疵数量就越少，说明品质要求越高，检验就相对较严。

1）确定 AQL 时要考虑的因素

一般要考虑生产方的过程平均、使用方的质量要求、产品复杂程度、产品质量不合格的种类、检验的项数、以及经济性等因素。

2）确定 AQL 时一般遵循的原则

- AQL 值是一个满意的过程平均质量，预期供货方的批平均质量不会超过此值；
- 要考虑产品的用途和由于产品失效所引起的后果，以选定不同的 AQL 值；
- 确定 AQL 值，依赖于生产方可能提供的质量和使用方认为理想的质量之间的折衷，就是说，是使用方所希望的质量和成本上所能承受得起的质量之间的一种折中的质量；
- 从使用方考虑，不能要求 AQL 值过小，否则，要么检验费和产品成本会增加，要么产品批经常被拒收，以至供货方拒绝签订合同；
- 使用方急需的产品，如果生产方的质量一时难以提高，为了得到产品，AQL 值不得不选得适当大一些，待生产方质量改进后再调整 AQL 值；
- 可以给单个检验项目指定 AQL 值，也可给一组检验项目联合指定一个 AQL 值。

3）确定 AQL 的主要方法

- 工程法：根据产品的性能、寿命、互换性、装配、安全性和其他质量

要求，把技术上必须保证的质量作为 AQL;

- 类比法：与生产参数如：人、机、法、料、环等相似的产品进行类比，确定 AQL 值；
- 经验法：由负责部门人员、工程技术人员、质量管理人员根据工序能力等经验商定；
- 实验法：实验法是在没有任何信息可借鉴的情况下，临时指定一个 AQL 值，根据使用过程中获得的有关质量信息，在 AQL 中进行调整。
- 计算法：对于多部件复杂系统，可考虑零件、部件和整机的关系推算出 AQL 值；
- 反推法：反推法不去直接指定 AQL 值，而是找一个正常检验抽样方案，使它的 OC 曲线通过某个接收概率比较低的重要的点，比如无区别点即（OC 曲线的控制点〕和使用方风险点，反推出所需的 AQL 值。

（5）检验水平（IL）

检验水平反映了批量（N）和样本量（n）之间的关系。是组织根据实际情况进行的检验策划，要符合质量检验规律。

GB 2828 中将一般检验分为：Ⅰ、Ⅱ、Ⅲ三个检验水平。辨别能力：Ⅰ＜Ⅱ＜Ⅲ。水平Ⅱ为正常检验水平，无特殊要求时，均采用水平Ⅱ。

特殊检验分为：S-1、S-2、S-3、S-4 四个检验水平。辨别能力：S-1<S-2<S-3<S-4。

另外：一般检验水平>特殊检验水平。

1）检验水平选择的原则

- 没有特别规定时，首先采用一般检验水平Ⅱ；
- 比较检验费用。若单个样品的检验费用为 a，判批不合格时处理一个样品的费用为 b，检验水平选择应遵循：

a＞b　选择检验水平Ⅰ

a＝b　选择检验水平Ⅱ

a＜b　选择检验水平Ⅲ

- 为保证 AQL，使得劣于 AQL 的产品批尽可能少漏过去，宜选择高的检验水平；
- 检查费用（包括人力、物力、时间等）较低时，选用高的检验水平；
- 产品质量不稳定，波动大时，选用高的检验水平；
- 破坏性检验或严重降低产品性能的检验，选用低的检验水平；
- 检验费用高时，选用低的检验水平；
- 产品质量稳定，差异小时，选用低的检验水平；
- 历史资料不多或缺乏的试制品，为安全起见，检验水平必须选择高些；

间断生产的产品，检验水平选择的要高些；

- 如果批量增大，样本量一般也随之增大。大批量中样本量占的比例比小批量中样本量所占的比例要小。
- 在 GB 2828 中，检验水平Ⅰ、Ⅱ、Ⅲ的样本量比率约为 0.4∶1∶1.6。

2）检验水平选择应考虑的因素

- 产品的复杂程度与价格；
- 检验费用；
- 检验的破坏性；
- 生产的稳定性；
- 保证用户的利益；
- 批量之间的质量差异程度；
- 批内产品质量的波动大小等。

（6）检验的严格度

GB 2828 中规定了三种严格程度不同的检验方案：正常检验、加严检验和放宽检验。在实际操作中，组织一般根据实际情况，分别选取两种或三种严格程度不同的检验方案。

1）正常检验

正常检验要确保当送检批质量优于 AQL 时，应以很高的概率接收，以保护生产方的利益。此外，还要鼓励生产方交出大批量的产品，即当 AQL 相同时，批量越大，则批接收概率越高。

2）加严检验

加严检验是在正常检验的基础上，由于送检的产品质量的原因或组织的特殊考虑，增加了检验批次或提高了批量检验的合格品数的加严手段，以提高质量要求，降低使用方风险。

一般情况下，加严检验的操作方式是样本量一致时，降低不合格品的判定数。只要当 $A_c=0$ 和 $A_c=1$ 时，才采用二者 A_c 值不变而增大加严检验的样本量的做法，以确保不使抽样特性变坏。

另外，加严检验是强制性的。

3）放宽检验

当产品质量一贯优于 AQL 规定的质量水平，而且通过检验已达到了证明，并有根据地相信这样好的质量能继续保持下去的时候，才有可能实施放宽检验。

放宽检验的样本量要小，一般仅是正常检验样本量的 40%。放宽检验是非强制性的。

（7）抽样方案类型

GB 2828 中规定了三种抽样方案类型。

1）一次抽样方案

只抽取 1 个样本就应作出“批合格与否”的结论的抽样方案。

2）二次抽样方案

至多抽取 2 个样本就应作出“批合格与否”的结论的抽样方案。

3）五次抽样方案

至多抽取 5 个样本就应作出“批合格与否”的结论的抽样方案，具体优缺点对比如表 4-7 所示。

表 4-7　一次、二次、五次抽样方案优缺点对比表

项目	一次	二次	五次
对产品批的质量保证	几乎相同		
管理要求	简单	中间	复杂
对检查人员的抽检知识要求	较低	中间	较高
对供应方心理上的影响	最差	中间	最好
检验负荷的波动性	不变	变动	变动
对每批产品质量估计的准确性	最好	中间	最差
对过程平均值（数）估计的速度	最快	较慢	最慢
检验人员和设备的利用率	最佳	较差	较差
每批平均检验个数（ASN）	最大	中间	最小
总检验费用	最多	中间	最小
行政费用（含人员、培训、抽样费用等）	最少	中间	最多

（8）转移规则（图 4-9）

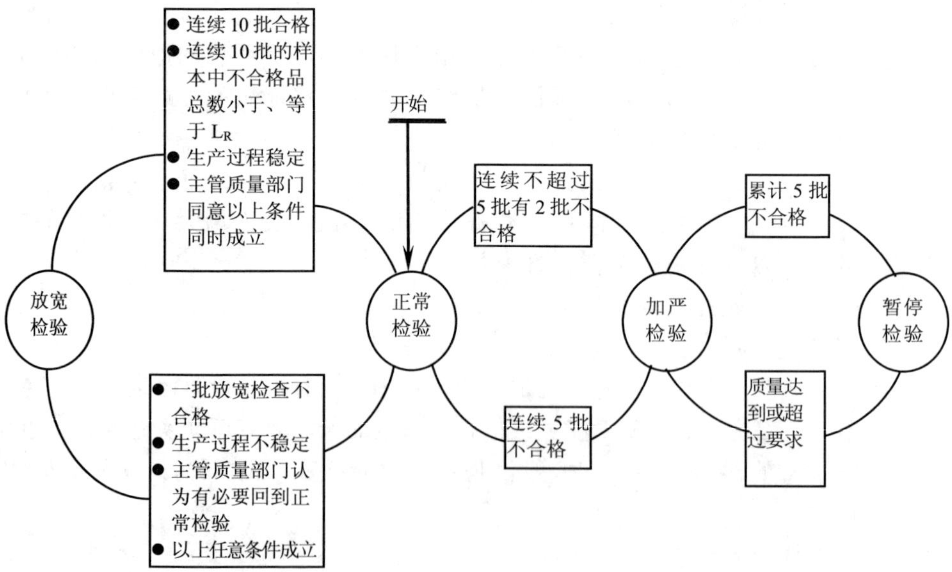

图 4-9　检验严格度的转移规则

需要注意的是：检验严格度的之间的转移要尽可能准确，误转概率要尽量小，否则会为产品质量带来较大风险或增加较大成本。

（9）平均样本量（ASN）

平均样本量是指为了作出接收或不接收决定的平均每批抽取的单位产品数，它是记数调整型抽样检验标准中重要的经济指标。

一般来说，二次正常检验抽样方案的 ASN 值比一次正常检验抽样方案的 ASN 值要小，五次正常检验抽样方案的 ASN 值比二次正常检验抽样方案的 ASN 值要小。另外，ASN 与所提交批的实际质量水平“p”有关，是关于“p”的函数。

2. GB 2828 抽样表的使用

GB 2828 抽样表的使用流程：

（1）确定单位产品的质量特性

在产品技术标准或订货合同中，必须明确规定单位产品的技术性能、技术指标、外观等质量特性。根据这些特性，确定抽样检验的具体项目。

（2）确定不合格的分类

按照实际需要将不合格分为 A 类、B 类、C 类三个级别。

三个级别缺陷程度：A 类>B 类>C 类。

（3）确定合格质量水平

合格质量水平应由生产方和使用方协商确定，并在技术标准或合同中说明。

原则上按不合格的分类分别规定不同的合格质量水平，其中：A 类规定的质量水平要小于 B 类规定的质量水平，B 类规定的质量水平又要小于 C 类规定得质量水平。

另外，可以在同一类别中对部分或单个不合格再规定合格质量水平。

（4）确定检验水平

一般检验水平分为：Ⅰ、Ⅱ、Ⅲ。特殊检验水平分为：S-1、S-2、S-3、S-4。

除非另有规定，一般采用一般检验水平Ⅱ。根据判别力的要求也可以选用一般检验水平Ⅱ和一般检验水平Ⅲ。

特殊检验水平适用于较小的样本而且允许有较大的误判风险。

原则上按不合格的分类分别规定检验水平。但必须注意检验水平与合格质量水平之间的协调一致。

（5）确定检验批

单位产品经简单汇集形成检验批，也可按其他方式形成检验批。通常每个检验批应由同型号、同等级、同种类（尺寸、特性、成分等）且生产条件和生产时间基本相同的单位产品组成。

检验批的组成，批量及提出和识别批的方式，应由生产方和使用方共同协商确定。

（6）确定检验严格度

检验的严格度是指提交批所接受检验的宽严程度。GB 2828 规定有正常检验、加严检验和放宽检验三种不同严格度的检验，并按照一定原则确定提交检验批应接受何种严格度的检验。

除非另有规定，一般在开始检验时应使用正常检验。依据相关检验结果，对照检验严格度的转移规则决定是否进行检验严格度的转移。

（7）确定抽样方案

GB 2828 标准给出了一次、二次、五次三种类型的抽样方案。对于给定的一组合格质量水平和检验水平，可以使用不同类型的对应抽样方案。

通常依据质量检验策划方案，并综合考虑抽样方案的管理费用和平均样本量的大小，决定采用一次、二次、五次三种抽样方案中的一种。

需要说明的是：只要规定的合格质量水平和检验水平相同，使用不同抽样方案进行检验，其对批质量的判断力基本相同。另外，放宽与特宽检验抽样方案要保持一致。

（8）抽样表检索

依据前面已确定的批量（N）、检验水平（IL）、合格质量水平（AQL）、抽样方案类型以及检验严格度，对照抽样表进行检索。

譬如：某公司采用 GB 2828 对购买的零件进行检验。规定 AQL=2.5，IL=Ⅱ，求 N=1000 时正常检验一次的抽样方案。

1）从表 4-8 中包含 N=1000 的行与 IL=Ⅱ所在列相交处，读出样本量字码 J；

表 4-8　样本大小字码表

批量范围	特殊检查水平				一般检查水平		
	S～1	S～2	S～3	S～4	I	II	III
1～8	A	A	A	A	A	A	B
9～15	A	A	A	A	A	B	C
16～25	A	A	B	B	B	C	D
26～50	A	B	B	C	C	D	E
51～90	B	B	C	C	C	E	F
91～150	B	B	C	D	D	F	G
151～280	B	C	D	E	E	G	H
281～500	B	C	D	E	F	H	J
501～1200	C	C	E	F	G	J	K

续上表

批量范围	特殊检查水平				一般检查水平		
	S～1	S～2	S～3	S～4	I	II	III
1201～3200	C	D	E	G	H	K	L
3201～10000	C	D	F	G	J	L	M
10001～35000	C	D	F	H	K	M	N
35001～150000	D	E	G	J	L	N	P
150001～500000	D	E	G	J	M	P	Q
≥500001	D	E	H	K	N	Q	R

2）再从表 4-9 中 J 所在行向右在样本量栏内读出 n=80，另外，由 J 所在行与 AQL=2.5 所在列相交处读出〔5,6〕；

表 4-9　正常检查一次抽样方案表

样本大小字码	样本大小	合格质量水平（AQL）																									
		0.01	0.02	0.03	0.04	0.07	0.1	0.15	0.25	0.4	0.65	1.1	1.5	2.5	4	6.5	10	15	25	40	65	100	150	2850	400	650	1000
		AcRe	AcRe	AcRe	AcRe	AcRe	AcRe	AcRe	AcRe	AcRe	AcRe	AcRe	AcRe	AcRe	AcRe	AcRe	AcRe	AcRe	AcRe	AcRe	AcRe	AcRe	AcRe	AcRe	AcRe	AcRe	AcRe
A	2														↓	0 1		↓	1 2	2 3	3 4	5 6	7 8	10 11	14 15	21 22	30 31
B	3													↓	0 1	↑	↓	1 2	2 3	3 4	5 6	7 8	10 11	14 15	21 22	30 31	44 45
C	5												↓	0 1	↑	↓	1 2	2 3	3 4	5 6	7 8	10 11	14 15	21 22	30 31	44 45	
D	8											↓	0 1	↑	↓	1 2	2 3	3 4	5 6	7 8	10 11	14 15	21 22	30 31	44 45	↑	
E	13										↓	0 1	↑	↓	1 2	2 3	3 4	5 6	7 8	10 11	14 15	21 22	30 31	44 45	↑		
F	20									↓	0 1	↑	↓	1 2	2 3	3 4	5 6	7 8	10 11	14 15	21 22	↑	↑	↑			
G	32								↓	0 1	↑	↓	1 2	2 3	3 4	5 6	7 8	10 11	14 15	21 22	↑						
H	50							↓	0 1	↑	↓	1 2	2 3	3 4	5 6	7 8	10 11	14 15	21 22	↑							
J	80						↓	0 1	↑	↓	1 2	2 3	3 4	5 6	7 8	10 11	14 15	21 22	↑								
K	125					↓	0 1	↑	↓	1 2	2 3	3 4	5 6	7 8	10 11	14 15	21 22	↑									
L	200				↓	0 1	↑	↓	1 2	2 3	3 4	5 6	7 8	10 11	14 15	21 22	↑										
M	315			↓	0 1	↑	↓	1 2	2 3	3 4	5 6	7 8	10 11	14 15	21 22	↑											
N	500		↓	0 1	↑	↓	1 2	2 3	3 4	5 6	7 8	10 11	14 15	21 22	↑												
P	800	↓	0 1	↑	↓	1 2	2 3	3 4	5 6	7 8	10 11	14 15	21 22	↑													
Q	1250	0 1	↑	↓	1 2	2 3	3 4	5 6	7 8	10 11	14 15	21 22	↑														
R	2000	↑		1 2	2 3	3 4	5 6	7 8	10 11	14 15	21 22	↑															

↑ —— 使用箭头下面的第一个抽样方案，当样本大小大于或等于批量时，执行本标准4. 11. 4b的规定；

↓ —— 使用箭头上面的第一个抽样方案；　*Ac* —— 合格判定数；　*Re* —— 不合格判定数；

3）故所求正常检验一次抽样方案为：n=80，A_c=5，R_e=6。

以此类推，利用 GB 2828 中的抽样表，可检索出抽样检验的各类方案。

（9）抽取样本

要以能代表批质量的方法抽取样本。抽样方式可以选用：简单随机抽样、系统抽样、群体抽样、分层抽样。可以根据交货的特点和策划目的进行不同选择。

（10）检验样本

依据检验项目对样本进行逐渐检验，并做好记录。

（11）检验判定

依据检验结果、检验水平、抽样方案类型、检验严格度等对检验结果进行判定。

需要说明的是：对于放宽检验判为不合格的批，必须使用特宽检验重新判定。另外，当样本量等于或大于批量时，可将该批量看作样本量，抽样方案的判定数组保持不变。

（12）检验后的处置

判定后有两个结果，批合格和批不合格。批合格的就整批接受；批不合格的原则上进行退货处理，或者与使用方协商解决。

需要说明的是：不管是整批产品接受或拒收，只要是在检验时发现的不合格品，使用方都有权拒绝接收；另外，生产方在对不合格批全数检验的基础上，将发现的不合格品全部剔除或修理合格后，可以进行再次提交，当然，对于再次提交的批产品，使用方一般会加严检验。

4.6 智慧分享

“没有规矩，不成方圆；没有制度，无以成规范”。值得欣慰的是，经过长期的管理实践和不断探索，我国质量检验工作者逐步积累了一套行之有效的质量检验管理原则和制度，为我国质量检验工作指明了方向。

1. 三检制

是指实行操作者的自检、工人之间的互检和专职检验人员的专检相结合的一种检验制度。

自检：自检就是生产者对自己所生产的产品，按照图纸、工艺和合同中规定的技术标准自行进行检验，并作出产品是否合格的判断。这种检验充分体现了生产工人必须对自己生产的产品质量负责。

互检：互检就是生产工人相互之间进行检验。主要有下道工序对上道工序流转过来的半成品进行抽检；同一机床、同一工序轮班交接班时进行相互检验。

专检：专检就是由专业检验人员进行的检验。专业检验是现代化大生产劳动分工的客观要求，它是自检和互检不能取代的。三检制要以专业检验为主导。

2. 重点工序双岗制

是指操作者在进行重点工序加工时，还同时应有检验人员在场，必要时应有技术负责人或用户的验收代表在场，监视工序必须按规定的程序和要求进行。这里所说的重点工序是指加工关键零部件或关键部位的工序，可以是作为下道工序加工基准的工序，也可以是工序过程的参数或结果无记录，不能保留客观证据，事后无法检验查证的工序。实行双岗制的工序，在工序完成后，操作者、检验员或技术负责人和用户验收代表，应立即在工艺文件上签名，并尽可能将情况记录存档，以示负责和以后查询。

3. 留名制

是指在生产过程中，从原材料进厂到成品入库出厂，每完成一道工序，改变产品的一种状态，包括进行检验和交接、存放和运输，责任者都应该在工艺文件上签名，以示负责。特别是在成品出厂检验单上，检验员必须签名或加盖印章。这是一种重要的技术责任制。签名后的记录文件应建档备查。

4. 复查制

是指有些生产重要产品的企业，为了保证交付产品的质量或参加试验的产品稳妥可靠、不带隐患，在产品检验入库后出厂前，要请产品设计、生产、试验及技术部门的人员进行复查。

5. 追溯制

追溯制也叫跟踪管理，就是在生产过程中，每完成一道工序或一项工作，都要记录其检验结果及存在问题，记录操作者及检验者的姓名、时间、地点及情况分析，在产品的适当部位作出相应的质量状态标志。这些记录与带标志的产品同步流转。必要时，可以追溯责任者的姓名、时间和地点，方便监督，可以极大提高职工的责任感。

6. 统计和分析制

质量统计和分析就是指质量检验及相关部门，对生产中各种质量指标进行统计汇总、计算和分析，并按期向上级有关部门上报，以反映生产中产品质量的变动规律和发展趋势，为质量管理和决策提供可靠的依据。统计和分析的统计指标主要有：成品抽查合格率、主要零件主要项目合格率、成品装配的一次合格率、返修率等。

7. 不合格品管理制

对不合格品的管理要坚持“三不放过”原则，即：不查清不合格的原因不放过；不查清责任者不放过；不落实改进措施不放过。这是质量检验工作的重要指导思想。对不合格品的现场管理主要要做好两项工作，一是标识工作，即凡是检验为不合格的产品、半成品或零部件，应当根据不合格品的类别，分别涂以不同的颜色或作出特殊标记，以示区别；二是隔离工作，对各种不合格品在涂上标记后应立即分区进行隔离存放，避免在生产中发生混乱。对不合格品的处理有以下方法：报废、返工、返修、直接回用。

8. 质量检验考核制

在质量检验中，由于主客观因素的影响，产生检验误差是很难避免的，甚至是经常发生的。

检验误差一般分为：

技术性误差：是指由于检验人员缺乏检验技能造成的误差。

情绪性误差：是指由于检验人员马虎大意、工作不细心造成的检验误差。

程序性误差：是指由于生产不均衡、加班突击及管理混乱所造成的误差。

故意误差：是指由于检验人员动机不良造成的检验误差。

测定和评价检验误差的方法主要有：

重复检查：是由检验人员对自己检查过的产品再检验一到两次，以确认检验结果。

复核检查：由技术水平较高的检验人员或技术人员，复核检验已检查过的产品。

改变检验条件：为了解检验是否正确，当检验人员检查一批产品后，可以用精度更高的检测手段进行重检，以发现检测工具造成检验误差的大小。或者建立标准品，用标准品进行比较，以便发现被检查过的产品所存在的缺陷或误差。

由于各个组织的实际情况不一样，对质量检验人员的要求也不一样，因此，没有统一的检验考核制度，组织可以根据自己的实际情况，灵活应用。但两个原则要把握：一是对质量检验人员不能有质量指标考核；二是质量检验人员与操作人员要职责分清，千万不能出现既当裁判员又当运动员的情况。

第5章

质量保证——信任的力量

本章导读：

- 质量保证主要目标是什么
- 保证质量等于质量保证吗
- 质量保证主要内容有哪些
- 什么是内部质量保证体系
- 什么是外部质量保证体系
- 质量保证有哪些主要措施
- 质量保证体系的实施步骤
- 如何合理编写质量保证书

某商户甲要向果农乙订购一批水果，甲询问乙："你的水果怎么样？"乙说："我的水果物美价廉，你要不相信，我可以给你发一箱水果，你先品尝一下。"

一周后，甲品尝过水果后很满意，决定向乙订购水果，在下订单前再次询问乙："你的样品确实很不错，但我要订购一批，你如何保证一批水果都与样品一样呢？"乙说："我有严格的质量管控措施，请你放心，同时，我还有发现质量问题，无条件退货的售后承诺，另外，你也可以在网上看看我的口碑啊！"

甲品尝样品后，下单前询问的问题其实就是关于质量保证、如何取信于客户的问题。那么到底何为质量保证呢？

质量保证（Quality Assurance）是指为使人们确信某一产品、过程或服务的质量所必需的全部有计划、有组织的活动。也可以说是为了提供信任表明实体能够满足质量要求，而在质量体系中实施并根据需要进行证实的全部有计划和有系统的活动。

质量保证一般适用于有合同的场合，其主要目的是使用户确信产品或服务能满足规定的质量要求，也即取得客户对质量的信任。

5.1 质量保证目标——质量承诺取信人

质量保证其实也是一种质量承诺，就是按照一定的标准生产产品的承诺和规范，以期达到系列目标：

1. 质量承诺、取信于人

质量保证不是单纯为了保证质量，保证质量是质量控制的任务，而质量保证则是以保证质量为基础，进一步引申到提供"信任"这一根本目的。要使顾客能"信任"，组织首先应加强质量管理、完善质量管理体系，对产品有一整套完善的质量控制方案、办法，并认真贯彻执行，对实施过程及结果进行分阶段验证，以确保其有效性。同时，组织应有计划、有步骤地开展各种活动，使顾客能了解组织的实力、业绩、管理水平、技术水平以及在产品设计、生产各阶段主要质量控制活动和内部质量保证活动的有效性，使对方建立信心，相信提供的产品能达到所规定的质量要求。也即通过做出承诺、提供一系列证据，取信于顾客。

2. 质量隐患、预防在前

生产是动态的，质量也是随时变化的，质量隐患，要防微杜渐。质量保证要求对质量问题的发生应有充分的预防能力，这可以通过有效的质量策划来实现。要防患于未然，对一切可能影响产品质量的因素，预先做出周密的控制安排，确保其不失控。在实施中，还应针对发生的问题，采取相应的纠正和预防措施。

3．言之有物，证据确凿

言之凿凿不如证据确凿，组织要想在质量方面给顾客以信心，只有言之凿凿的承诺是不够的，俗话说：最有力的语言不如微弱的行动。因此，质量保证活动的关键在于能提供产品符合要求及质量管理过程符合要求的证据。无必要的证据，则谈不到信任。要把对具体产品的信任提高到组织的信任，只有使顾客对组织未来提供的新产品也同样寄予信任，才会取得更大的成功。

4．质量管控，系统完整

质量管控的系列活动要有计划性、系统性和完整性，绝不能想一出是一出，毫无章法。否则，质量管控活动效果将事倍功半，而且很难取信于人。也即：不能把质量保证活动当作孤立的事件，而应从系统性的高度，从全局作出安排并加以协调控制，如质量管理系统的完善、诸文件间的相容性、各过程的界面和接口、过程的信息反馈、过程网络功能的发挥等。

5．反应迅速，及时纠偏

做事都有出错的风险，质量管控活动也一样，也有可能在执行中出现这样或那样的问题，质量保证的目的就是要求组织具备迅速的反应能力，发现问题进行预警，及时纠正和预防。也即：质量保证就是要在组织的正常质量管控活动中，建立及时检验机制、跟踪预警机制，以及自我纠正和预防机制。以确保质量受控，给顾客以牢固的信心。

5.2 质量保证内容——内容完善能信任

组织质量保证一般是通过建立质量保证体系的手段开展工作，以实实在在的管控手段取信于顾客，在顾客中建立良好的口碑。那么何为质量保证体系呢？质量保证体系又包括哪些内容呢？

质量保证体系（Quality Assurance System/QAS）是指企业以提高和保证产品质量为目标，运用系统方法，依靠必要的组织结构，把组织内各部门、各环节的质量管理活动严密组织起来，将产品研制、设计制造、销售服务和情报反馈的整个过程中影响产品质量的一切因素统统控制起来，形成一个有明确任务、职责、权限，相互协调、相互促进的质量管理的有机整体。

质量保证体系一般分为内部质量保证体系和外部质量保证体系，如图 5-1 所示。

内部质量保证体系主要包括：设计试制过程质量保证、原辅材料采购质量保证、生产过程质量保证、技术服务辅助过程质量保证、保管运输过程质量保证、组织保证体系、思想保证体系。

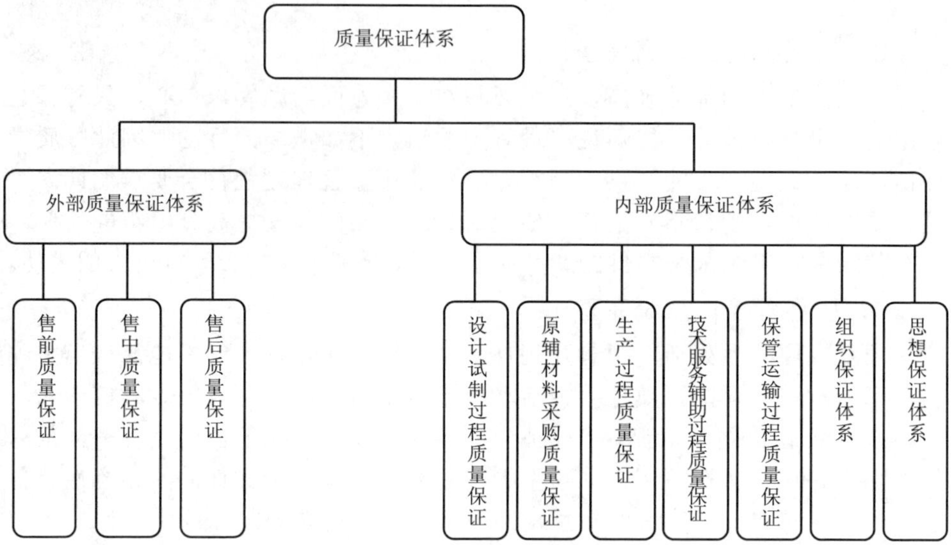

图 5-1 质量保证体系

1. 设计试制过程质量保证

设计试制过程的质量保证是以保证产品设计质量为目的的质量管理活动。

设计试制是产品最早的孕育过程。它是产品质量、形成过程中居于首位的环节。因而搞好开发、研究、试验、设计、试制，是提高产品质量的前提。它是全面质量管理的起点，是企业质量保证体系中带动其他各个环节的首要一环。它的任务主要是保证设计质量符合使用要求并具有良好的工艺性。

主要内容有：

1）根据客户要求和科技信息制定质量目标；

2）提高先行开发的质量；

3）检定和保证方案论证质量；

4）审查技术设计和工艺设计质量；

5）检查产品试制与鉴定的质量；

6）监督产品试验质量；

7）保证产品最后定型的质量；

8）保证技术图纸、工艺等技术文件的质量等。

2. 原辅材料采购质量保证

原辅材料是生产产品的基础，是产品质量保证的基石，如果原辅材料质量无法保证，产品的质量就无从谈起。因此，对于原辅材料要建立一套严格的来料检验制度，由专职检验人员根据检验规程进行严格控制，并就检验结果定期进行统计分析，依据分析的结论进一步指导以后的来料检验工作，以达到系统控制原辅材料的质量，同时又节省成本，提高效率。

主要内容有：

1）严格执行来料质量管理制度，严格把关。

2）加强专检检验人员的能力培养，确保检验人员能够胜任本岗位工作。

3）定期对来料质量进行统计分析，以有针对性地调整检验方案，确保高效节能。

4）根据来料质量统计报告，对供应商进行有侧重地管控，并建立考核评估退出机制等。

3. 生产过程质量保证

生产制造过程的质量保证是以保证产品制造质量为目的的质量管理活动。它是产品正式生产以后保证产品质量的关键。它的主要任务是搞好工序间的质量管理。主要通过生产过程中的生产人员、设备、材料、工艺和生产环境等影响质量的主要因素的控制来保证生产过程的质量。从而保证最终产品质量。生产制造过程质量管理的重点和活动场所都在生产现场，大批量的生产能否保证产品质量，很大程度上取决于现场的技术能力和质量管理水平。

它的主要内容有：

1）加强工艺管理，实行工艺质量控制，使之处于稳定的控制状态。

2）组织技术检验，严格质量把关。

3）组织质量分析，掌握质量动态。

4）加强不合格品的管理等。

4. 技术服务辅助过程质量保证

技术服务辅助过程的质量保证是以提供优质服务和物质技术条件来保证产品质量为目的的质量管理活动。它是生产制造过程质量保证的坚实基础，许多产品都有很高的技术含量，产品的实现过程也需要一定的工艺能力和操作技能给予保障。

主要内容：

1）提供完备的动力供应，如生产制造工作所需要的水、气、温度、湿度等。

2）坚实的技术保证，提供技术咨询、技术培训、技能训练等。

3）确保设备设施处于最佳工作状态，进行规范的维护保养，及时维修、整改等。

4）提供生产制造所有的工器具，并对工器具进行定期维护保养、校验，确保处于完好状态等。

5. 保管运输过程质量保证

保管运输过程质量保证主要是指成品出入库、库房保管、运输发货过程中的质量控制。它也是产品质量保证的辅助过程，不过如果控制不好，对产品的质量影响更大，直接造成破损、变形、变质等严重后果，成本损失巨大。

主要内容：

1）建立严格出入库管理制度，确保进入库房的产品都符合质量标准。

2）加强成品库房的管理，根据产品的特性提供完备的存放环境及定期检查。

3）依据产品的特性设计合理的包装，并选择适宜的运输工具。

4）对运输工程也要加强管控，确保运输过程的安全，顺利到达目的地。

6．组织保证体系

组织保证体系就是要建立健全各级组织，分工负责，做到以预防为主，预防与检查相结合，形成一个有明确任务、职责、权限、互相协调和互相促进的有机整体。通过制定组织结构，明确各岗位的职责，建立运行流程，并健全各项辅助的规章管理制度，以实现责、权、利对等、过程无遗漏、无死角的保证体系，实现坚实的组织保障。

7．思想保证体系

先有动机，再有行动。先有了实现质量目标的意愿，才可能义无反顾地去开展各项保证活动。因此，组织要开展质量保证活动，首先要在组织内提高大家的质量意识，发掘大家自觉维护产品质量的意愿，同时，培训大家一定的质量保证的思想、观点、方法，使全体人员都养成了一种敬畏质量、维护质量的素养，才能确保真正开展各项质量保证活动。

外部质量保证体系主要包括：售前质量保证、售中质量保证、售后质量保证。

1．售前质量保证

主要是指在产品售前开展的技术服务和质量承诺，以方便客户更好地了解产品，同时增强对产品的质量信心。

主要内容：

1）建立产品系列推介书，向客户介绍产品的各项性能、技术指标、完备的操作流程。

2）开展客户技术咨询，协助客户做好选型指导工作。

3）根据客户的需求，提供一些专业性的建议。

4）进行产品技术质量宣传、质量承诺，以及质量保险，增强客户对产品的质量信心。

2．售中质量保证

主要是指依据售前质量承诺，实现产品质量，以满足客户的意愿，同时提供产品到货后的技术服务和现场的质量检测试验。

主要内容：

1）通过严格的质量保证体系实现预期产品质量，满足客户的意愿。

2）提供产品到货后的安装、调试、培训等技术服务。

3）向客户提供产品质量检测报告，并进行现场质量检测，实现质量承诺。

4）积极配合客户或第三方机构进行的质量检测验收。

3．售后质量保证

主要指产品交付后，组织为客户继续提供的技术服务、质量承诺，以满足客户使用期间的质量保证。

主要内容：

1）对售出产品进行质量承诺，一般会实行售后三包，在三包期内，如出现由产品制造质量引起的问题公司包修、包换、包退。对由于其他原因造成的问题，积极协助用户解决问题，以保证产品及时投运，把事故损失降低到最低程度。

2）坚持质量第一、用户至上的原则，随时听从客户的召唤，当需要现场服务时，保证在接到客户通知的一定时间内（24 小时）给予答复，在一定时间内（72 小时）到达现场，紧急情况下以最快的交通工具在一定时间内（32 小时）赶到。

3）组织要在一定区域内设定维修保养网点，随时接待客户的上门咨询，并做出保证：如果产品在保质期内出现质量问题，组织负责免费维护维修；如果超过了保质期，也要以最优惠的价格积极为客户排忧解难。

4）定期进行使用效果和使用要求的调查。重点调查：一是产品在使用过程中是否达到了承诺的质量标准；二是客户就产品质量是否有改进的建议或新要求。

5.3 质量保证措施——措施到位重保证

实现质量保证，说起来容易，做起来难。它需要一点一滴积累，方方面面的措施落实到位。

1．组织保证措施

建立以总经理、总工程师、质保部、部门质检员及班组质量员组成的分级质量管理网络，加强对质量管理工作的组织领导和检查落实。

明确规定领导、各职能部门及各质检岗位的职责和权限，并就职责、权限进行评估、相互沟通，确保权、责、利对等，以促进质量活动的有效开展。

2. 人员保证措施

要把事做好，人员是关键。质量保证的落实重点也在人的因素上。组织依据部门、岗位的职责、权限，选择适宜的人员，譬如：工作经验丰富、具备一定技术功底的人员，从事质量管理工作，确保职责、权限的有效实施。

建立一套质量从业人员的奖惩激励机制，促进质量从业人员充分地发挥主动性、积极性，认真地履行岗位职责，爱岗敬业。

随着工程技术、质量管理和检测技术的不断进步，也要不断提高质量从业人员的综合素养。通过新技术、新工艺、新材料知识的宣贯，以及有针对性的质量知识培训，开拓质量从业人员的思路，提高质量从业人员的技能水平，以满足质量管理活动的需求。

3. 制度保证措施

建立健全质量责任制，上至总经理，下至班组质量员，均制定质量责任制，对质量目标、指标进行层层分解，环环相扣，形成完善的质量管理体系，确保质量管理活动的贯彻力度。

建立健全各级质量管理的规章制度及制订质量标准和操作规范，并通过质量监督检查工作确保各项制度的贯彻落实。

定期开展质量评比、分阶段验证制度，促进质量技术攻关，保证质量得到有效控制。

4. 基础设施保证措施

基础设施包括工作场所（生产场所、办公场所等），设备设施，办公硬件、软件，支持性服务（水、电、气、温度、湿度），通信设施，运输设施等。

根据产品实现过程的特点，识别、提供相应的基础设施，并保证基础实施的有效运行。

5. 技术保证措施

建立并实行以总工程师为首的技术负责制，使各级技术人员分工明确，责任到位，确保产品实现过程中满足质量需求的各项技术支持。

建立完备的基础设施正常运行的维护保养、维修技改的技术方案，并严格实施，确保基础设施的有效运行。

不断进行新技术、新工艺、新设备的知识技术储备，为技术支持、技术保证的有效开展奠定坚实基础。

6. 物质供应保证措施

建立完备的物质供应保障流程和制度，确保需求的物质保质保量地供应到工作场所。

建立完善的物质供应检验检疫制度，确保供应的物质质量符合生产需求。

定期对供应物质的检验结果进行统计分析，为检验方案的修订提供重要参考，同时也为物质供应商的选择提供翔实的数据参考

建立健全物质供应商目录，并定期对供应商进行现场考核，实现物质质量的过程控制，减少供应环节成本，提高供应物质的成品率。

7. 工作环境保证措施

工作环境是指为实现合格产品所需要的工作环境中的人的因素和物的因素。人的因素包括：工作方法、安全规则和指南、人类工效、员工使用的防护设施等。物的因素包括：热度、卫生、振动、噪声、温度、湿度、污染、光线、空气流动等。

组织要提供适宜的工作环境。并定期对工作环境进行检查检测，进行针对性的管理，确保工作环境满足要求。

8. 质量验证保证措施

提供完善的质量验证所需的仪器、设施、工器具。

定期对检验仪器、设施、工器具进行维护保养、校验，确保检验仪器、设施、工器具能够正常使用。

选择适宜的质量验证方式方法，即使验证工作能够有序高效开展，也能节省验证的成本。

5.4 体系实施步骤——环环相扣一张图

做事要有规划，实施要有章法，是事情圆满的关键。质量保证体系的搭建、实施是一项系统的工程，也需要遵循一定的流程和步骤，方能达到比较满意的结果。

1. 统一认识和决策

组织要提高质量保证的效果，要搭建质量保证体系，不仅仅是最高管理层或质保部门的事情，是组织内全体员工的事情，只有全体员工都达成共识，都有强烈的质量意识，都把质量作为组织的头等大事来做，才有可能把事情做好，有可能达到一个满意的结果。因此，在搭建质量保证体系之初，就应该先统一认识，大家群策群力，全体参与，为以后工作的开展奠定一个坚实的基础。

现实生活中，我们看到很多在质量保证体系或质量管理体系方面运行不好的现象，往往都是因为在搭建之初大家没有达成共识，实施过程中不理解、不配合，以至于体系、实操两张皮，结果当然可想而知，质量保证体系实施步骤如图5-2所示。

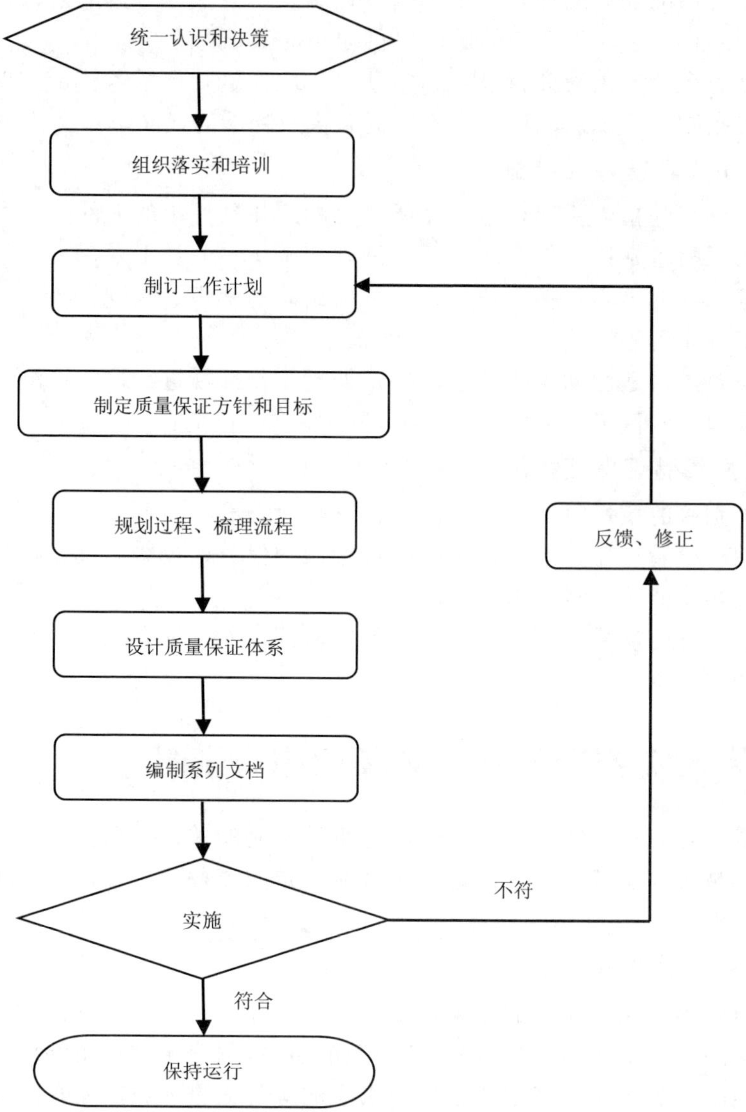

图 5-2 质量保证体系实施步骤

2. 组织落实和培训

事虽小不为不成，路虽近不行不至。有了想法和动机，就要积极主动进行落实、执行。通过培训使大家进一步了解组织的决策和规划，给大家说清楚、讲明白，使大家理解和接受，以减少在下一步工作落实中的阻力。随后，逐步开展体系搭建的组织保障工作，成立领导小组和工作小组，编制组织结构、划分职能部门、细分操作岗位，并选配适宜的人员，同时，制定各项职责和权限，逐步形成一个系统性的有机整体，为各项工作的开展保驾护航。

3．制订工作计划

思想达成共识，组织保障到位，就应该进行具体的实操工作。实操伊始，莫过于先制订工作计划，规划细节，指明方向。

工作计划的制订一般遵循“WHAT”法则。

“W”：做什么——工作目标和任务。计划应规定出在一定时间内所完成的目标、任务和应达到的要求。任务和要求应该具体明确，有的还要定出数量、质量和时间要求。

“H”：怎么做——工作方法。采取措施、策略。要明确何时实现目标和完成任务，就必须制定出相应的措施和办法，这是实现计划的保证。措施和方法主要指达到既定目标需要采取什么手段，动员哪些力量与资源，创造什么条件，排除哪些困难等。

“A”：谁来做——工作负责。这是指执行计划的工作程序和时间安排。每项任务，在完成过程中都有阶段性，而每个阶段又有许多环节，它们之间常常是互相交错的。因此，制订计划必须胸有全局，妥善安排，哪些先干，哪些后干，应合理安排。而在实施当中，又有轻重缓急之分，哪是重点，哪是一般，也应该明确。在时间安排上，要有总的时限，又要有每个阶段的时间要求，以及人力、物力的安排。

“T”：什么时间做——完成时限。计划必须要有明确的完成时间，以及不同的时间节点，也就是说要有明确的时间进度，保证工作的按期完成。

4．制定质量保证方针和目标

质量保证方针和目标是体系纲领性的文件和指导，总领着体系各项工作的开展。方针的制定应与组织的总体质量管理的方针要适应、协调，以保证产品质量、提高客户对产品质量的信任为前提，同时，需要不断评审，以保持持续性、适宜性和有效性。同时，应提供制定和评审质量保证目标的框架。

目标是依据方针的框架制定的。它应包括组织当前和未来的需要，以及达到目标所需的资源。同时，目标应是可测量的。另外，目标要进行层层分解，落实在相关的职能部门和各个岗位，确保目标的达成。

5．规划过程、梳理流程

过程、流程是指业务开展路程。即业务进行中的次序或顺序的布置和安排。通过一个一个的业务步骤，完成一个完整的业务行为的过程。体系的开展是由一个一个过程和一项一项业务积累起来的，这些过程和步骤紧密相连，又环环相扣，如果布置、安排合理，体系的开展就有序、高效，事半功倍，反之，则适得其反，事倍功半。因此，需要认真地规划过程、梳理流程。

6. 设计质量保证体系

在前面各个环节完成的基础上，开始搭建保证体系。就是在方针的指导下，为达到目标，而把对质量保证有影响、又相互关联和相互作用的各种要素，协调运转起来，构成一个有机的整体。它既包括硬件，譬如：人员、资金、各种基础设施、工作环境、质量验证的各种仪器、量器具等，也包括软件，譬如：程序、流程、制度、方法以及各种职责和分工等。

7. 编制系列文档

随后要编制系列文档，包括各种布置、安排的规定，制定的方针、目标，实现方针、目标的措施、方法、管理方案，各个过程和步骤的沟通和衔接、各项规章制度、操作规程，以及运行记录的整理、统计、分析等。只有把这些文档进行详细的编制，才能确保在体系运行过程中，有章可循、有据可依，相互配合、相互约束。

8. 运行、反馈、修正

体系完成以后，当然就是实施、运行，在实施、运行过程中，不断观察、总结，同时根据实施的具体效果，确定下一步工作的开展。如果实施、运行能够达到组织制定质量保证体系的目标，能够充分体现质量保证的方针，体系就可以继续运行。如果实施、运行过程中，发现有些环节有误差，没有达到预期的目标，不是组织想要的结果，或者有些合理化的建议，就要及时反馈，进行相应修正。最终确保体系运行的适宜性、有效性。

5.5 编写质量保证书——样式齐整很通用

质量保证书是指组织对生产的产品做出的质量宣言、质量保证和承诺。它一般包括两大部分：

第一部分是尊称、前言，有的也包括组织的质量宣言。

譬如一：尊敬的顾客：您好！

首先感谢您购买我们的产品！

为保证产品质量，明确购销双方产品质量责任，确保产品质量合格，保证产品安全，特做如下保证：

譬如二：________________（单位/公司）：

我方作为贵公司__________________________货物的供应商，向贵公司做出如下保证：

譬如三：尊敬的客户：您好！

非常感谢您购买我们的产品！

×××公司自成立以来，一直把产品质量视为公司参与市场竞争的核心，正是这个成功的定位和全体员工强烈的产品质量意识，使公司成为全球领先的×××领域的产品顶尖供应商！

为保证产品质量，明确双方产品质量责任，确保产品合格，特做如下质量保证：

第二部分是具备的质量保证和承诺内容，主要包括：

1．关于组织经营资格的保证

1）保证提供的产品符合国家法律法规，以及相关行业标准、行业规范。

2）保证提供的营业执照、生产经营许可证真实有效。

3）承诺组织从事合法经营。

2．关于供应产品的保证

1）供应产品都有合格的《质量检测报告》和相关的产品合格证，符合国家的相关规定。

2）保证提供的是原厂生产的产品，符合国家、行业的质量检测标准。

3）未使用过的全新产品，附有正规的质量保证书、合格证；必要时提供完整的质量检测报告。

4）供应产品经贵司书面确认供应品牌后，不得随意更换。

5）保证产品是原包装且包装完好。是否同意经用户单位现场监督，当场拆封、检测产品。

6）认可贵司的产品验收制度，并在对供应产品进行验收时，严格遵守贵司的货物验收制度。

7）对未通过验收的产品，保证在贵司规定时间内补充合格的产品。

8）对通过验收的产品，在贵司投入使用之前，出现相关证照不全、品牌不符及质量问题的，保证无条件退货，并在贵司规定时间内补充合格的产品。

9）因供应产品的质量问题，对贵司造成了不良影响的，愿承担该批物料返工退换货，并承担由此所造成的经济损失及法律责任。

10）每批订单须按贵司的订单要求执行，按订单交货时间准时送达，如不能按交货时间应事先与贵司协商，征得贵司同意方可延期。若我司未征得贵司同意延期交货时间，导致贵司生产时间推迟，应承担相应的损失。

11）贵司在下订单后，先预付订单的总金额××%做物料采购定金，自产品经贵司验收合格之日起，贵司在××个工作日内，应付订单余下的货款。

3．关于质量程度保证

1）产品保质期不低于____天，自产品经贵司验收入库之日起计算。

2）自验收合格之日起，____天内出现非人为因素的故障，同意退货或换货。

3）执行“三包”的产品名称、范围及“三包”具体承诺：

____天包退；____天包换；____年包修。

4）因产品质量问题，给客户造成损失，承诺解决事项。

5）其他优惠条件、售后服务措施或需要说明的事项。

4．关于技术服务的承诺

1）提供现场安装、调试，现场检测。

2）提供产品使用、操作培训，以及简单的日常维护保养注意事项。

3）定期上门回访、服务，免费上门服务的具体期限为____________________次/年。

以上只是质量保证书的一些普通格式和内容，由于组织的实际情况不一样，每个组织的质量保证书也各有特色，不会千篇一律，但基本的保证、承诺都会包含。

【小贴士】产品质量保证书范例：

____________________（单位或公司）：

我方作为贵公司____货物的供应商，向贵公司做出如下保证：

一、关于我方经营资格的保证

我方保证向贵公司提供的营业执照、经营生产许可证真实有效。

二、关于我方供应货物的保证

1．供应货物都有合格的《质量检测报告》和相关的产品合格证，符合国家的相关规定。

2．供应货物经贵公司书面确认供应品牌后，不得随意更换。

3．供应货物的保质期不低于____天，自货物经贵公司验收入库之日起计算。

4．我方认可贵公司的货物验收制度，并在对供应货物进行验收时，严格遵守贵公司的货物验收制度。

5．对未通过验收的货物，保证在贵公司规定时间内补充合格的货物。

6．对通过验收的货物，在贵公司投入使用之前，出现相关证照不全、品牌不符及质量问题的，保证无条件退货，并在贵公司规定时间内补充合格的货物。

7. 因我方供应货物的质量问题，对贵公司造成了不良影响的，我方愿承担该批货物价款 1 ~ 10 倍的罚款，并承担由此所造成的经济损失及法律责任。

8. 我方愿意用供应货物货款的 30%作为每月结账的滚动质保金，于下次结账时进行结算。

供应商：__________公司

____年__月__日

5.6 智慧分享

1. 质量保证应坚持管理与技术相结合

质量保证手段要坚持管理手段和技术手段充分结合，组织要实现质量保证，必须要有一定的管理保证能力和技术保证能力，两者缺一不可。没有一定的管理保证能力，质量管理活动的开展就不系统，就会有遗漏、有死角，就不能充分发挥组织内各项资源的能力。同样，没有一定的技术保证能力，产品质量会由于缺乏相应的技能而无法实现，而且检验、验证的方式、方法也需要一定的技术保障，如果没有技术保障，检验、验证也很难开展，无法真实地反映质量水平。

2. 质量保证不仅仅是保证质量

保证质量是质量控制的内容，质量保证是在保证质量的基础上，进一步提供质量“信任”。保证质量侧重于如何满足质量要求，而质量保证侧重于促使完善质量控制，提供足够的客观证据，以提高客户的质量“信心”。质量保证和质量控制虽然都是质量管理的一种活动，不过，质量控制是基础，没有全面的质量控制，质量保证就无从谈起，同样，质量保证是高段位的保证质量，是从心灵上给客户以信任，是一种质量管理的高境界。

3. 质量保证体系要避免落入无法实施的“陷阱”

质量保证体系是组织质量保证制度化、标准化的一种手段。是组织为了系统、完整地实施质量保证，它决不应成为书面的、文件式的体系，落入无法有效实施的“陷阱”。也就是我们常说的体系是用来给客户看的，不是真正用来实施的，造成体系、实施两张皮，完全脱节。要避免这种实施“陷阱”，一是要进行思想宣传，达成共识；二是要实事求是，体系的设计要符合组织的实际情况，能有效开展；三是要跟踪检查、及时反馈、及时修正。

4. 质量保证体系要建立自愈机制

事物的运行规律：不变是相对的，变化是绝对的。质量保证体系也不是静止不动的，它的运行是动态的，需要依据组织内外部条件的变化，随时进行调整、自愈。它的运行是以质量计划为主线，以过程管理为重心，按PDCA循环进行，通过计划（Plan）— 实施（Do）— 检查（Check）— 处理（Action）的管理循环步骤逐步展开控制，以提高保证水平。而PDCA的循环具有大环套小环、相互衔接、相互促进、螺旋式上升，形成完整的循环和不断推进等特点。

第6章

质量改进——没有最好，只有更好

本章导读：

- 什么是质量改进主要目标
- 质量改进主要对象有哪些
- 改进对象选择方法有哪些
- 如何理解和应用 PDCA 循环
- 质量改进七个步骤是什么
- 质量改进常用工具有哪些
- 如何正确使用质量检查表
- 什么是过程策划控制图法
- 如何编写好质量改进报告
- 高效开展质量改进的关键

永不满足则兴、裹足不前则衰。精益求精、永无止境是质量追求的永恒主题，也是质量改进追求更好的真谛。质量改进是指为向本组织及其顾客提供增值效益，在整个组织范围内所采取的提高活动和过程的效果与效率的措施。

质量改进是质量管理的一部分，它致力于增强满足质量要求的能力。它是消除系统性的问题，对现有的质量水平在控制的基础上加以提高，使质量达到一个新水平、新高度。

6.1 改进目标——持续改善无止境

质量改进是一个变革和突破的过程，它的最终效果是按照比原计划目标高得多的质量水平进行工作，以实现组织想要达到的目标。

1．提高产品或服务质量

组织内质量改进一般是一个持续、螺旋上升的过程，它不仅仅是一次简单的变革过程。从发现问题、分析原因、制订计划，到具体实施、验证评估，再依据评估效果发现不足，随后再次循环，整个持续过程是一个产品质量或服务逐步发现不足、改进不足，持续提高的过程。因此，质量改进的目标就是为了提高质量，不断满足客户日益增长的需求。

2．改进组织质量管理的有效性和效率

组织通过持续改进，应用一些主动或被动的整改措施，如征求合理化建议、采取纠正措施和预防措施等手段，使组织内的质量管理活动不断改进、不断完善，逐步适应组织内的实际情况，更有针对性和侧重性，提高了质量活动开展的有效性和适宜性，同时，也提高了活动的效率和效果。

3．改进产品性能，满足市场需求

不断进行主动的市场调研和被动的客户反馈，了解客户更多明确的和潜在的需求，促进新产品的不断开发和改进，使产品的性能应对市场和客户的需求更有针对性，更能把握客户的痛点，更受市场欢迎，最终提高产品的市场竞争能力。

4．实现变革和突破

质量管理大师朱兰博士认为：质量改进的最终效果是按照比原计划目标高得多的质量水平进行工作，如此工作必然得到比原来目标高得多的产品质量。所以说，质量改进的效果是为了实现变革和突破，变革现有的固有弊端，突破原有的僵化机制，不断创新，不断改进，以实现质量水平的日益飞跃。

5．提高质量管理的综合实力

一是通过对产品设计和生产工艺的逐步改进，更加合理、有效地使用资

金和技术力量，充分挖掘组织的潜力，提高产品的制造质量，实现增值增效的目的。二是充分发挥各部门的职能，提高大家的工作质量，以饱满的精神和良好的服务，为产品质量提供强有力的保障。

6．形成不断改进的质量文化

不断改进的质量行为会慢慢地形成一种习惯，习惯会慢慢地改变组织的规范，慢慢地进入大家的心里，深入组织的“骨髓”，最后成为一种大家约定俗成的规定，也即逐步成为一种新的质量文化。这种文化又反过来影响质量改进行为，促进组织进行更多改进。

6.2 改进对象——评价现场选择忙

质量改进活动涉及组织质量管理活动的方方面面，改进的对象既包括产品质量、服务质量，还包括工作质量。那么对质量管理活动到底选择哪个项目作为优先改进的对象，就需要组织认真权衡，并应用一些分析方法进行辅助选择。一般来说，组织会优先选择对质量方针、目标实现有重要影响的项目。

1．改进对象

组织一般优先考虑的改进对象有：

1）对市场竞争力最有影响的质量项目

行业在不同的发展阶段，市场对行业的关注点也会有一定差别，相应的处于行业内的各个组织竞争的关键点也有很大差异。行业处于发展期时，市场上关注的更多的是如何才能达到这个产品或服务，组织的竞争更多的就是如何提供更多的产品或服务，也即供给的服务质量。而在行业的成熟期时，市场上则更多关注提供产品或服务的质量水平，组织的竞争更多的是提高质量水平。因此，在行业的不同阶段，对市场竞争力影响最大的项目也就是质量改进的主要项目。

2）对质量最有影响的项目

组织在日常的生产经营活动中，总有一些项目是组织运营比较薄弱的项目，而且这些项目又是对质量有明显影响的项目。这些项目有可能是影响产品质量的项目，也有可能是影响服务质量的项目。譬如：快递行业中的物品到达率，制造行业中的产品质量。这些都是组织最核心的质量把控项目，它们应该是组织优先选择的改进项目。

3）客户对质量最敏感的项目

对于产品质量或服务质量不同的客户会有不同的体验和诉求，关注的重要点有可能不完全一样，但大多数客户的关注点还是有一定规律的，只要通过详细的统计分析就能甄别出大多数客户的质量敏感点，而这些敏感点也就是需要改进的优选。譬如：餐饮行业通过对用餐客户的满意度调查就可甄别出客户更敏感的是菜品的口味，而不是等餐的时间。

4）质量指标达不到行业先进水平的项目

行业内的竞争是多方位的，各项质量指标都是客户的评价标准，这些质量指标有产品质量指标，也有服务质量指标，每个质量指标如果不能达到行业先进水平，就没有良好的市场口碑，也就没有市场竞争力和占有率。所以，这些质量指标必须是组织优先和重点关注、并进行持续改进的项目。

5）质量成本比较高的项目

市场价格一般体现的是行业内平均劳动时间，质量成本比较高，意味着组织的付出超出了行业内平均劳动时间，组织的利润空间就会降低，竞争力也会降低，没有市场优势。为了提高市场竞争力，就需要降低成本，提高组织的利润空间。所以，这些质量成本比较高的项目就需要进行质量改进，优化工艺，降低成本。

除了以上这些优先改进项目，还有一些，譬如：影响组织声誉的项目、会给组织带来法律纠纷的项目等也是组织要关注的质量改进项目。

2. 改进对象选择方法

质量改进项目的选定要依据组织的实际情况，应用一些必要的方法手段，综合分析各种要素，再做出决定。常见的选择方法有：

1）统计分析法

就是运用数理统计方法对质量不足进行统计，得出清晰的趋势报表，利用这些报表进行认真分析，根据分析的结果，选定改进项目。该方法的特点主要是关注组织内部，积极搜寻改进目标。

2）质量类比法

通过市场调查、类比、评价，把组织的产品质量和服务质量与行业内标杆组织的产品质量和服务质量进行对比，找出差距和不足，制定针对性的改进方案。该方法的特点主要是关注组织外部，类比标杆组织，更有针对性，改进效果会更直接。

3）满意度调查法

组织设计合理的满意度调查表，对内外部客户进行质量满意度调查，对这些满意度调查表进行科学系统的分析，就可以找到质量的核心不足之处，这些核心不足之处就是组织的质量改进重点。该方法的特点是关注组织内外客户的体验，会更全面。

4）技术分析法

积极了解行业动态，充分应用新技术、新工艺、新设备及新材料，寻找质量改进的途径和目标，实现质量改进。该方法的特点是完全依赖技术的价值，找出改进的机会。

5）经济分析法

选择质量改进项目要进行质量改进成本分析，以及质量改进后收益预算，进行综合评估，选定质量改进项目。也就是说，要算经济账，评估各个预计改进项目的投入产出率，选择一些投入产出率高的项目优先进行改进。该方法的特点是更多关注改进的收益率。

当然这些选择方法不是对立的，它们有一定的互补作用，许多组织在选择改进项目时，往往也会综合应用几个方法，得出最合理的改进项目。

6.3 改进过程——经典 PDCA 好循环

质量改进的运行是以质量改进计划为主线，以改进实施过程为重心，按 PDCA 循环进行开展的，通过计划（Plan）—实施（Do）—检查（Check）—处理（Action）的管理循环步骤展开控制，提高持续改进水平。

PDCA 循环是美国质量管理专家休哈特博士首先提出的，由戴明采纳、宣传，获得普及，所以又称戴明环。它具有大环套小环、相互衔接、相互促进、螺旋式上升，形成完整的循环和不断推进等特点，如图 6-1 所示。

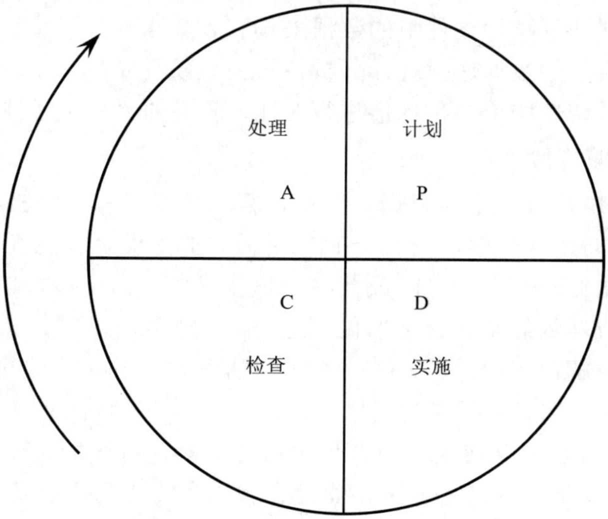

图 6-1 PDCA 循环图

1．计划阶段（P）

计划即确定质量改进的方针、目标，以及实现方针、目标的措施和行动计划；质量改进计划主要内容是制订质量改进目标、活动方案、改进措施等。

主要包括：

1）分析现状，找出存在的质量问题。

2）分析产生质量问题的各种原因和影响因素。

3）从各种原因中找出质量问题的主要原因和次要原因。

4）针对造成质量问题的主要原因，制定技术措施方案，提出解决措施的计划及预测预期效果，然后具体落实到执行者、时间进度、地点和完成方法等各个方面。

2．实施阶段（D）

实施主要包含计划行动方案的交底和按计划规定的方法及要求展开的具体作业技术活动；就是将既定的计划和措施，具体组织实施，这是质量管理循环的第二步。主要包括：

1）设计具体行动方法、方案，进行合理布置，并采取有效行动。

2）对实施过程进行不断跟踪，确保工作能够按照计划进度实施。

3．检查阶段（C）

检查就是对照计划，检查执行的情况和效果，包含检查是否严格执行了计划的行动方案和检查计划执行的结果；主要是在计划执行过程中或执行之后，检查执行情况，是否符合计划的预期结果。也是质量管理循环的第三步。主要包括：

1）开展计划执行过程中的数据采集、收集工作。

2）对收集的数据进行统计分析，形成系统性结论。

3）把系统性结论与目标值进行对比，评估是否达到了预定目标。

4．处理阶段（A）

处理是以检查结果为依据，分析检查的结果，总结经验，吸取教训。它是解决存在问题的阶段，是整个PDCA循环的关键。主要包括：

1）总结经验教训，巩固成绩，处理差错。

2）把成功的经验进行标准化，进行严谨的执行和推广。

3）将未解决的问题转入下一个PDCA循环，作为下一个循环目标。

【小贴士】PDCA循环的局限性

PDCA循环可以使我们的工作方法、思路，以及工作步骤更加条理化、系统化和完善化。但它也不是万能的，我们也要看到它的局限性。PDCA循环只是让人如何完善现有工作，使现有工作更有条理、更系统，但它不包含创造性的内容，人们应用PDCA循环很容易产生按流程工作的习惯，导致惯性思维的产生，制约了人们的发散性思维和创造性的思维。

6.4　改进步骤——七个步骤走全程

实施 PDCA 质量改进过程要遵循一定流程和步骤，如图 6-2 所示。

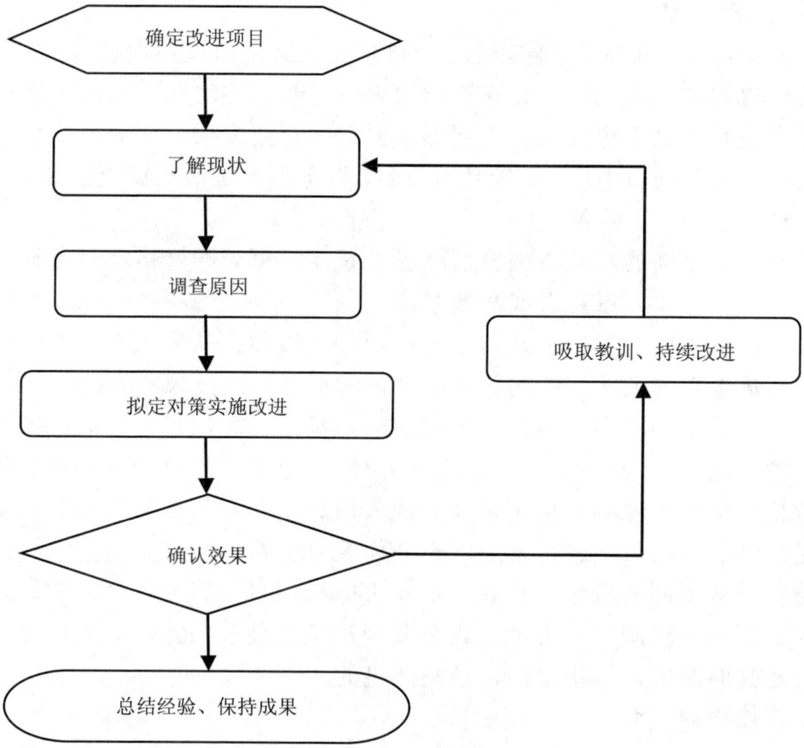

图 6-2　质量改进实施步骤

1. 确定改进项目

组织中存在需要改进的项目很多，受人力、物力、财力和时间的限制，进行项目改进时，必须决定其优先顺序。从众多的项目中确认最主要的项目，必须说明理由，必须向相关人员说明项目改进的必要性，应该合理地设定目标值，经济上合理，技术上可行，若需要改进的项目包括若干具体项目时，可分解成几个小项目，同时，还要规定解决问题的期限。

具体操作：

1）明确所要改进的项目为什么比其他项目重要。

2）项目的背景是什么，现状如何。

3）具体描述项目改进的后果，如产生了什么损失，并指出希望改进到什么程度。

4）选定改进课题和目标值。

5）选定改进任务负责人。

6）预算改进活动所需费用。

7）拟订改进活动时间表等。

2．了解现状

想改进项目，就必须了解项目。改进项目的突破口就在项目内部，譬如：质量特性值的波动太大，必然在影响因素中存在大的波动，这两个波动之间必然存在关系，这是把握项目主要影响原因的有效方法。而观察项目的最佳角度随项目的不同而不同，不管什么项目，以下四点是必须调查清楚的。即：时间、地点、种类、特征。

时间：从不同的时间点去分析项目，譬如：每天的合格率有差异吗？以上午、下午、每周、每月去观测效果。

地点：从不同的部位、地点去分析项目，譬如：从导致产品不合格的部位出发，从部件的上部，侧面或下部零件的不合格情况来考虑。

种类：从不同类别、角度、等级、生产标准去看项目，譬如：同一个工厂生产的不同产品，其不合格品率有无差异，与过去生产过的同类产品相比，其不合格品率有无差异。也可以从是成人用还是儿童用；男用还是女用，内销还是外销等不同角度进行考虑，充分体现分层原则。

特征：从不同的特性、形状、症状去分析项目，譬如：产品的缺陷是否一致，是圆的、椭圆的、方的、还是其他形状；呈现的特性有无规律，是连续的，还是间断的，是指定的，还是随机的。

具体操作：

1）调查四个方面以明确项目的现状：时间、地点、种类、特征。

2）从不同角度调查，找出结果的波动。

3）去现场收集数据中没有包含的信息。

3．调查原因

调查问题产生的原因，识别主要原因和次要原因，并确定问题和原因之间的因果关系。考虑原因时，通常要通过讨论其理由，并应用数据来验证假设的正确性，这时很容易出现将假设的建立和假设的验证混为一谈的错误。验证假设时，不能用建立假设的材料，而需要新的材料来证明。重新收集验证假设的数据要有计划，有根据地进行。

具体操作：

1）选择可能的原因（设立假设）

- 为了搜集关于可能的原因的全部信息，应画出因果图。因果图里要包括所有认为可能有关的因素；
- 运用现状阶段掌握的信息，消去所有已确认为无关的因素，用剩下的因素重新绘制因果图；

- 在绘出的图中，标出认为可能性较大的主要原因。

2）从已设定因素中找出主要原因（验证假设）

- 搜集新的数据或证据，制订计划来确认可能性较大的原因对问题有多大影响；
- 综合全部调查到的信息，决定主要影响原因；
- 如条件允许的话，可以有意识地将问题再现一次。

4．拟定对策实施改进

依据原因分析，结合组织的实际情况，拟定具体的对策措施。对策措施一般有两种：一是纠正措施：解决问题；二是预防措施：消除问题产生的原因，预防问题再次发生。

由于对策措施有可能牵涉组织的方方面面，因此，拟定对策措施后，要从多种角度对对策措施进行彻底而广泛地评价。

采取对策时，有关人员必须通力合作，采取对策往往要带来许多工序的调整和变化，如果可能，应多方听取有关人员的意见和想法。当同时存在几个经济合理、技术可行的方案时，通过民主讨论决定是一个很好的选择。另外，绘制系统图是同时采取多项对策时常用的工具，但要注意对策间的关系及先后顺序。

具体操作：

1）必须将纠正措施与预防措施严格区分开。

2）采取对策后，尽量不要引起其他质量问题，如果出现了其他质量问题，应考虑换一种对策或消除产生的新问题。

3）先准备好若干对策方案，调查各自利弊，选择参加者都能接受的方案。

4）如果采取多项措施时，根据一定的因果关系或先后顺序，合理安排措施的实施。

5．确认效果

通过对策措施实施过程数据的收集整理，以及对策措施实施后效果的总结，与计划、目标进行对比，验证、评估实施效果。

具体操作：

1）收集、整理对策措施实施过程中的详细数据，并对数据进行统计分析。

2）列举对策措施实施后的效果，不管效果大小。

3）对实施后的效果与目标值进行比较。

6．总结经验、保持成果

通过确认效果，总结经验，对效果满足目标值的对策措施，要进行认真总结，细致整理，建立标准化的流程和步骤，确保能够保持成果，固化实施细则。

具体操作：

1）总结、整理效果满足目标值的对策措施。

2）为保持成果，应再次确认 5W1H 的内容，即 What（什么），Why（为什么），Who（谁），Where（哪里），When（何时做），How（如何做），并将其标准化。

3）进行有关标准的准备及传达。

4）实施广泛的教育培训。

5）建立保证严格遵守标准的质量责任制。

7．吸取教训，持续改进

采取对策措施后没有达到目标值的，要认真进行分析，吸取教训，持续进行改进。

采取对策措施后没有达到目标值的原因一般有两种：一种是对策措施拟定的有问题。譬如：现状了解不充分、计划阶段的信息有误或知识不够，导致对策有误、对实施效果的测算有误、没有充分论证实际能力等。另一种是对策措施实施时有问题。譬如：对改进的必要性认识不足、对对策措施的传达或理解有误、没有经过必要的教育培训、实施过程中的领导、组织、协调不够以及资源配备不足等。

不管是哪一种原因，组织都需要从源头出发，重新进行修正、改进。

6.5 改进工具——工具齐全好挑选

好的工具是成功的基石，是事半功倍的重要保证。质量改进可以应用的工具有很多，下面我们重点介绍一下几种改进工具：

1．头脑风暴法

头脑风暴法又叫畅谈法、集思法，是指采用会议的方式，引导每个参会的人围绕某个中心话题（质量问题），广开言路，激发灵感，在自己的头脑中掀起风暴，毫无顾忌、畅所欲言地发表独立见解的一种创造性思维的方法。

1）用途

头脑风暴法可以用来识别存在的质量问题并寻求其解决的办法。还可以识别潜在质量改进的机会，在质量改进活动中用途很大。它可以引导小组成员创造性地思考，产生或澄清大量观点、问题或议题。

2）实施步骤

头脑风暴法的实施步骤可分为三个阶段：

● 准备阶段

提前安排会议召开的各项准备工作，确定会议的组织者，阐明会议召开的时间、地点、主题、目标、流程等。搞头脑风暴法的目的在于为与会者创造一个激发思想火花的氛围，让与会者都能知无不言、言无不尽，充分发表自己的看法和观点。

● 引发和产生创造思维的阶段

该阶段会议组织者的作用很关键，要熟悉并重温头脑风暴法的意义、精神实质和做法。尤其要注意以下几点：

➢ 与会者都是平等的，无领导和被领导之分；
➢ 与会者依次发表意见；
➢ 与会者可以相互补充各自的观点，但不能评论、更不能驳斥别的观点；
➢ 要当场把每个人的观点毫无遗漏地记录下来；
➢ 持续到无人再发表意见为止。

【小贴士】如何有效引发创造性思维

● 引发创造性思维众说纷纭，很难集中，它受情景、性格、喜好等许多因素影响。不过，为了活跃思维，一般要做的有：
 ➢ 要学会从各个角度去看问题；
 ➢ 要善于比较和择优，不谋求一个答案；
 ➢ 要打破惯性思维，破除思维定势；
 ➢ 要有强烈的质疑意识，多问一些为什么；
 ➢ 特别要重视意外的发现；
 ➢ 加强创造性、开拓性思维训练等。

● 整理阶段

将每个人的观点重复一遍，使每个成员都指导全部观点的内容，去掉无关、重复的观点，对各种见解进行评价、论证。最后进行集思广益，按问题进行归纳。

3）会议规则

● 禁止批评，也不要自夸和赞扬；
● 提倡扩散思维，任意思考；
● 追求设想的数量；
● 对任何提出的设想都不要做判断性结论；
● 集中注意力针对目标；
● 参加会议的人一律平等；
● 不要私下交谈或消极旁观；
● 所有设想一律如实记录。

4）会议气氛

头脑风暴会议一般有三种组织形式：

● 竞争性会议气氛：设置若干竞争组，对同一课题，设定时间进行提设想竞赛；
● 常规性会议气氛：在没有竞争条件下提出设想，互相激发；
● 对照性会议气氛：在安静的环境中各自提设想，最后集中一起。

5）参考技法

会议组织者要熟练掌握一些创造思维和技法。譬如：缺点列举法、希望点列举法、特性列举法、移植技法、组合技法、分解技法、模仿创造技法、相似联想技法、类比设想技法以及思路启示法等。

2．检查表

检查表又称调查表，统计分析表等。以简单的数据，用容易理解的方式，制成图形或表格，必要时记上检查记号，并加以统计整理，作为进一步分析或核对检查之用。

检查表是调查统计过程中最简单又使用比较多的工具。

1）检查表的种类

● 按标准条款编写的检查表

该类检查表是直接依据管理体系的标准条款进行设计，把标准条款作为问题调查的基础。此种检查表是编制其他检查表的基础，且通用性较强，在体系审核或专项检查中应用较广。

● 按流程编制的检查表

为使组织有效运作，必须识别和管理众多相互关联的活动，将输入转化为输出的活动视为过程，组织的运作其实就是由一个一个过程组成的流程。因此，检查表也可以按照流程进行编制，不过流程中的每个过程要充分体现PDCA的管理思想。

● 按部门编写的检查表

组织按照职能分工分别设置了相应的部门，而各个部门既分工明确、相互独立，又有相应的接口衔接，所以，按部门编写检查表就可以覆盖组织的方方面面，起到调查整个组织的目的。当然也可以就某个部门或某项职能单独进行调查。

● 按项目编写的调查表

组织还可以按照每一类项目进行调查表的设计，根据项目的特性进行详细的规划、布局，以确保调查完整，高效。譬如：不合格品项目调查表、售后服务缺陷调查表等。

2）检查表的主要内容

检查表一般有检查内容、检查方式、检查记录或证据、检查结论等几部分组成。检查内容主要说的是检查什么的问题，也即：检查的项目、目标、指标等；检查方式是指如何检查的问题，也即：用什么手段或方式进行检查，譬如：查看记录的方式、现场观察的方式、与人访谈的方式等；检查记录或证据主要是检查结果的记录，以备查对和总结；检查结论主要是把检查的项目与检查的结果进行对照，得出符合或不符合的结论。

3）检查表的制作步骤

检查表的制作一般分为如下几步：

- 确定检查项目：依据检查表的类别进行认真分析，制定适宜的检查项目；
- 确定检查的方式：依据检查项目的特性，选定一定的检查方式，确保恰如其分；
- 确定检查的时机或频率：就是确定什么时候进行检查或设定检查的频次，以适应检查项目的特性及确保检查结果的忠实体现；
- 确定检查人员：检查人员可以是专业人士，也可以是兼职的检查人员，要依据检查性质而决定，最终要达到检查真实有效的目的；
- 确定检查表的格式：检查表可以是一种表格，也可以是一种图形，还可以是两者合一；
- 最后确定记录方式或记录格式：确定记录使用的方式，书面陈述、判断记录、标记识别等都可以选择，不过要与检查特性相符。

4）检查表的常见问题

检查表设计不贴切，或者检查不到位，都会使检查出现问题，常见的检查表问题有：

- 检查项目覆盖不全，也就是说不能完全反映标准条款、流程或部门的所有情况；
- 检查表的编制偏离了设计检查表的目的，不能起到检查的实际成效；
- 检查的途径比较混乱，逻辑思维不清楚；
- 检查内容操作性不强，纸上谈兵；
- 完全拘泥于检查表，检查时过于机械，生搬硬套检查内容；
- 完全抛开检查表的检查内容，检查时天马行空、自由发挥；
- 检查弄虚作假或检查记录不全等。

【小贴士】应用检查表须知

应用检查表有些事项要引起注意：

- 检查时信息的提取要真实、有代表性，做到以点带面；
- 信息的获得要注意效率，应尽量高效简便地取得数据；
- 检查表要讲时效性，检查项目如果是很久以前制定现已不适用的，必须重新研究和修订；

- 检查应与措施相结合，检查不是纯粹的检查，要与纠正措施或隐患报告相结合。也即：如在检查中发生问题或隐患，要根据性质的严重程度，进行相应纠正或报告等措施；
- 检查项目要有明确的指向，不应出现其他问题、其他项目等归类；
- 检查时发现检查表的设计有问题或不适宜的要第一时间进行修正，专业项目检查表如表 6-1 所示。

表 6-1 专业项目检查表

检查人员： 检查时间：

序号	检查内容	检查方法及标准	检查结果			
			符合	不符合及主要问题	整改要求	整改结果
1						
2						
3						
4						
5						
6						
7						
8						
9						
10						
11						
12	其他安全隐患：					
检查考核意见： 检查负责人：						

被查现场人员： 被查部门负责人：

3. 系统图

系统图又称树形图或树图，是把要实现的目的与需要采取的措施或手段，系统地展开，并绘制成图，以明确问题的重点，寻找最佳的手段或措施。利用它可系统分析问题的原因并确定解决问题的方法。它被广泛应用于质量管理活动中。

1）主要用途

在质量管理活动中，以下几个方面会经常用到系统图：

- 新产品研制过程中设计质量的展开；
- 质量目标、指标层层分解、落实的展开；
- 制定质量保证计划，展开质量保证活动；
- 处理质量、成本、利润间的关系及制订相应措施时，分析并找出重点；
- 发现质量问题，找出原因，采取有效措施。

2）系统图的分类

系统图一般可分两类：一类是因素展开型系统图，另一类是措施展开型系统图。

因素展开型系统图是以把构成事项的各因素进行展开为目的的系统图。

措施展开型系统图是把为了解决问题和达到目的、目标的手段、措施加以系统展开的系统图。

3）绘制系统图的步骤

- 确定目的和目标

首先确定使用系统图要达到的最终目的和目标。确定目的和目标时要做到：

> - 尽可能用数据和简练的语言表达，并醒目地记在卡片上；
> - 要列出设定目的和目标的原因，同时注明实现目的和目标的条件和注意事项；
> - 另外可用更高一级的目的、目标来判定该目的、目标是否可行。

- 提出方法和措施

召开会议、集思广益，确定实现目的和目标的方法和措施，提出方法和措施，要广开言路，应用头脑风暴，把各种想法都记录下来，为随后的评价奠定基础。

- 进行评价

对提出的方法和措施进行一一评价，根据评价结果确定最终的方法和措施。进行评价时要进行全方位的调查论证，避免以偏概全，出现差错。

评价时一般使用○、×、△三个符号表示：

○：表示可行；

×：表示不可行；

△：表示调查后才能确认。

- 绘制系统图

绘制系统图是最重要的一环。首先把确定的目的和目标置于图纸左端的中间，然后把为了达到的目的和目标与必要的手段和措施之间的关系联系起来。在联系的过程中要仔细考虑各因素之间的逻辑关系，一般要提出如下几个问题反问一下，为了达到确定的目的和目标首先应采用什么手段呢？如果把这种手段和措施作为“目的”，那么为了达此“目的”还需进一步采用怎样的手段呢？实施这些手段或其中一部分，是否真正达到高一级的“手段”或“目的”等。

● 制订实施计划

根据对象制订实施计划，要使系统图中最低级的手段进一步具体化、可操作，并决定其实施内容、日程、任务及负责人等事项。

4）应用系统图注意事项

● 系统图的应用比较广泛，不仅应用在拟定对策阶段，在解决问题的各个阶段都可应用；
● 灵活的运用系统图法可以充分发掘问题的潜在原因，以利于问题的解决；
● 用系统图分析出的对策措施需要进行有效性评估，以保证对策措施的有效性。

4．过程决策程序图（PDPC）

在质量管理活动中，为了达到目的或解决问题，一般会制订详细的实施计划，但在具体实施过程中，由于内外部条件的变化，计划步骤需要进行一些修订，为应付这种意外情况，提出一种使事态向理想方向发展的解决问题的方法，即 PDPC 法。

PDPC 法也称为过程决策程序图法，如图 6-3 所示。是指为了达到某个目标或完成某项任务，在进行行动计划或方案设计时，预测可能出现的障碍和结果，并相应提出多种应变计划的一种方法。它是运筹学中的一种方法。

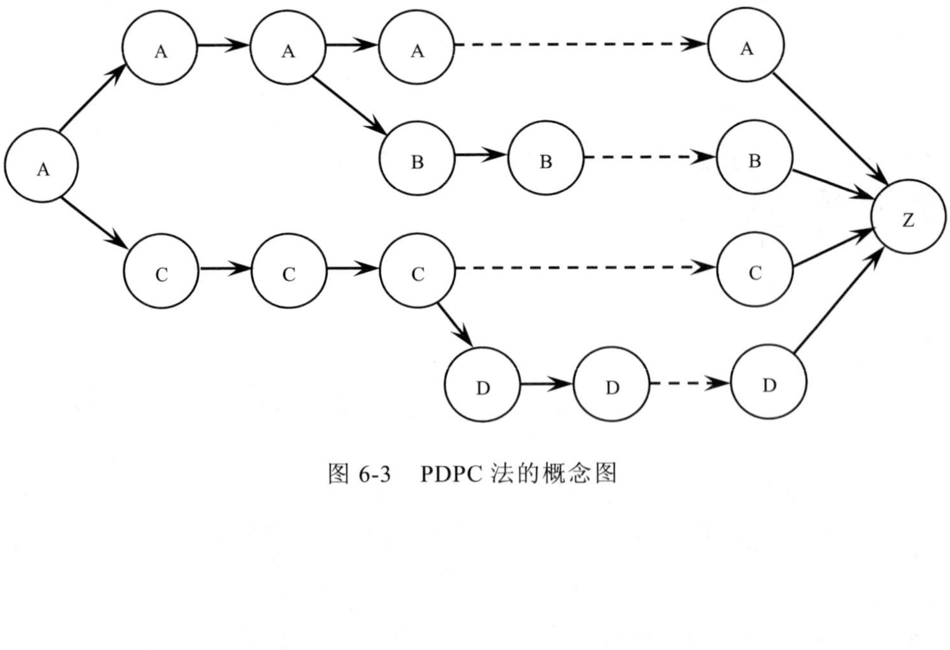

图 6-3　PDPC 法的概念图

1）主要用途

利用 PDPC 法，可从全局、从整体掌握系统状态，以做出全局性判断，在质量管理活动中，用 PDPC 法可有助于在解决问题的过程中，恰当地提出所有可能的手段和措施，在实施过程中遇到问题时，能迅速采取应对策略。它的主要用途有：

- 制订方针、目标管理中的实施计划；
- 制订科研项目的实施计划；
- 对整个系统的重大事故进行预测；
- 制定工序控制的一些措施；
- 选择处理纠纷的各种方案。

2）PDPC 法的特性

- 能从整体上掌握系统的动态并依此判断全局；
- PDPC 法是运动的，不是静止的，具有动态管理的特征；
- PDPC 法很灵活，可以从出发点追踪到最后的结果，也可以从最后的结果追踪发生的原因，具有可追踪性；
- 能预测可能发生的重大事故，并在设计阶段预先考虑应付事故的措施；
- 持续改进，计划措施可被不断补充和修订。

3）PDPC 法的分类

PDPC 法可分为两类：一类是顺向思维法，另一类是逆向思维法。

顺向思维法是指定好一个理想的目标，然后按顺序考虑实现目标的手段和方法。为了能够稳步达到目标，需要设想很多条路线。

逆向思维法是指从目标出发，逆向而上，从大量的观点中展开构思，使其和初始状态连接起来，详细研究其过程并做出决策。逆向思维应该考虑从理想状态开始，考虑实现这个目标的前提是什么，为了满足这个前提又应该具备什么条件。一步一步退回来，一直退到出发点。

通过正反两个方面的连接，倒着走得通，顺着也可以走得通，这就是 PDPC 法一个正确的思考办法。

4）应用 PDPC 法的步骤

PDPC 法的基本步骤为：

- 确定 PDPC 要解决的课题

召集所有相关人员，成立一个工作小组，进行充分的谈论，确定要解决的课题。

- 提出基本解决方案

从自由讨论中，提出达到理想状态的手段和措施，归纳整理为一个基本的解决方案。

● 预测障碍和风险

预测在方案实施过程中可能出现的各种障碍和风险，这些障碍和风险范围要尽可能地广泛。

● 讨论应对方案

对预测的障碍和风险要进行分析讨论，找出尽可能多的应对措施、对策，并记录下来。

● 优化问题和应对措施

对所有记录下的问题和应对措施进行优化完善，指定完成日期。

● 实施评估

在指定的日期实施评估，根据评估结果决定下一步工作的开展。

另外质量改进的工具还有矩阵图法、亲和图法、流程图法、QC 小组等，这里就不再一一介绍。

6.6 改进报告——撰写报告基本功

质量改进报告既是一种质量改进的记录，易存档备查，也是一种总结提高的过程，为以后的改进提供经验和参考。质量改进报告一般包括：改进项目、改进小组、问题描述、原因分析、纠正措施、执行纠正措施及效果验证、预防措施、总结。

1. 改进项目

就是选定质量改进项目，对项目进行简单介绍，进行立项，确定项目要达到的目的、时间进度安排等。

2. 改进小组

依据质量改进项目，把相关人员召集起来，成立项目改进小组，进行小组分工，制定负责人，为改进项目的顺利开展提供组织保障。

3. 问题描述

对项目存在的问题进行详细描述，可以使用 5W1H 方法对问题进行描述，即要描述出问题何时、何地、何事、严重程度、目前状态，有时还要展示照片和收集到的证物。问题描述要尽可能地真实、详细，以确保问题的分析到位，找到问题发生的根本原因。

4. 原因分析

从问题描述中抽丝剥茧，查找问题发生的所有可能原因，并对原因进行论证评估，找出问题发生的主要原因。一般可以使用鱼骨图、关联图、系统图等 QC 工具帮助分析。当分析完成，找出问题发生的最有可能原因，逐一进行因素调整改变，观察哪些因素的改变能够使品质恢复正常或影响质量较大变化，进而找到问题真正的原因。

5．纠正措施

找到问题发生的真正原因后，针对原因制定相应的对策、措施，以避免问题的发生。同时，选择或创建一个测量工具，评估在纠正过程中各项工作的功效。

6．执行纠正措施及效果验证

这时质量改进项目的关键环节，实施纠正措施，进行实实在在的改进，同时，收集相应的数据，观察纠正后的实施效果，对改进效果进行验证，验证原因分析是否到位，改进措施是否确切，更重要的是验证是否达到了项目改进目标。注意：验证过程一定要留有证据。

7．预防措施

项目质量改进是出现问题后的一种补救，组织付出的代价和成本比较高，最良性的质量改进方式是发现隐患或问题发生的苗头，及时进行预防，防止问题的发生，或者通过问题纠正措施的实施，举一反三，预防类似问题的发生，也就是要制定预防措施，以绝后患。

8．总结

整个质量改进过程实施起来涉及的方面比较多，用时也比较长，中间也会发生这样或那样的问题，需要项目组好好总结，既留存档案备查参考，也可总结经验、吸取教训，为以后的质量改进工作奠定坚实的基础。

质量改进报告可以文档的方式进行总结，也可以填写质量改进报告，如表 6-2 所示。

表 6-2　质量改进报告

编号：

<table>
<tr><td rowspan="10">改进建议</td><td>改进项目</td><td colspan="3"></td></tr>
<tr><td rowspan="2">需求来源</td><td>□ 检查结果</td><td>□ 内、外部审核结果</td><td>□ 数据分析</td></tr>
<tr><td>□ 纠正预防措施</td><td>□ 管理评审</td><td>□ 其他</td></tr>
<tr><td>问题分析</td><td colspan="3"></td></tr>
<tr><td rowspan="2">涉及部门</td><td>□单部门</td><td colspan="2">部门名称：</td></tr>
<tr><td>□多部门</td><td colspan="2">部门名称：</td></tr>
<tr><td rowspan="2">改进目标</td><td>□ 提高产成品率</td><td>□ 降低成本</td><td>□ 提高质量体系的运作效率</td></tr>
<tr><td>□ 提高服务质量</td><td>□ 提升客户满意度</td><td>□ 其他</td></tr>
<tr><td colspan="2">提出人：</td><td colspan="2">日期：</td></tr>
<tr><td colspan="4"></td></tr>
<tr><td colspan="2">立项
审批</td><td colspan="3">□ 立项　　□ 暂不立项
批注：
批准：　　　　日期：</td></tr>
</table>

续表

<table>
<tr><td rowspan="14">改进方案</td><td colspan="4">项目描述：</td></tr>
<tr><td colspan="4">测量、评价方法：</td></tr>
<tr><td rowspan="4">人员职责分配</td><td>姓名</td><td colspan="2">职　　责</td></tr>
<tr><td>* * *</td><td colspan="2"></td></tr>
<tr><td>* * *</td><td colspan="2"></td></tr>
<tr><td>* * *</td><td colspan="2"></td></tr>
<tr><td rowspan="6">工作步骤</td><td></td><td>工作步骤及完成标志</td><td>完成时间</td></tr>
<tr><td>1.</td><td></td><td></td></tr>
<tr><td>2.</td><td></td><td></td></tr>
<tr><td>3.</td><td></td><td></td></tr>
<tr><td>4.</td><td></td><td></td></tr>
<tr><td>5.</td><td></td><td></td></tr>
<tr><td>采用方法</td><td colspan="3"></td></tr>
<tr><td>资源需求</td><td colspan="3"></td></tr>
<tr><td colspan="2">方案　审批</td><td colspan="3">□ 同意　　□ 不同意
批注：
批准：　　　　日期：</td></tr>
<tr><td colspan="2">实施记录</td><td colspan="3">实施人：　　　　日期：</td></tr>
<tr><td colspan="2" rowspan="4">跟踪评价</td><td colspan="3">□ 已达预期目标</td></tr>
<tr><td rowspan="2">□ 未达预期目标</td><td colspan="2">□ 修改方案，重新实施</td></tr>
<tr><td colspan="2">□ 继续实施，期限延至：</td></tr>
<tr><td colspan="3">评价人：　　　　日期：</td></tr>
</table>

6.7 智慧分享

组织内质量改进无处不在、无所不包，但质量改进的成效却好坏不一、大相径庭。那么，如何才能确保质量改进的成效？组织又需要关注哪些关键点呢？

1. 基础打得牢，成效才能高

质量改进的对象一般是长期性缺陷，改进工作量大、难度比较高，需要很多人参加并要制订周密的计划以后，才能得到实效。因此必须要有一个坚实的基础。一是要统一对质量危机的认识，认识到质量是组织的生命线，没有质量，组织就没有竞争力和生命力，而质量改进是组织保持高质量的重要手段。同时要认识到质量改进的长期性，质量改进不可能一蹴而就，需要系统规划，有序开展。二是领导层要给予高度重视。质量改进涉及组织的方方面面，需要人、机、料、法、环各方面资源的统一协调，而没有领导层的重视，资源很难给予充分提供，也不能得到合理的调配。所以说，只有基础打的好，质量改进才能取得高效。

2. 技术是保障，管理紧跟上

进行质量改进，要从技术上和管理上形成合力，才能事半功倍。质量改进工作要涉及新技术、新材料、新工艺以及新原理的应用。掌握并应用这些“硬技术”是一个艰巨工程，只有了解这些新成果，掌握这些新技术、新材料、新工艺等，才能为质量改进工作的开展提供坚强的保障。同时，管理也要紧紧跟上，对人、财、物等资源进行合理的计划、组织、控制、决策等，确保效率最高，效益最大。

3. 质量改进是有成本的

质量改进的开展不是免费的，它要付出多种形式的努力，调动各方面的资源进行项目选择、目标制定、人员调配、效果跟踪、测量评价等。这些都需要组织付出努力、付出代价。同时，还要进行充分的教育培训，使相关人员掌握必备的技能、了解如何工作、学会熟练使用各项工具等。另外，质量改进不可能一帆风顺，改进过程中也会出现这样或那样的问题和故障，也有可能会走一些弯路、出现一些错误，这些都需要组织付出更多的代价去解决、去更正、去修订等。所以说，质量改进是有成本的，需要组织在策划时要统筹兼顾成本和收益，得出最佳质量改进方案。

4. 质量改进是一种文化

持续的质量改进工作涉及大家的习惯、人际关系、地位及声誉，影响组织的整个运作模式，逐步会形成一种大家约定俗成遵循的一种规范，也即逐步会形成一种改进氛围，形成一种文化软实力。这种文化反过来又形成一定的凝聚力，具备一定的同化作用，影响着整个团队的所有成员，使质量改进工作代代相传，成为一种良好的习惯。

5. 质量改进，永无止境

质量改进的资源虽然有限，但对高质量的追求是无限的，所以，质量改进工作永无止境，需要持续开展，持续完善。同时，质量改进过程中虽然不断在分析原因，解决问题，但由于内外部条件不断在变化，会出现新的问题，另外质量改进在解决问题过程中也会产生新的问题，这些都需要继续进行改进，继续完善。因此说，质量改进是一个循环往复，螺旋上升的过程，永不停歇，持续前行。

第二部分　提升篇

合格不是高质量，满意才能有市场！

第7章

ISO 9000质量管理体系——经典中的经典

本章导读：

- 质量管理体系有哪些术语
- 质量管理体系宗旨是什么
- 质量管理体系原则是什么
- 质量管理体系内容有哪些
- 构建质量管理体系的步骤
- 如何编制质量体系的手册
- 如何编制体系的程序文件
- 如何编制体系的作业指导
- 质量体系实施要点有哪些

随着经济全球化愈演愈烈，国际上的业务往来越来越频繁，国际上的经济贸易已成为一种发展趋势。这些都对国际质量互认制度提出了强烈要求，建立和实施一套国际互认的质量管理制度已势在必行。于是，ISO 组织提出的质量管理体系标准便应运而生。

ISO 9000 质量管理体系是国际标准化组织（ISO）制定的国际标准之一，是指“由 ISO/TC176（国际标准化组织质量管理和质量保证技术委员会）制定的所有国际标准”。该标准可帮助组织实施并有效运行质量管理体系，为提高组织的运作能力提供有效的方法，并促进国际贸易和全球的繁荣和发展，是质量管理体系通用的要求和指南。

7.1 体系知识解析——概念术语要理解

质量管理体系（Quality Management System,QMS）是指在质量方面指挥和控制组织的管理体系。是组织内部建立的、为实现质量目标所必需的、系统的质量管理模式，是组织的一项战略决策。组织要建立质量管理体系，就需要对体系的相关知识进行全面了解，了解它的宗旨、原则、特性，以及相关术语等。

（1）质量管理原则

质量管理原则是组织建立质量管理体系的最基本、最通用的一般规律，是建立体系的理论基础，需要我们高度重视。

（2）以顾客为关注焦点

顾客是上帝，是组织赖以生存的根本。因此，组织应当以顾客为关注焦点，了解并掌握顾客的需求和期望，需求和期望既包括顾客明确提出的，也包括一些隐含的、能为顾客带来更大满意的需求。随后把组织的目标与顾客的需求和期望完全结合，以满足顾客需求和期望为目标，提高顾客对组织的认可度、依赖性，为组织的持续发展奠定坚实基础。

（3）充分发挥领导的作用

领导者将组织的战略、目标、宗旨等与内外部条件紧密结合，创造能使员工充分参与实现目标的环境，使员工建立信任、消除忧虑，鼓舞和激励员工，确保员工充分发挥积极主动性，为组织做出更多的贡献。同时，制定可测量的、经过努力可以实现的、具有挑战性的并能使组织获益的质量目标，并通过提供相应的资源，确保目标的实现。

（4）全员参与

质量管理体系是一项系统工程，它牵涉组织的方方面面，需要组织内的所有人员充分参与，发挥各自的作用，才能起到应有的效果。也就是说，组织内的所有人员首先要达成建立体系的共识，认可质量管理体系，其次，每个人都要了解自己在组织的岗位、职责、作用、重要性，同时，了解本岗位的质量目标，并积极主动地发挥潜力，为实现质量目标而努力。

（5）过程方法

组织系统地识别并管理所采用的过程以及过程之间相关作用的方法，称为过程方法。过程是指组织内任何输入转化为输出的活动。组织将相关的资源和活动作为过程进行管理，可以更高效地得到期望的结果。为了使用“过程方法”，组织需要确定关键活动，管理这些关键活动，明确关键活动的职责和权限，测定关键活动的能力，并重点关注改进组织关键活动的各种因素等。

（6）管理的系统方法

系统方法是一种满足整体、统筹全局、把整体与部分辩证地统一起来的科学方法，它将分析和综合有机地结合，并运用数学语言定量地、精确地描述研究对象的运动状态和规律。质量管理体系的系统方法是指围绕某一设定的方针和目标，确定实现这一方针和目标的关键活动，识别由这些活动构成的过程，分析这些过程间的相互作用和相互影响的关系，按某种方式或规律将这些过程有机地组合成一个系统，管理由这些过程的系统，使之能协调地运行。

（7）持续改进

持续改进是组织业绩提高的永恒目标，事物是无时不变的，组织的内外部环境也是在时刻变化，对组织业绩的影响也随时在变，组织要想确保业绩不断提高，就必须依据内外部条件的变化实时进行改进、完善。同样，质量管理体系的建立也不是一蹴而就的，它也需要依据市场情况、组织的内部条件，不断调整、完善，以确保体系的持续有效性、适应性。

（8）基于事实的决策方法

有效的决策是建立在详尽的数据和信息分析的基础之上的，只有掌握完整的信息、真实的数据，并依赖正常的决策方法，才能确保决策正确、有效。因此，组织要确保分析的数据和信息足够、准确、可靠，确保分析的结果真实、有效，同时要能及时获得需要的各项数据和信息，以便在分析数据和信息的基础上做出决策、采取措施。

（9）建立与供方互赢互利的关系

每个组织都会有一些合格供方，这些供方各有所长，是组织正常运行的重要保障。组织要想保证正常运行和持续改善，除了组织自己的努力外，还需要所有供方的大力支持，因此说，组织与供方是利益共同体，大家荣辱与共、风险共担。组织为了不断发展就需要与供方，特别是一些关键供方建立长期的互惠关系，大家互相沟通、共享技术和资源、共同进步，增进双方不断改进、完善产品的积极性，增强大家创造价值的能力，最终实现满足顾客需要的共同目标。

1. 管理体系特性

质量管理体系作为一种系统性的管理模式，有自己的特性和特点。

（1）符合性

组织依据ISO 9000国际标准设计、建立、实施并保持的质量管理体系要与组织的实际情况相符合，与组织的内外部条件相一致。对质量方针、质量目标的制定，程序文件的编制及实施，以及组织机构的规划、各种资源的提供等，都要有组织的实际情况相符合，这样才是最适合的管理体系。

（2）唯一性

每个组织都是独一无二的，没有完全相同的两个组织。因此，也没有完全相同的质量管理体系，每个质量管理体系都是依赖组织而存在的，也是依据组织的方针、目标、内外部条件而建立的。所以说，每一个有效运行的质量管理体系都是唯一的。

（3）系统性

质量管理体系是相互关联和作用的组合体。从手册、方针、目标、组织结构，到程序、过程、操作文件，以及资源的提供，它们是一个相互关联、相互影响的有机整体，它们按照一定的规则，科学、系统地组织在一起，共同实现组织的目标。

（4）预防性

质量管理体系不仅有发现问题、解决问题的作用，更重要的是有通过对问题的纠正、分析，发现问题产生的原因，而制定相应的预防措施，确保问题不发生或不再发生。

（5）全面有效性

质量管理体系的运行应是全面有效的，既能满足组织内部质量管理的要求，又能满足组织与顾客的合同要求，还能满足第二方认定、第三方认证和注册的要求。

（6）动态性

质量管理体系的建立要符合组织的实际情况，由于存在于竞争环境下的组织，其内外部条件不断发生变化，因此，质量管理体系也不是一成不变的，而是依据组织的实际情况，需要随时进行修正、完善、动态调整的。

2. 基本术语

术语是ISO 9000标准的基础，需要体系管理者真正了解和领会。以下介绍一些基本的术语。

（1）质量：一组固有特性满足要求的程度。

（2）方针：由最高管理者正式发布的组织的宗旨和方向。

（3）质量方针：关于质量的方针。

（4）等级：对功能用途相同的客体所做的不同要求的分类或分级。

（5）要求：明示的、通常隐含的或必须履行的需求或期望。

（6）组织：为实现其目标，通过职责、权限和相互关系而拥有其自身职能的一个人或一组人。

（7）相关方：能够影响决策或活动、受决策或活动影响，或感觉自身受到决策或活动影响的个人或组织。

（8）供方：提供产品或服务的组织。

（9）项目：由一组有起止日期的、相互协调的受控活动组成的独特过程，该过程要达到符合包括时间、成本和资源的约束条件在内的规定要求的目标。

（10）过程：一组将输入转化为输出的相互关联或相互作用的活动。

（11）程序：为进行某项活动或过程所规定的途径。

（12）产品：过程实施的结果。

（13）服务：在组织和顾客之间需要完成至少一项活动的组织的输出。

（14）合格：满足要求。

（15）有效性：完成策划的活动和达到策划结果的程度。

（16）效率：达到的结果与所使用的资源之间的关系。

（17）评审：对客体实现所规定目标的适宜性、充分性或有效性的确定。

（18）检验：对符合规定要求的确定。

（19）审核：为获得客观证据并对其进行客观的评价，以确定满足审核准则的程度所进行的系统的、独立的并形成文件的过程。

（20）持续改进：增强满足要求的能力的循环活动。

（21）设计和开发：将要求转换为产品、过程或体系的规定的特性或规范的一组过程。

（22）纠正措施：为消除已发现的不合格或其他不期望情况的原因所采取的措施。

（23）质量手册：规定组织质量管理体系的文件。

（24）顾客满意：顾客对其期望已被满足程度的感受。

（25）基础设施：组织运行所必需的设施、设备和服务的体系。

（26）工作环境：开展工作时所处的一组条件。

3. 术语间的概念关系

各种术语之间不是相互独立的，在概念之间有着相互联系的关系。概念之间的关系有三种：属种关系、从属关系、关联关系。属种关系：其下层概念继承了上层概念的所有特性，用没有箭头的线段表示。譬如：体系、管理体系之间的关系；从属关系：其下层概念是上层概念的组成部分，用单向箭头表示。譬如：相关方与供方的关系；关联关系：表示两个概念之间有一定的相关性，用双向箭头表示。譬如：要求与质量的关系。下面介绍一些主要术语间的概念关系。

（1）与质量术语有关的概念关系

从通用的“要求”可引申出特定的“质量要求”，“质量要求”是对固有特性的要求，反映了产品的内在质量，它要明确“等级”。“质量”是顾客对产品、过程或服务评价的主要指标，评价依据就是“要求”，满足“要求”，顾客就满意，不能满足“要求”，顾客就不满意，有关质量术语的概念关系如图 7-1 所示。

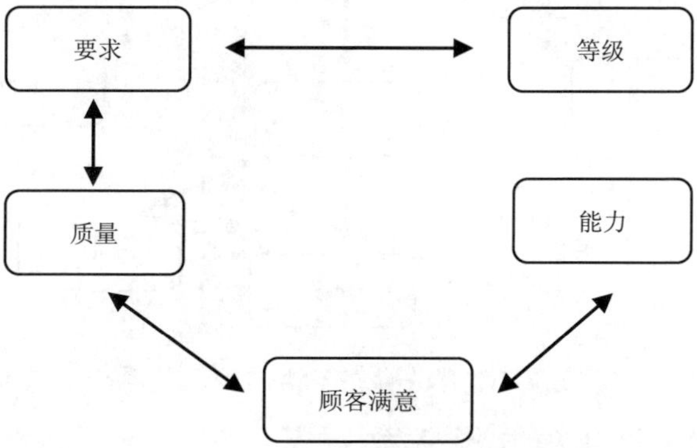

图 7-1　有关质量术语的概念关系

（2）与过程术语有关的概念关系

“产品”是“过程”实施的结果，“过程”实施的方法通过“程序”加以规定。“过程”实施的依据或要求，通过“设计和开发”形成。“设计和开发”本身也是一个“过程”。“项目”也是一个过程，是指接受顾客特定约束条件的特定“过程”，有关过程术语的概念关系如图 7-2 所示。

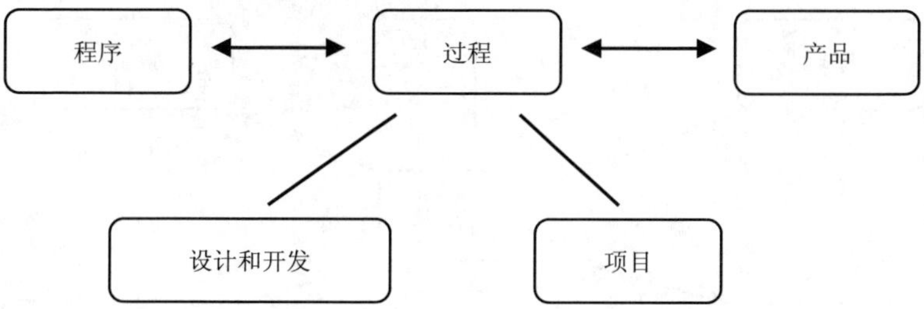

图 7-2　有关过程术语的概念关系

（3）与合格术语有关的概念关系

以规定的“要求”为判定依据，符合规定“要求”的产品，做出“合格”判定，不符合规定“要求”的产品，则做出“不合格”的判定。对“不合格”

的判定，应及时进行“纠正”“报废”或“让步接受”等处理。“纠正”的方法有“返修”、“返工”和“降级”等。并且为避免再次发生而采取一定的“纠正措施”，同时，结合原因分析，为消除潜在的“不合格”或不期望的原因而采取一定“预防措施”，防止问题的发生，有关合格术语的概念关系如图 7-3 所示。

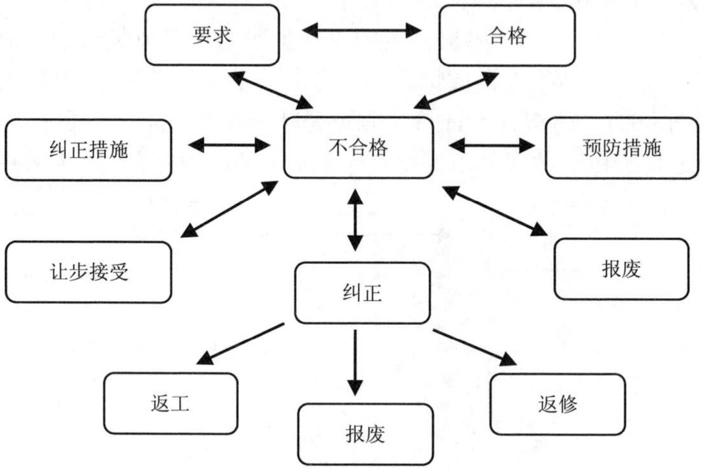

图 7-3　有关合格术语的概念关系

（4）与检查术语有关的概念关系

“检验”、“试验”、“验证”、“评审”、“确认”均是一种检查活动，通过检查可获得可观证据，以确认结果。“检验”与“试验”是针对产品、过程或服务的质量特性所做的技术性检查活动，而“评审”、“验证”和“确认”是一种管理性的检查活动，有关检查术语的概念关系如图 7-4 所示。

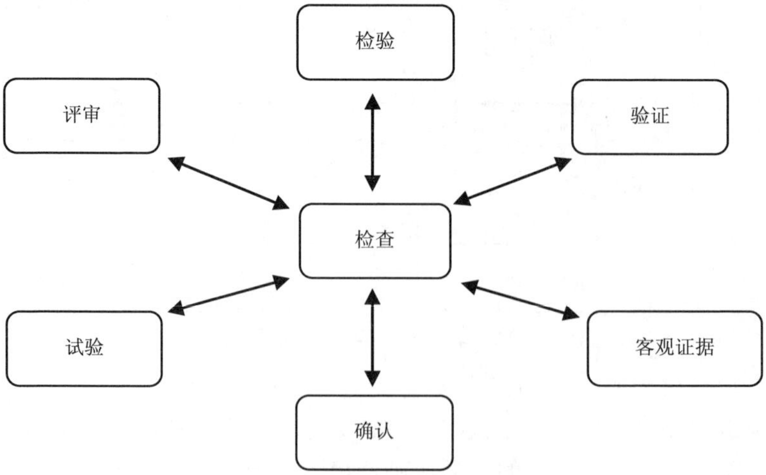

图 7-4　有关检查术语的概念关系

（5）与审核有关的概念关系

由“审核委托方”提出“审核”的要求，由实施审核的部门组织成立“审核组”，对“审核方”进行“审核”。审核组由资料的“审核员”和“技术专家”组成。“审核”是要制定“审核准则”、“审核方案”、“审核范围”，以及审核日程安排等。在审核过程中要做好审核记录，审核完结后，通过“审核发现”开具不合格报告，并经综合分析和讨论形成“审核结论”，有关审核术语的概念关系如图 7-5 所示。

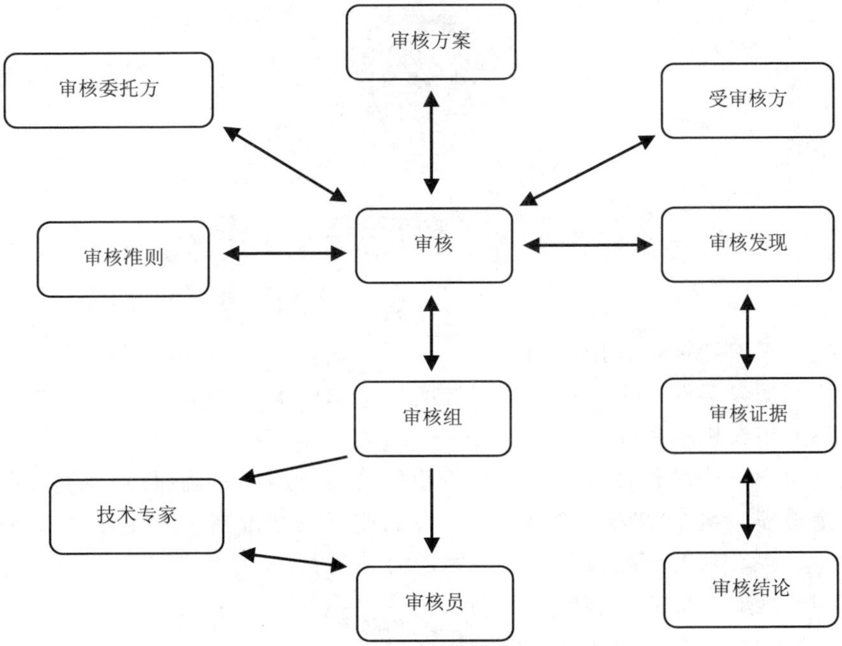

图 7-5　有关审核术语的概念关系

7.2　体系主要内容——重要部分成系统

质量管理体系是由若干有关事物相互联系、相互制约而构成的一个有机整体。它从建立方针、制定目标开始，根据实现目标的需要，配备必要的资源，设置相应的机构，明确相应的职责，确定开展各项质量活动的接口，到通过程序给出从事各项质量活动的工作方法，使各项质量活动能够经济、有效、协调地进行，最终实现组织的目标。它的主要内容包括：质量手册、程序文件、操作文件、质量记录四个部分。

1．质量手册

质量手册是规定组织的质量管理体系的文件，其详略程度和编排格式根据组织的规模和产品的复杂程度而有所不同。

质量手册的内容包括：

（1）质量管理体系的标题、范围、目录

该范围应包含组织提供满足顾客和使用法律法规要求的产品的能力所要求的内容，当出现删减时，应说明删减的细节和合理性，体系主要内容层次图如图 7-6 所示。

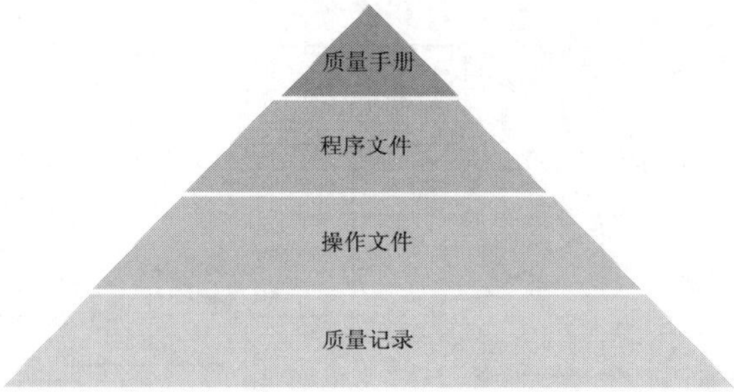

图 7-6　体系主要内容层次图

（2）手册的评审、批准和修订

说明质量手册评审、批准和修订的规定和要求。

（3）组织机构描述

对组织结构进行详细描述，规划组织的运行路线，确保运行的协调、有效、全覆盖。组织结构一般会用一张图表明确表示。同时，配合组织结构会进行责、权、利的分配，以便于体系的有效运行。

（4）程序文件的内容或对其的引用

对于一些小型组织和简单的过程，可以将一些程序包含在质量手册中。

（5）过程顺序和相互关系的描述

包括对过程的管理和控制方法，以及以流程图、岗位说明表示的职责、权限和相互关系。

（6）质量方针和质量目标

组织可将质量方针和质量目标纳入质量手册中，也可以把质量方针和质量手册以单独的文件进行设立。

（7）质量管理体系的描述、附录

对体系进行详细描述、说明，并加备一些附录。

2. 程序文件

程序是为完成某项活动所规定的方法和途径，描述程序的文件称为程序文件。

质量管理体系的程序文件是对影响质量的活动做出规定，是质量手册的支持性文件，应包含质量管理体系中采用的全部要素的要求和规定。每一个程序文件应针对质量管理体系中一个逻辑上独立的活动。

ISO 9000 标准所要求的形成文件的程序主要包括六项活动：文件控制、记录控制、不合格品控制、内部审核、纠正措施和预防措施。不过，组织为确保其过程有效策划、运作和控制，一般除编制上述六项活动的程序文件以外，还会编制一些形成文件的程序。譬如：产品设计和开发程序、采购控制程序、人力资源控制程序、生产过程控制程序等。

3. 操作文件

操作文件，一般也称作业指导书。是作业指导者对作业者进行标准作业的正确指导的基准，主要起规范和引导操作的作用。

作业指导书基于能力表、作业组合单而制成。是随着作业的顺序，对符合每个生产线的生产数量的每个人的作业内容及安全、品质的要点进行明示。它是程序文件的重要支持性文件，是体系正常运行的基本保障。

作业指导书一般是按照工序或岗位制定，尽可能简单、明了，可操作性要强。

4. 质量记录

质量记录，是指企业已经进行过的质量活动所留下的记录。是用于证明质量体系有效运行客观证据。它是获得必要的产品质量及有效实施质量体系各要素的客观证据。ISO 9000 标准描述的质量体系，要求应制定质量记录的标识、收集、编目、归档、存储、保管和处理程序，并贯彻执行。

质量记录在质量管理体系运行过程中也称为管理记录。它包括运行过程中的所有客观证据，譬如：技术记录、生产记录、运行记录、质量记录等。记录的方式也多种多样，有图表、数据、文件记载等。

质量记录作为一种客观证据，它要有可追溯性、可见证性、系统性等特点。它是体系运行的最基础资料，是质量手册、程序文件、操作文件运行的重要支撑。

7.3 体系构建流程——构建有序才完整

烦琐的事情条理化，系统的工程程序化。质量管理体系作为组织的一项系统工程，它的构建、完善需要认真规划、规范有序，才能确保体系的成功、有效。

构建、完善质量管理体系一般要经历体系的策划与设计，体系文件的编制、体系的试运行，体系审核和评审四个阶段，每个阶段又可分为若干具体步骤。

1. 体系的策划和设计

质量体系的策划与设计阶段主要是做好各种准备工作，包括教育培训，统一认识，组织落实，拟订计划；确定顾客和其他相关方的需求和期望；确定质量方针，制定质量目标；现状调查和分析；调整组织结构，配备资源等方面。

（1）教育培训，统一认识

体系作为一项系统工作，任务很繁重、事务很烦琐，需要全员达成共识，形成合力。因此质量体系构建和完善的过程，是始于培训，终于培训的过程，也是提高认识和统一认识的过程，教育培训也要讲方法、有策略，要分层次，循序渐进地进行。首先是对决策层的培训，提高决策层对质量管理体系的认知，感觉到体系对组织运行的重要性和迫切性，确保决策层对体系构建、完善的完全支持和领导的核心作用；其次是对管理层的培训，管理层是体系构建和完善的中坚力量，他们必须完全理解体系的内涵，全面掌握体系构建的流程和工作方法，以高效、有序地投入体系构建、完善工作。最后是对执行层的培训，执行层必须要积极拥护组织的该项决策，以饱满的热情投入体系的运行过程中，以确保体系运行的真实有效、严谨到位。

（2）组织落实，精准策划

好的事情，要有好的策划。对体系的构建，组织要认真策划，形成书面计划书，然后重点控制落实。首先要成立由决策层、管理层及部分核心执行层组成的体系领导小组、实施小组，给予组织保障；其次领导小组要结合组织的实际情况进行体系构建的总体规划、需求分析、方针和目标制定及职能分配和资源提供等。最后是实施小组要严格进行各项策划的落实，明确目标、任务，认真执行流程，突出重点、兼顾全面，按整体进程落实各项事务等。

（3）统计需求，分析期望

通过各种方式和手段，收集顾客和其他相关方的需求和期望，既包括顾客通过合同、意向书及明确要求等提出的需求和期望，也要包括顾客隐含的、未来可能预期的及能给顾客带了更多满意的需求和期望。并对这些需求和期望进行统计分析，达到顾客和其他相关方的真实需求和期望。

（4）确定方针，明确目标

依据顾客和其他相关方的需求和期望，结合组织的实际情况，确定质量方针，明确质量目标。质量方针体现了一个组织对质量的追求，对顾客的承诺，是职工质量行为的准则和质量工作的方向，要体现：一是与组织的宗旨相适应；二是结合组织的特点；三是达到员工的理解和支持；四是满足要求和持续改进的承诺。质量目标的制定要充分考虑顾客和其他相关方的需求和期望，结合组织实际情况，与质量方针保持一致，并可测量、可实现。

（5）调查情况，分析现状

调查分析组织的实际情况：分析组织的质量体系情况，以选择适宜的质量体系要素；分析组织的产品特点，以确定要素的采用程度；进行组织结构分析，以建立与体系相一致的组织机构及各机构间的隶属关系、联系方法。同时，还要进行基础设施和工作环境分析，技术、管理和操作人员的组成、结构及水平状况的分析，最后，还要进行质量管理基本情况摸底，分析质量教育、质量信息、质量责任制、标准化及计量等情况。

（6）调整结构，配置资源

在调查分析组织现状的基础上，结合质量管理体系的标准要求，对组织结构进行重新调整，并就职责、权限给予相应分配，以及明确各项质量活动的分工、顺序、途径和接口等，以确保体系运行的协调、顺畅。同时，依据质量管理体系的要求，在充分考虑现有人员、基础设施、工作环境的情况下，对各项资源进行供给、调配和整合，充分利用各项资源，实现使用效果最大化，以确保体系的有效运行。

2．体系文件的编制

质量管理体系的实施和运行是通过建立贯彻质量管理体系的文件来实现的。通过质量管理体系文件贯彻质量方针、实现质量目标。体系文件一般由质量手册、程序文件、操作文件和质量记录组成。体系文件的编制内容和要求，从体系的建立角度考虑，要关注以下几个方面：

（1）体系文件的编制一般要成立专门的编制小组，大家分工明确，紧密配合。质量手册、程序文件由编制小组统一编制，操作文件有时也可以由归口职能部门编制，以增强可操作性。

（2）体系文件的编制顺序可以是从上至下进行，即从质量手册、程序文件到操作文件、记录方式，也可以从下至上进行，或者采取中间突破的方式，即从程序文件的编制开始，向两端扩展，向上配合质量手册的编制，向下引导操作文件的编制。

（3）为了提高质量体系文件的编制效率，减少返工，在文件编制过程中要加强文件的层次间、文件与文件间的协调。尽管如此，一套质量好的质量体系文件也要经过自上而下和自下而上的多次反复。

（4）编制质量管理体系文件的关键是讲求实效，不走形式。既要从总体上和原则上满足 ISO 9000 的标准，又要在方法上和具体做法上符合本单位的实际情况。坚决避免文件和实际执行不一致的情况发生。

（5）质量管理体系文件要规范审核、批准、发布流程。体系文件应分级审批。质量手册应由最高管理者审批；程序文件应由管理者代表批准；作业指导书一般由该文件业务主管部门负责人审批；跨部门/多专业的文件由管理者代表审批。文件审批后，需正式发布，并规定实施日期。以宣传和培训的形式，使组织中所有人员理解质量方针和质量管理体系文件中规定的有关内容。

3. 体系的试运行

质量体系文件编制完成后，质量体系将进入试运行阶段。其目的是通过试运行，考验质量体系文件的有效性和协调性，并对暴露出的问题采取改进措施和纠正措施，以达到进一步完善质量体系文件的目的。体系试运行要注意以下内容：

（1）加大质量管理体系的宣贯力度，使全员了解并接受新的质量体系，积极主动地贯彻实施体系的各项规定，确保体系的运行效果。

（2）体系试运行的目的是为了检验体现的适应性、有效性，在体系试运行过程中，发现的任何问题都要积极反映，记录在案，经过综合分析，进行有效纠正、完善。

（3）加强信息管理，不仅是体系试运行本身的需要，也是保证试运行成功的关键。所有与质量活动有关的人员都应按体系文件要求，做好质量信息的收集、分析、传递、反馈、处理和归档等工作。

4. 体系的审核和评审

质量体系审核在体系建立的初始阶段往往更加重要。在这一阶段，质量体系审核的重点，主要是验证和确认体系文件的充分性、适应性和有效性。

（1）体系审核和评审的主要内容有：

1）制定的质量方针和质量目标是否适应、可行；

2）体系文件是否覆盖了所有主要质量活动，各文件之间的接口是否清楚、明了；

3）组织结构能否满足质量体系运行的需要，各部门、各岗位的责、权、利是否明确；

4）质量体系要素的选择是否合理；

5）质量记录的方法方式是否可追溯、可见证；

6）所有职工是否养成了按体系文件操作或工作的习惯，执行情况如何。

（2）体系审核和评审的关注点有：

1）体系正常运行时的体系审核，重点在适应性，在试运行阶段，通常是将适应性与有效性结合起来进行；

2）在试运行的每一阶段结束后，一般应正式安排一次审核，以便及时对发现的问题进行纠正，对一些重大问题也可根据需要，适时地组织审核；

3）在试运行中要对所有要素审核覆盖一遍；

4）在内部审核的基础上，由最高管理者适时组织安排一次管理评审。管理评审目的是评价体系运行的持续性、有效性；

5）体系审核和评审是体系有效运行、持续改善的重要手段，因此，体系在正常运行后，还要不断开展审核和评审，以确保体系持续运行的充分性、适应性和有效性。

7.4 编写体系手册——手册把控是顶层

质量手册是组织根据规定的质量方针、质量目标，描述与之相适应的质量管理体系的纲领性文件，是向组织内部和外部提供关于质量管理体系的一致信息的文件。它规定了质量管理体系的基本结构和总体要求，是实施、保持和改进质量管理体系应长期遵循的文件。

组织要建立质量管理体系就要编制质量手册，为了适应组织的规模及复杂程度，质量手册在其简略程度和编排方式方面会有所不同，但质量手册的编制都要依照 ISO 9000 标准“质量管理体系　要求”实施。具体内容如下：

1. 质量手册封面的编写

一般包括公司的名称、手册标题、生效日期、文件编号、手册发放控制编号、编制、审核、批准等。

文件名称：质量管理体系手册
文件编号：QMS -2019
版　　本：________
编　　制：________
审　　核：________
批　　准：________
分 发 号：________
受控状态：________

××××××有限公司　发布
2019 年××月××日

2. 手册的目录、手册的批准页、组织的简介、手册的说明、管理者承诺、手册发布令、管理者代表任命书

手册的批准页是指组织的最高领导人对手册发布的简短声明及签字。组织的简介是指组织的经营范围、业务介绍等。手册的说明包括适用的产品、生产该产品的组织领域或区域、手册依据的标准、手册的控制方法等。管理者承诺是指组织最高管理者对客户的承诺。手册发布令是组织建立质量管理体系发布的声明。管理者代表任命书是指手册中明确了的管理者代表。

<table>
<tr><td rowspan="3">××××有 限 公 司
质 量 手 册</td><td>文件编号</td><td colspan="3">QMS -2019</td></tr>
<tr><td>版　号</td><td>A</td><td>文件级别</td><td>一级</td></tr>
<tr><td>条款号、标题</td><td colspan="3">0.1 目　录</td></tr>
</table>

0.0 目　录

××××有限公司 质量环境手册	文件编号	QMS -2019		
	版号	A	文件级别	一级
	条款号、标题	0.2 质量管理体系手册说明		

0.0 质量管理体系手册说明

1. 手册内容：

本手册依据 GB/T19001-2016 idt ISO9001:2015《质量管理体系 要求》，并结合本公司实际情况，按照过程方法和 PDCA 循环的模式编制而成。包含了体系管理标准和公司管理体系要求的所有程序文件，以及对管理体系的过程顺序和相互作用的表述。

本手册阐述了公司的管理体系方针、管理体系目标。明确了公司管理人员、执行人员、检验人员的职责。通过体系的有效应用，包括体系持续改进的过程以及保证符合顾客与适用的法律法规要求，旨在增强顾客满意。

2. 应用：

应用范围：本手册适用于××××有限公司 CD、DVD 等数据光盘的生产和服务过程，覆盖了 GB/T19001-2016 idt ISO9001:2015《质量管理体系 要求》标准的要求。由于本公司向顾客提供的光盘产品属于标准产品，其外观尺寸、格式均采用国际标准进行生产，不存在设计和开发责任，也不影响组织提供满足顾客和法律法规要求的产品的能力或责任的要求，根据标准要求，本手册对 GB/T19001-2016 idt ISO9001:2015《质量管理体系 要求》GB/T 19001-2008 标准中 8.3 产品和服务的设计和开发项进行删减。同时由于光盘生产和服务过程均可通过后续的监视和测量加以验证其符合性，不存在特殊过程。因此，本公司对特殊过程（8.5.1）f 项进行删减。

3. 术语和定义：

本手册采用 ISO9000:2015《质量管理体系 基本原理和术语》中术语和定义。

4. 本手册为公司受控文件，由公司总经理批准颁布执行。手册管理的相关事宜由质保部负责，未经管理者代表批准，任何人不得将手册提供给公司以外的人员。手册持有者调离工作岗位时，应将手册交还质保部，办理核收登记手续。

5. 手册持有者应使其妥善保管，不得损坏、丢失、随意涂改。

6. 在手册使用期间如有修改意见和建议，相关部门负责人应将修改意见进行汇总，及时反馈到质保部，定期对手册的适用性、有效性进行评审；必要时应对手册予以修改，执行《文件和资料控制程序》的有关规定。

7. 组织：

中文名称：××××有限公司

英文名称：×××× CO.，LTD.

××××有限公司 质量手册	文件编号	QMS -2019		
	版号	A	文件级别	一级
	条款号、标题	0.3 质量管理体系发布令		

01 质量管理体系手册发布令

质量管理体系手册是×××有限公司管理体系建立、实施和改进质量管理体系，进而实现管理方针、目标的纲领性文件，一经批准和颁布，即成为本公司质量管理体系覆盖范围内各项管理活动的法规和全体员工的行为准则，必须遵照执行。

质量手册经公司领导审阅后，予以发布。自发布之日起实施。

总经理： × × ×

日期：2019 年××月××日

3. 确定质量方针、质量目标

由最高管理者组织制定质量方针，并结合组织的实际情况，适应质量方针，制定切实可行的质量目标。

> 质量方针：
>
> 技术先进，顾客满意，是我们不变的承诺；
>
> 质量第一，持续改进，是我们永远的追求。
>
> 质量目标：
>
> 产品一次交检合格率为：≥99.8%；
>
> 重大质量安全事故为：0；
>
> 顾客满意度：≥95% 。

4. 制定组织结构图等

根据组织的实际情况，结合体系的要求，制定组织结构图、体系职能分配表、各职能部门的职责、权限及隶属关系。

××××有限公司 质量环境手册	文件编号	QMS -2019		
	版　　号	A	文件级别	一级
	条款号、标题	0.6 质量管理体系组织机构图		

02　质量管理体系组织机构图

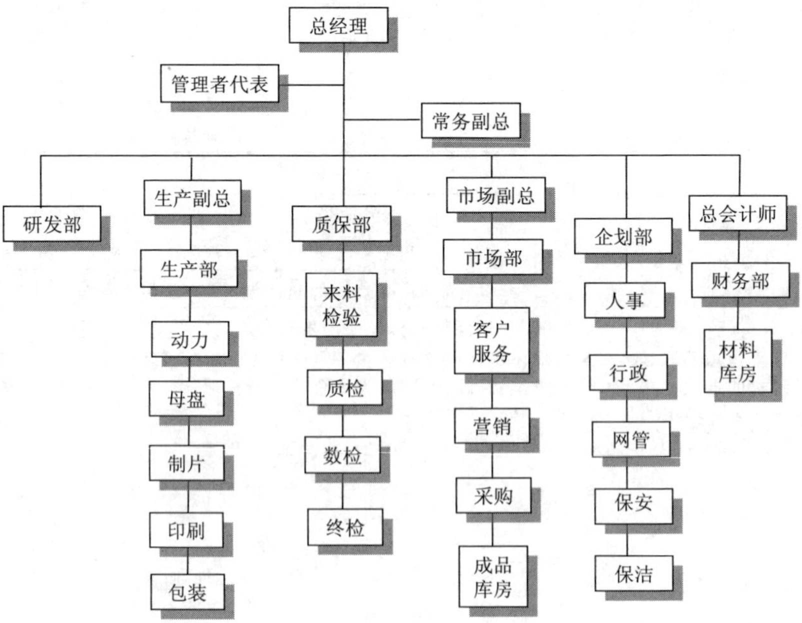

××××有限公司 质量环境手册	文件编号	QMS -2019		
	版号	A	文件级别	一级
	条款号、标题	0.7 质量管理体系职能分配表		

03 质量管理体系职能分配表

管理体系要求		最高管理者	管理者代表	企划部	质保部	生产部	市场部	研发部	财务部
4	理解公司环境	★							
4.1	公司经营环境分析			△	▲	▲	△	△	△
4.2	相关方及其需求、期望			△	▲	▲	△	△	△
4.3	管理体系范围	★		△	△	△	△	△	△
4.4	管理体系及其过程		★	△	▲	△	△	△	△
5	领导作用	★							
5.1	管理承诺	★							
5.2	管理方针	★		△	△	△	△	△	△
5.3	组织机构设置及岗位编制	★		▲					
6	策划								
6.1	应对风险和机遇措施的策划	★							
6.1.1	应对风险和机遇措施的策划	★		△	▲	△	△	△	△
6.2	目标及其实现措施的策划	★		△	▲	△	△	△	△
6.3	变更管理			△	▲	△	△	△	△
7	支持								
…	……	……							
备注：★—表示主要负责人　▲—表示主要负责部门　△—表示相关部门									

5．编制质量管理体系目的和适用范围、规范性引用文件、术语和定义

目的和适用范围是阐述组织建立体系的目的和想要得到的预期，以及整个体系运行的区域、范围。

规范性文件主要是应用的 ISO 9000 标准条款。

术语和定义是依据 ISO 9000 标准，并结合行业性质和特点进行定义。

6．质量管理体系要素

依据质量管理体系要素，对理解公司环境、管理体系要求、领导作用、策划、支持、运行、绩效评价、持续改进等要素分别进行描述。

质量体系要素描述的结构和内容主要包括：

目的：阐明实施要素要求的目的；

适用范围：阐明实施要素要求适用的活动；

职责：阐明实施要素要求过程中所涉及的部门或人员的责任；

程序概要：阐明实施要素要求的全部活动原则和要求；

相关文件：列出实施要素要求所需的各类文件；

术语：需要时才编入。

<table>
<tr><td rowspan="3">××××有限公司
质量环境手册</td><td>文件编号</td><td colspan="3">QMS -2019</td></tr>
<tr><td>版号</td><td>A</td><td>文件级别</td><td>一级</td></tr>
<tr><td>条款号、标题</td><td colspan="3">8 运行
8.7 不合格产品和服务控制</td></tr>
<tr><td colspan="5">8.7 不合格产品和服务控制
1. 目的：
对不合格的产品进行有效的识别和控制，防止不合格品的非预期使用或交付。
2. 范围：
适用于本公司所有过程中的不合格品的控制。
3. 职责：
3.1. 质保部是公司不合格品控制的管理部门，负责对不合格品进行识别、记录和标识；
3.2. 市场部、生产部、采购等相关部门配合质保部的工作；
4. 程序概要：
4.1. 公司应制定《不合格品控制程序》，在程序中对发现不合格及对不合格品的处置作出规定；
4.2. 对不合格品采取返工处置后，应再次进行验证，以证实其是否符合原规定的预期使用要求；
4.3. 让步接收、使用或放行应按规定的程序进行审批。必要时要经过顾客同意；
4.4. 发现不合格时，有关责任部门应及时分析产品不合格的原因，并采取必要的纠正措施；
4.5. 在产品交付给顾客及产品投入使用时，若发现不合格，应按其造成的损失和影响程度采取必要的措施予以补救，如：返工、让步接收、降级处理、更换、退货甚至赔偿等适当的措施；
5. 具体要求详见：《不合格品控制程序》</td></tr>
</table>

7．支持性文件附录

支持性文件附录主要包括：程序文件目录表、组织工艺流程图、厂区整体布局、组织内人员一览表、人员通讯录等。

7.5 编写程序文件——主要程序是保证

程序是为进行某项活动或过程规定的途径，可以形成文件，可以不形成文件，具体操作要看没有文件是否影响过程的有效性，如果影响就需要制定程序文件。组织制定的程序文件除了标准规定的六个活动要求外，是否还要制定其他文件，应由组织根据确保其过程有效策划、运作和控制的需要来加以确定。不管组织要制定多少程序文件，文件的制定原则、要求、结构、内容等都是一样的。

1. 程序文件编写原则

（1）程序文件必须涉及质量管理体系的一个逻辑上的独立部分或活动。

（2）程序文件的内容必须与质量手册的规定要求相一致。

（3）程序文件应简练、准确，具有很强的可操作性的要求。

（4）程序文件不涉及纯技术性的细节问题。

2. 程序文件的内容要求

程序文件的编写内容都包括哪些方面，具体有什么要求，这是在编写过程中首先碰到的问题。程序应阐明影响质量的管理人员、操作人员、检验和审核人员的责任、权力和相互关系，说明各种不同活动的实施方法，使用的文件和所进行的控制，因此程序文件编写要对质量活动进行准确的叙述，并对质量活动中所涉及的责任、权力和相互关系作出规定。文件的内容主要是规定质量活动应做什么，即实施的方法和步骤，而不是叙述如何做的具体细节。这些细节在作业指导书等工作文件中予以规定。

程序文件编写要用“5W1H 分析法”：目的（Why）、为什么做（What）、谁来做（Who）、在何时做（When）、何地做（Where）、如何做（How）。包括采用什么设备、工具、文件以及如何控制、记录等。

3. 程序文件的结构、格式

（1）标题和文件编号：描述开展的活动和特点。以及按照体系规定的编号规范进行编号。

（2）目的：说明为什么要开展此项活动。

（3）适用范围：活动涉及哪些方面。

（4）职责：明确由谁负责实施，职权、接口及其相互关系等。

（5）工作程序：按 5W1H 列出开展此项活动的细节。

（6）相关支持性文件：引用的或与本程序相关联的文件。

（7）记录：使用该程序时所产生的记录和报告。

（8）表格：各种质量记录。

<table>
<tr><td rowspan="3">××××有 限 公 司
质量记录控制程序</td><td>文件编号</td><td colspan="3">CX/4.2-02—2019</td></tr>
<tr><td>版号</td><td>01</td><td rowspan="2">文件
级别</td><td rowspan="2">二 级</td></tr>
<tr><td>页码</td><td>1/1</td></tr>
</table>

1 目的：为保证产品符合规定的质量要求，为证实质量管理体系有效运行提供客观依据，对质量记录进行有效的控制和管理，制定本程序。

2.适用范围：适用于与质量管理体系有关的所有质量记录的管理和控制。

3. 职责：

3.1. 质保部负责质量管理体系和质保部形成质量记录的管理工作。

3.2. 其余部门负责本部门质量记录的归档管理。

3.3. 公司内所有部门，应对本部门质量记录的准确性、完整性负责。

3.4. 企划部负责公司质量记录存储环境的管理和维护。

4. 工作程序：

4.1. 公司各部门必须根据质量管理体系的要求，设计出相应的质量记录格式，要求记录的标识清晰，方便信息的检索。

4.2. 各部门应保证产生的质量记录内容及时、准确、完整。

4.3. 与质量管理体系相关的质量记录，要求保存期二年。

4.4. 其他质量记录，要求保存期一年。

4.5. 质量记录管理部门，应建立各部门“质量记录清单”。

4.6 由于工作需要，要查阅相关质量记录时，应得到相应部门负责人的批准后，到质量记录保管人处借阅，使用完毕后要及时归还。

4.7. 由于工作需要，要查阅相关质量记录是电子文档时，同样应得到相应部门负责人的批准后，给出查询的权限。在查询完毕后，及时通知相关部门恢复质量记录的权限设置。

5. 相关文件及表格

5.1 质量记录清单

5.2 文件资料记录

5.3 计算机定期杀毒记录

文件更改记录								
更改执行人								
更改日期								
更改标记								
申请单号								

7.6 编写作业指导——岗位操作是基本

操作文件是针对岗位、工序或具体工作环节规定具体操作步骤、内容和方法的文件。一般也称为作业指导书。是质量管理体系文件的基础性文件，是程序文件的支持性文件，是以标准为依据、以现场受控为目的的基础性文件。虽然不同的岗位工序差别很大，但操作文件在编写时还是要遵循一定规则，格式、规范要保持一致。

1．操作文件编写原则

（1）适应性原则：操作文件的编写要适应岗位、工序的操作要求，不能闭门造车，要结合工作实际情况，确保有的放矢。

（2）指导性原则：工作文件要能详尽地指导工作和作业。

（3）可操作性原则：操作文件可操作性要强，使从业人员经过培训、学习就能很快上岗作业。

（4）简易性原则：编写的操作文件要尽可能简单、明了，方便从业者掌握、理解。

2．操作文件编写要求

（1）操作文件的编写一般由具体部门承担，并邀请操作者参与，确保内容的可操作性。

（2）当操作文件涉及别的过程或操作时，要认真处理好接口。

（3）操作文件编写过程中要总结、吸取以往工作中的经验、教训，具备正确的指导性。

（4）积极采纳先进的技术和方法，确保先进性。

（5）操作文件的描述要科学、严谨，语言准确、简练。

3．操作文件编写格式

（1）作业目的：为什么要进行该项作业，要达到什么技术指标等。

（2）作业准备：设备实施的状态确认、作业图纸或工作指令的确认、工具、机台、基准等确认。

（3）作业流程：规定标准化的作业顺序和步骤，以及具体的操作内容和操作要求。

（4）注意事项：完成每个步骤要注意的实现或可能出现的问题。

（5）特殊事项：主要是处理异常的程序，以及对于关键问题、特殊需求确认的规定。

（6）工作图：可以适当地穿插一些图示进行说明。

需要说明的是：有些组织会把操作文件与程序文件的结构和格式趋于一致。

<table>
<tr><td rowspan="4">XXXX
有限公司</td><td rowspan="4">标准作业指导书
Standard Operation Procedure</td><td>型号名称</td><td></td><td>生产项目</td><td></td></tr>
<tr><td>文件编号</td><td></td><td>节拍(s)</td><td></td></tr>
<tr><td>工序名称</td><td></td><td rowspan="2">计划产量(台/h)</td><td rowspan="2"></td></tr>
<tr><td>工序编号</td><td></td></tr>
<tr><td rowspan="13">工作流程
一、作业前准备
1.
2.
3.
4.
二、操作步骤
1.
2.
三、注意事项
1.
2.</td><td rowspan="13">图示区</td><td colspan="4">品质要求</td></tr>
<tr><td colspan="4">1.
2.</td></tr>
<tr><td colspan="4">生产物料</td></tr>
<tr><td>序号</td><td>物料名称</td><td>规格</td><td>用量</td></tr>
<tr><td>1</td><td></td><td></td><td></td></tr>
<tr><td>2</td><td></td><td></td><td></td></tr>
<tr><td>3</td><td></td><td></td><td></td></tr>
<tr><td>4</td><td></td><td></td><td></td></tr>
<tr><td>5</td><td></td><td></td><td></td></tr>
<tr><td colspan="2">工具/夹具</td><td colspan="2">检测工具/仪器</td></tr>
<tr><td>1</td><td></td><td colspan="2" rowspan="3"></td></tr>
<tr><td>2</td><td></td></tr>
<tr><td>3</td><td></td></tr>
<tr><td>编制/日期</td><td>会签/日期　审核/日期</td><td>第 页</td><td>共 页</td><td>版本</td><td>第 版</td></tr>
</table>

7.7 智慧分享

条条大路通罗马，不同的组织在构建和完善质量管理体系的过程中，所用的方式方法有可能不一样，标准、要素的选择也有可能有差异，但实施要点都需要引起高度关注。

1. 领导重视是根本

质量管理体系是一项系统工作，涉及组织的方方面面，需要凝聚组织的全部力量，需要全员共同努力，所以，质量管理体系从业者经常说，质量管理体系也是一项最高管理者工作，只有最高管理者高度重视，从各方面支持，才能凝聚组织的全部力量，实现全员的重视，并覆盖到组织的全过程、全产品，最终确保体系的高效运行。

2. 体系适宜才最好

对组织的质量管理体系来说，最好不见得最适宜，最适宜一定是最好。体系的策划、选择、构建和完善，不是要求尽善尽美，实现最佳，而是要依据 ISO 9000 标准，并紧密结合组织的实际情况，选择最适宜的要素，构建最适宜的结构，编写最适宜的手册、程序及作业文件，只有这样，才能确保体系实施效果最好，最能满足组织的质量目标和要求。

3. 全员宣贯是基础

体系的构建和完善要想实现合力，则必须全员认可，只有全员都认识到组织构建体系的重要性和关键性，全员才可能积极主动地接受体系，严格执行体系的各项流程、规定，并发挥能动性、创造力，为体系的完善添砖加瓦。因此，构建、完善体系，首先要对全员进行宣贯，从决策层、管理层到操作层，都要进行充分的学习和培训，增强全员的认识，提高全员贯标素养，为体系的构建和完善打下坚实的基础。

4. 持续改进是方针

逐步完善、持续改进是每个组织构建质量管理体系的战略方针。不管多么适宜的质量管理体系对组织来说都是有时效性的，因为组织的内外条件一直在发生变化，变化中的组织决定了体系也需要不断调整，以适应变化中的组织。况且，由于经验和条件的限制，刚构建的体系也不可能完全适宜，总有这样或那样的不匹配，需组织在运行中不断调整、完善。

5. 目标制定显水平

质量目标是指根据组织的使命而提出的组织在一定时期内所要达到的预期质量成果。质量目标是质量使命的具体化，是一个组织在一定的时间内奋力争取达到的、所希望的未来状况。因此，质量目标的制定要科学、合理，既要满足组织奋力争取、想要得到的预期，又要确保组织经过努力能够实现。也就是说，质量目标既要符合预期、又要可实现。这样既确保了组织的质量水平能够不断提高，又保证了组织通过达成目标而带来信心，激励组织更加努力。所以，质量目标制定一定要科学、严谨，要慎重。

第8章

质量管理体系基本程序——基础打的好，运行才高效

本章导读：

- 如何编制文件资料控制程序
- 如何编制质量记录控制程序
- 如何编制不合格品控制程序
- 如何编制纠正措施控制程序
- 如何编制预防措施控制程序
- 如何编制人力资源控制程序
- 如何编制内部审核控制程序
- 如何编制管理评审控制程序
- 编制程序文件关键点有哪些

质量管理体系程序文件是体系保持有效运行的基本保障，文件编写的科学、合理直接影响体系的运行效果，因此，程序文件的编写要严谨、慎重。下面就体系的一些基本程序按照内容格式进行一下介绍。

8.1 文件资料控制程序——资料整理有规范

1．目的

对与质量有关的文件和资料进行控制，确保其处于受控状态，保证在各种环境中能得到有效版本的文件，防止作废文件的非预期使用。

2．适用范围

适用于对与质量有关的所有文件、资料，包括体系文件、技术文件、管理文件（分公司级和部门级）、外来文件等。

3．职责

主要是对各种文件的编制、审核、批准、保存、更改等职责进行明确、分配。譬如：

（1）总经理负责批准质量手册。

（2）管理者代表负责审核质量手册。

（3）各部门负责相关文件的编制、使用和保管。

（4）质量部负责组织对现有体系文件的定期评审。

（5）各部门资料员负责本部门与质量管理体系有关的文件的收集、整理和归档等。

【小贴士】职责分配须知

- 组织内各部门的名称根据组织的实际情况进行命名，譬如：质量部、质保部、企划部、行政部等，名称不重要，职责分配到位就行；
- 组织内文件的编写、发放、存档、更改等，组织可以根据实际情况有不同规定。譬如：有些组织会安排质量部负责体系文件的编写、发放、存档、更改等工作；而另一些组织则安排质量部负责体系文件的编写、更改工作，企划部负责体系文件的发放、存档工作。
- 组织的质量手册、程序文件及公司管理文件一般要由总经理批准，其他技术文件、部门管理文件可以依情况而定。

4．程序

是对文件管理的规定、规范。一般从文件的分类和保管，文件的编号，文件的编、审、批、发放、更改，文件的领用，文件的保存、作废与销毁，文件的借阅和复制，以及外来文件的控制等方面进行规定。

（1）文件的分类和保管

1）质量手册、程序文件一般有质量部备案保存；

2）操作文件、部门工作手册（管理标准、技术标准、工作标准、部分记录文件）、部门管理文件等，由各部门自行保存并报质量部备案存档；

3）其他质量文件，譬如：质量计划、质量标准、质量记录等，由相应业务部门保存、使用；

4）公司级管理文件，一般由企划部或行政办公室保存。

（2）文件的编号

1）质量手册：组织名称代号—ZS—版本号，手册中各章以章节号区分。譬如：××—**ZS—02**，表示组织质量手册第二版。

2）程序文件：

程序文件代号 ← **CX**/ **PP**—**N**---**YYYY**→ 发布年代号

条款号 ←（PP）　（N）→ 同一条款中程序文件序号

其中：发布年代号：与手册的规定相同。

条款号：对应手册中的条款编号，用 4.1，4.2……标识。

同一条款中程序文件顺序号：对同一条款有几个程序文件时，用 01，02，03 顺序标识。

譬如：CX/4.2-02-2003　　表示：4.2 条款的第二个程序文件，为 2003 年发布。

3）操作文件：

操作文件代号 ← **CZ**/**NN**—**XX**→ 部门代号

顺序号 ←（NN）

其中：顺序号为所有操作文件的排列顺序号：用 01，02，03……顺序排列。

部门代码：为文件编制部门的代码。譬如：CO—公司　　PL—企划　HR—人事　　MS—市场　　PR—生产　　RD—研发　　AC—财务　　QC—质保　　DI—董事会等。

4）管理文件：

管理文件代号 ← **GL** /**NN**—**XX**→ 部门代号

顺序号 ←（NN）

其中：顺序号：为某个部门所有管理文件的排列顺序号。用 01，02，03……顺序排列。

部门代码：文件编制部门的代码。

5）外来文件：

外来文件代码 ←——**WL**/**NN**---**YYYY**——→ 年代号

顺序号 ←—— NN

其中：顺序号：为所有外来文件的排列顺序号：用 01，02，03……顺序排列。

年代号：为文件接收、审批使用的年代。

6）记录：

记录代号 ←—— **JL** /**NN**—**XX**——→ 部门代号

顺序号 ←—— NN

其中：为某个部门所有记录的排列顺序号。用 01，02，03……顺序排列。

部门代码：为记录编制部门的代码。

（3）文件的编、审、批、发放、更改

文件发布前要经过编、审、批，以确保文件的无误、适宜。

一般规定如下：

1）质量手册、程序文件由质量部负责组织编写、管理者代表审核、总经理批准发布。质量部负责登记、发放、更改；

2）操作文件、部门工作手册、部门管理文件由各部门组织编写、部门经理审核、主管领导批准发布。各部门负责登记、发放、更改；

3）其他质量文件由各部门组织编写、部门经理审核、管理者代表批准发布。各相应业务部门负责登记、发放、更改；

4）公司管理文件由企划部或行政办公室负责组织编写、部门经理审核、总经理批准发布。部门负责登记、发放、更改。

（4）文件的受控状态

文件分为“受控”和“非受控”两大类。凡与质量体系运行紧密相关的文件应为受控，由主管部门按规定执行。所有受控文件必须在该文件封面右上角加盖表明其受控状态的印章，并注明分发号。

（5）文件的领用

1）文件使用者应填写“文件发放、回收记录”，经相应主管部门负责人审批方可领用；

2）因破损而重新领用的新文件，分发号不变，并收回相应旧文件；因丢失而补发的文件，应给予新的分发号，并注明丢失的文件的分发号失效，发放部门应做好相应发放签收记录。

（6）文件的保存、作废与销毁

1）文件的保存要放在干燥通风、安全的地方，资料保管员要建立文件清单，并定期进行检查。任何人不得在受控文件上乱涂乱画，不准私自外借，确保文件清晰，易于检查和识别；

2）所有失效或作废文件由相关资料保管员及时从所有发放或使用场所撤出，加盖“作废”印章，确保作废文件不会被使用；

3）为某种原因需保留的任何已作废文件，都应进行适当的标识；

4）对要销毁的文件，由相关部门填写“文件销毁申请”，经管理者代表批准后，由相关部门销毁，并告知质量部从备案中删除。

（7）文件的借阅、复制

借阅、复制与质量管理体系有关的文件，应填写“文件借阅、复制申请”，由相关部门负责人按规定权限审批后，向资料保管员借阅、复制，复制的受控文件资料保管员要进行记录编号。

（8）外来文件的控制

1）收到外来文件的部门，需识别其适应性，并控制发放；

2）质量部或企划部负责收集相关国家、行业、国际标准的最新版本，统一编号，加盖印章，分发到相关部门使用，并把旧标准收回；

3）各部门要把上述标准及其他与质量管理体系有关的外来文件填入“部门受控文件清单”，并报质量部备案。

（9）每年质量部定期组织进行质量管理体系文件内审，各部门结合实际使用情况进行相应评审，必要时按程序给予修改。

（10）对于以电子文档保存的文件，也应参照上述规定执行。

（11）作为记录的文件应执行“记录控制程序”。

5．相关支持文件

主要是一些与该程序文件相关联的文件。譬如：“记录控制文件”、“设计、工艺文件管理规定”等。

6．记录

支持该文件的一些记录。譬如：“文件发放、回收记录”、“文件借阅、复制记录”、“文件更改申请”、“文件销毁申请”、“部门受控清单”等。

需要说明的是：以上是按常规格式进行的文件资料控制程序内容分析，组织在编制文件时，不见得会完全相同，可以根据各自的实际情况有所调整，但应该也是大同小异。

8.2 质量记录控制程序——留有证据可追溯

1．目的

为保证产品符合规定的质量要求，为证实质量管理体系有效运行提供客观依据，对质量记录进行有效的控制和管理。

2．适用范围

适用于与质量管理体系有关的所有质量记录的管理和控制。

3．职责

主要对质量记录的管理和控制进行职责分配，组织可以根据部门的设置情况进行合理分工。譬如：

（1）质量部负责监督、管理各部门的记录。

（2）各部门资料员负责收集、整理、保管本部门的记录。

（3）各部门应对本部门质量记录的准确性、完整性负责。

（4）企划部或行政办公室负责公司质量记录存储环境的管理和维护。

4．程序

对于质量记录控制程序，组织一般会从记录的标识编号、记录填写要求、记录的保存和保护以及记录的发放、借阅和复制、记录的销毁处理等方面进行规范。

（1）各部门资料员负责收集、整理、保存本部门的记录。

（2）记录的标识编号按照“文件资料控制程序”执行。

（3）记录的填写

1）记录填写要及时、真实、内容完整、字迹清晰，不得随意涂改。相关栏目的签名不允许空白。

2）如果更改原数据，应采用单杠划去原数据，在其上方写上更改后的数据，加盖或签上更改人的印章或姓名及日期。

（4）记录的保存、保护

1）各部门资料员必须把所有记录分类，按日期顺序整理好，存放于通风、干燥、安全的地方。

2）记录要按规定的期限进行保存，记录保存一般要求在一年以上，与质量管理体系有关的质量记录，一般要求保存二年以上。

3）书面的质量记录应用文件柜来保存，码放要有序，建立目录，便于查找和检索。

4）对于电子文件的存储，要保证存储质量记录的安全性。资料保管员必须对组织内用做质量记录的计算机进行定期杀毒。每月由专人对质量记录进行备份。

5）质量部要编制“记录清单”，将组织内所有与质量管理体系运行有关的记录进行汇总，包括名称、编号、版本、保存期、使用部门等内容，交管理者代表审批，并汇集备案记录的原始样本。各部门应将本部门使用的记录清单作为部门工作手册的附录，并汇总本部门的记录原始样本。

6）质量部要定期检查各部门记录的使用、管理情况。

（5）记录的发放、借阅和复制

1）各部门保管的记录应便于检索，需借阅或复制者要经相应部门负责人批准并填写“文件借阅、复制记录”，由资料保管员登记备案。使用完毕后要及时归还；

2）由于工作需要，要查阅相关质量记录是电子文档时，同样应得到相应部门负责人的批准后，给出查询的权限。在查询完毕后，及时通知相关部门恢复质量记录的权限设置。

（6）记录的销毁处理

记录如超过保存期或其他特殊情况需要销毁时，由相应部门资料保管员填写“文件记录销毁申请”，交质量部审核，报管理者代表批准，由授权人执行销毁。

（7）记录格式

1）各部门按照“文件资料控制程序”的规定，进行记录编号；

2）如果“文件资料控制程序”没有规定的，各部门的记录格式由各部门负责人组织编制，质量部审核、管理者代表批准，以确保记录格式基本一致，便于检索。

5. 相关支持文件

主要是一些与该程序文件相关联的文件。譬如:“文件资料控制程序”等。

6. 记录

支持该文件的一些记录。譬如：“记录清单”、“文件借阅、复制记录”、“文件记录销毁申请”等。

8.3 不合格品控制程序——次品定置要区分

1. 目的

规范不合格品的处理流程，并有效地控制不合格品的非预期接受、使用和交付。

2. 适用范围

适用于对原材料、半成品、成品及交付后产品发生的不合格的控制。

3. 职责

就不合格品的管理控制进行职责分配，按照组织内的部门设置情况进行合理分工。譬如：

（1）生产部对于生产中，常规情况下发生的不合格，按批进行记录、统计、标识、必要时进行统计分析。

（2）质量部负责对检验中发现的不合格品及原材料进行判别、标识、记录、评审和处置。

（3）主管生产副总经理、质量部经理负责在各自职责范围内，对不合格品做处理决定。

（4）质量部负责跟踪不合格品的处理结果。

（5）与不合格相关的责任部门负责采取纠正/预防措施。

（6）质量部负责对供方的供货质量进行监控、对纠正/预防措施进行验证。

4．程序

对不合格品的管理控制，组织一般会从不合格品的分类、不合格品的处置方式、材料进货不合格品的识别和处理、不合格半成品、成品的识别和处理以及交付或开始使用后发现的不合格品的识别和处理等。

（1）不合格品的分类

不合格品分为严重不合格品和一般不合格品两类：

1）严重不合格品：经检验判定的批量不合格品，或造成较大经济损失、直接影响产品质量、主要功能技术指标等的不合格品。

2）一般不合格品：个别或少量不影响产品质量的不合格品。

（2）不合格品的处置方式

一般有：让步接受、退换货、返工、返修、降级、报废。

其中对于材料进货的不合格品的处置方式一般为：检用、让步接受、退换货。

对于生产过程中出现的不合格半成品、成品的处置方式一般为：让步接受、返工、返修、降级、报废。

（3）材料进货不合格品的识别和处理

1）进货检验员对于发现的不合格品要粘贴“不合格”标签，仓库将其放置于不合格品待处理区。检验员将“进货验证记录”报质量部处理。

2）对严重不合格，检验员应填写“不合格品报告”，报主管副总经理批准做退货处理。

3）对一般不合格品可以检用时，由质量部在“不合格”标签上加盖“检用”章，由检验员依据质量部提供的样品进行全检并记录，检出的不合格品作退货处理。

4）一般不合格品作让步接受时，由质量部经理批准在原不合格标签上加注“让步接受”，直接发给生产线使用。对于重要材料，不允许让步接受。

5）生产过程中发现的不合格材料，经质量部核定后，按上述条款执行。

（4）不合格半成品、成品的识别和处理

1）生产过程中，对于检验员能判定立即返工或返修的少量不合格品，可要求加工者立即返工或返修，并将检验情况记录在“半成品检验记录”和“成品检验记录”内。

2）返工或返修后的产品必须重新检验，仍不合格由质量部经理在相应的检验记录上作出让步接受、返工、返修或报废处理决定，并做好记录，让相关部门处理。

3）让步接受时，检验员在不合格标签上注明“让步接受”，随后转至下道工序或仓库。只有产品虽不符合要求，但不影响顾客使用时，才能办理让步接受。有些让步接受还要经过顾客的同意。

4）返工、返修由生产部执行，返工或返修后的产品必须重新检验，并填写相应的检验记录。

5）报废产品由生产部放置于废品区，按流程进行统一处理。

6）对于检验员判定的严重不合格，需贴上“不合格”标签放置于不合格品区，由质量部经理审核确认，并填写“不合格品报告”，交主管副总经理作出降级、报废等处理决定。

（5）交付或开始使用后发现的不合格品

对于已交付或开始使用后发现的不合格品，应按重大质量问题对待，除按照（4）条款规定执行外，质量部应组织采取相应的纠正、预防措施，执行“纠正措施控制程序”和“预防程序控制程序”有关规定，填写相应的“纠正、预防措施报告”，经管理者代表批准后实施。同时，销售部或售后部应及时与顾客沟通处理办法，以满足顾客的正当要求。

5. 相关支持文件

相关支持文件要依据组织制定的程序文件而定，一般包括“采购控制程序”、“生产过程控制程序”、“过程或产品的测量和监控程序”等。

6. 记录

主要包括：“进货验证记录”、“半成品检验记录”、“成品检验记录”、“不合格品报告”、“纠正预防措施报告”等。

8.4 纠正措施控制程序——知错就改见行动

1. 目的

主要是为了消除不合格的发生原因，并防止不合格的再次发生。

2. 适用范围

适用于组织针对不合格所采取的纠正措施，实施结果验证进行有效的控制。

3. 职责

依据组织的实际情况，就纠正措施的管理控制进行职责分配。

（1）质量部负责收集各种质量信息，并对不合格情况进行评审。

（2）质量部组织有关部门，对发生问题进行分析，制定出纠正措施。并负责对纠正措施的有效性进行验证。

（3）管理者代表对纠正措施计划进行审批。

（4）相关部门进行纠正措施的落实。

4．程序

纠正措施控制程序一般由质量部门进行主导，对于存在的不合格应采取纠正措施，以消除不合格原因，防止不合格再次发生，纠正措施应与所遇到的问题的影响程度相适应。

（1）识别不合格

一般由质量部对质量管理体系各过程输出的信息进行识别：

1）过程、产品质量出现重大问题。

2）管理评审发现不合格。

3）顾客对产品的质量投诉。

4）内审发现的不合格。

5）供方产品或服务出现重大不合格。

6）其他不符合质量方针、目标，或质量管理体系文件要求的情况。

（2）对于 1）、2）、6）类情况，由质量部填写“纠正预防措施报告”中“不合格事实”栏，确定责任部门，由责任部门分析原因、制定纠正措施。

（3）对于3）类情况，由销售部填写“纠正预防措施报告”中“不合格事实”栏，转交质量部确认责任部门，由责任部门分析原因、制定纠正措施。

（4）对于4）类情况，由审核组发出“不合格报告”，执行“内审控制程序”。

（5）对于5）类情况，由质量部填写“纠正预防措施报告”中“不合格事实”栏，转采购部门通知供方，要求供方进行原因分析，并将纠正措施反馈给采购部门，质量部对其下一批次来料进行跟踪验证，执行“采购控制程序”对供方的管理规定。如果是服务供方的质量问题，则由服务接受部门填写“纠正预防措施报告”，通知对方采取纠正措施，并跟踪验证其实施效果。

（6）质量部负责组织相关部门对责任部门制定的纠正措施计划进行评价，对纠正措施的可行性、有效性和时效性等因素进行评审，制定出最后实施的纠正措施。

（7）纠正措施经管理者代表批准后，发放到相应责任部门，进行纠正措施的具体实施。实施部门按计划落实措施，落实完纠正措施以后，由责任部门负责人在“纠正预防措施报告”上对措施的实施情况进行记录，并签字。将“纠正预防措施报告”报送管理者代表。

（8）管理者代表根据纠正措施规定的期限，派相关内审员、检验人员及相关技术人员对纠正措施的结果进行验证。并将验证记录填写在“纠正预防措施报告”记录中。

（9）验证结果达到了预期目的，纠正措施实施有效的，由质量部进行该质量记录的归档管理。

（10）验证结果未能达到预期目的，没有彻底避免类似的质量问题的再发生。质量部将再次提出对不合格情况进行纠正，同时，按照相关规定对责任部门进行相应处理。

（11）质量部应将重大的纠正措施确定为管理评审的输入，单独保存。

5. 相关支持文件

一般包括："采购控制程序"、"内审控制程序"、"不合格品控制程序"等。

6. 记录

主要包括："纠正预防措施报告"、"不合格报告"、"顾客满意度调查表"、"内审报告"、"管理评审报告"等。

8.5 预防措施控制程序——防范有方是根本

1. 目的

主要目的是为了消除潜在不合格的原因，预防不合格发生。

2. 适用范围

适用于公司对潜在不合格所采取预防措施的实施及实施结果验证进行有效控制。

3. 职责

依据组织的实际情况，就预防措施的管理控制进行职责分配。

（1）质量部负责收集各种质量信息，并对潜在不合格情况进行评审。

（2）质量部组织有关部门，对潜在不合格进行分析，制定出预防措施。并负责对预防措施的有效性进行验证。

（3）管理者代表对预防措施计划进行审批。

（4）相关部门进行预防措施的落实。

4. 程序

预防措施控制程序一般由质量部门进行主导，对于存在的潜在不合格应采取预防措施，以消除潜在不合格的原因，防止不合格发生，预防措施应与所遇到的潜在问题的影响程度相适应。

（1）识别潜在不合格：

质量部要及时重点分析各项记录报告，譬如：

1）供方供货质量统计、产品质量统计、市场分析、顾客满意度调查等；

2）内审报告、评审报告；

3）纠正、预防、改进措施执行记录等。

以便及时了解体系运行的有效性，过程、产品、质量趋势及顾客的需求和期望，并在日常对体系运作的检查和监督过程中，及时收集分析各方面的反馈信息。

（2）发现潜在的不合格事实时，根据潜在问题的影响程度确定轻重缓急，由质量部召集相关部门讨论原因，确定预防措施和责任部门，并填写“纠正预防措施报告”。

（3）质量部负责组织相关部门对责任部门制定的预防措施计划进行评价，对预防措施的可行性、有效性等因素进行评审，制定出最后实施的预防措施。

（4）预防措施经管理者代表批准后，发放到责任部门，进行预防措施的具体实施。实施部门按计划落实措施，落实完预防措施以后，由责任部门负责人在“纠正预防措施报告”上进行记录并签字。并将“纠正预防措施报告”报送管理者代表。

（5）管理者代表根据预防措施计划，选派相关内审员、检验人员及相关技术人员对预防措施实施后的结果进行验证。并将验证记录填写在“纠正预防措施报告”中。由质量部进行该质量记录的归档管理。

（6）对预防措施实施后的验证结果进行考评，如果责任部门按照预定的预防措施认真执行了，但效果未能达到预期的目标，质量部将重新启动预防措施计划。如果由于责任部门未完全按照预定的预防措施计划执行，导致未能达到预期目标的，质量部将根据相关规定对责任部门进行处理，同时再次启动预防措施计划。

（7）质保部应将重大的预防措施确定为管理评审的输入，单独保存。

5. 相关支持文件

一般包括：“采购控制程序”、“内审控制程序”、“不合格品控制程序”等。

6. 记录

主要包括：“纠正预防措施报告”、“不合格报告”、“顾客满意度调查表”、“内审报告”、“管理评审报告”等。

8.6 人力资源控制程序——关键资源是人工

1. 目的

对承担质量管理体系职责的人员规定相应岗位的能力要求，并进行培训以满足规定要求。

2. 适用范围

适用于承担质量管理体系规定职责的所有人员，包括临时雇用的人员，必要时还包括供方的人员。

3. 职责

组织依据部门设置情况，对各部门进行职责分工。

（1）人力资源部或企划部

- 负责组织人员的教育、培训、技能与经验的岗位要求，并对其进行考评；
- 负责编制“岗位工作人员任职要求”，用于确定与质量有关人员所必需的能力；
- 负责“年度培训计划”的制订及监督实施；
- 负责上岗基础教育；
- 负责对培训效果进行评估。

（2）各部门

协助人力资源部门或企划部编制本部门员工的“岗位工作人员任职要求”，并负责本部门员工的岗位技能培训。

（3）管理者代表

负责批准部门员工的“岗位工作人员任职要求”。

（4）总经理

负责“年度培训计划”的批准及部门负责人以上人员的“岗位工作人员任职要求”。

4. 程序

对于人力资源控制程序，组织一般会从人员安排、培训、意识和能力、培训计划与实施、培训的有效性考评等方面进行展开。

（1）人员安排

1）承担质量管理体系规定职责的人员要具备相应的能力，对能力的判断要从教育、培训、技能和经历方面综合考虑。

2）各部门员工“岗位工作人员任职要求”，要报管理者代表审批。

3）由人力资源部或企划部编制的部门负责人的“岗位工作人员任职要求”，要报总经理审批。

4）“岗位工作人员任职要求”经审批后，作为人力资源部或企划部选择、招聘、安排人员的主要依据。

（2）培训、意识和能力

1）应识别从事影响质量活动的人员的能力需求，分别对新员工、在岗员工、转岗员工、各类专业人员、特种作业人员、内审员等，根据他们的岗位职责制定并实施培训需求。

2）新员工的培训

- 入司基础教育：主要包括：员工手册、员工行为规范、质量方针和质量目标、质量、环保和安全意识、相关法律法规、质量管理体系基础知识的培训等。一般会在新员工入司一个月内进行，有人力资源部或企划部实施；
- 部门基础教育：主要学习本部门工作手册的内容，一般由部门负责人实施；
- 岗位技能培训：主要包括：工艺操作规程、岗位作业指导书、设备设施的基础知识、岗位安全教育、岗位应急情况的处理等，一般由岗位技术人员或班组长实施；
- 需要说明的是：许多组织对新员工的培训会安排厂内三级教育，即：厂级教育、车间级教育、班组级教育。

3）在岗人员的培训

按培训计划，每年应对在岗员工至少进行一次全面的岗位技能培训和考核。

4）特殊作业人员培训

- 特殊工序、关键工序人员的培训，由部门技术负责人负责培训，培训合格后持证上岗，同时，每年要对这些岗位的人员进行培训和考核；
- 国家规定的特种工作人员，譬如：电工、叉车工、锅炉工、电焊工、驾驶员等，需取得国家授权部门相应的培训合格证书；
- 质量管理体系内审员应由质量认证咨询机构培训、考核、持证上岗。

5）工程技术人员的培训

工程技术人员是确保组织产品创新、技术支持的重要力量，需要不断提高他们的技术水平，因此，每年要按照计划对他们进行专项培训，专项培训可以分为内训和外训，内训一般由组织内的专家进行经验分析或请外部专家到内部给予有针对性的培训，外训一般是送工程技术人员到外部专业机构进行培训。

6）转岗人员的培训

转岗人员一般按照新员工的培训流程进行，不过不会进行入司基础教育培训。

（3）培训计划及实施

1）每年年底各部门上报下年度的“培训需求计划”，根据组织的需求及各部门的“培训需求计划”，人力资源部或企划部统一制定下一年度的“年度培训计划”。

2）“年度培训计划”包括培训内容、对象、时间、考核方式等内容。

3）“年度培训年计划”经总经理批准后，下发到各部门，由人力资源部或企划部组织并监督实施。

4）每次培训必须要填写“培训记录表”，记录培训人员、时间、地点、教师、内容及考核结果。

5）培训后，人力资源部或企划部要进行培训效果评价，并连同培训记录、考核记录等存档保存。

6）各部门计划外的培训，要填写“培训申请单”，报管理者代表或总经理审批后，由相关部门组织实施。

（4）培训的有效性考评

1）通过理论考核、操作考核、业绩评定等方法，评价培训的有效性，评价被培训人是否具备了所需的能力；

2）每年年底，人力资源部或企划部要组织相关人员，召开年度培训工作会议，评价培训的有效性，征求意见和建议，以便更好地制订下一年度的培训计划；

3）人力资源部或企划部将年度培训计划执行情况和各种培训后的有效性考评结果进行汇总分析，编制年度培训总结报告，作为管理评审的输入进行提交。

5. 相关支持文件

主要包括：“员工手册”、“员工行为规范”、“各部门工作手册及相关法律法规”、“岗位工作人员任职要求”等。

6. 记录

主要包括：“培训记录表”、“培训需求计划”、“培训申请单”、“年度培训计划”、“员工培训档案”等。

8.7 内部审核控制程序——做好内审显内功

1. 目的

验证质量管理体系符合性、适宜性，运行的有效性，并为其改进提供依据。

2. 适用范围

适用于组织内质量管理体系所覆盖的所有区域和所有要求的内部审核。

3. 职责

对参与主导质量管理体系内部审核的部门和人员进行职责分配。

（1）质量部

1）编制“年度内审计划”，并负责实施。

2）组织、协调内审活动的开展。

（2）管理者代表

1）全面负责质量管理体系内部审核工作。

2）任命审核组长，选定内审员。

3）审核年度内审计划、审核实施计划及内审报告。

（3）总经理

1）批准年度内审计划、审核实施计划及内审报告。

2）定期组织开展质量管理评审。

（4）审核组长

1）编制、实施本次内审计划。

2）控制内审计划实施进度，编写内审报告。

4. 程序

内审控制程序一般会从编制年度内审计划、内审准备、内审实施、编写内审报告等方面进行安排。

（1）年度内审计划

1）依据拟审核的活动和区域的状况和重要程度以及以往审核的结果，由质量部负责策划各部门全年审核方案，编制年度内审计划，确定审核范围、频次和方法，经管理者代表审核，总经理批准。

2）内审每年至少开展一次，而且要覆盖组织内质量管理体系的所有要求。

3）如果出现一些特殊情况，管理者代表要及时组织进行内审。譬如：

- 组织机构、管理体系发生重大变化；
- 法律法规及其他外部要求发生变更；
- 发生重大质量事故，或顾客对某一环节给予连续投诉；
- 在第二方、第三方审核之前；
- 在质量体系证书到期换证之前。

4）年度内审计划内容

审核目的、范围、依据和方法、受审部门、审核时间以及审核进度安排。

需要说明的是：组织的内审，根据需求，可以覆盖质量管理体系的全部要求和部门，也可以只针对某几项要求或部门进行开展，但全年必须对质量管理体系的所有要求和部门进行一次全面审核。

（2）内审准备

1）由管理者代表任命审核组长、任用内审员。内审员只能负责与自己无直接关系的部门的审核。

2）审核组长策划并编制“审核实施计划”，报管理者代表审核，总经理批准。

3）“审核实施计划”主要包括：审核目的、范围、方法、依据；审核组成员；审核时间、地点；受审部门及审核要点；审核要素、进度等具体安排；首末次会议；审核报告分发范围、日期等。

4）审核组长组织依据具体情况，编制“内审检查表”，“内审检查表”要求详细列出审核项目、依据、方法、结果等。

5）审核组织要提前通知被审核部门，由被审核部门确认，时间一般在10天前。

（3）内审实施

1）首次会议

- 参加人员：管理者代表、审核组长、内审员及各部门负责人，如有必要总经理也要参加。与会者签到，审核组长主持会议；
- 会议内容：由组长介绍内审目的、范围、依据和方法，以及内审员审核安排、审核进度、需要说明的其他事项等；
- 质量部保留会议记录。

2）现场审核

- 内审员依据“内审检查表”开展内部审核工作，将体系运行效果及不符合项详细记录在检查表中；
- 审核组长需每日召开内审员会议，全面了解内审情况，把控内审进度；
- 内审员审核过程中要积极主动与部门负责人进行沟通，对待发现的问题，既要客观公正、也要考虑实际情况，并忠实地做好记录；
- 内审完毕，审核组长要组织召开内审员全体会议，汇总审核情况，确认不符合项目，填写“不符合报告”，并总结提出改进建议。

3）末次会议

- 参加人员：管理者代表、审核组长、内审员及各部门负责人，如有必要总经理也要参加。与会者签到，审核组长主持会议。原则上参加首次会议的人都要参加末次会议；
- 会议内容：审核组长重申审核目的，宣读内审的结论和不符合报告，提出完成纠正措施的要求和日期，以及质量管理体系运行的改进建议。最后，领导讲话。

（4）编制内审报告

1）现场审核后，对于“不符合报告”，由相关部门确认后，分析原因，制定纠正措施，并实施纠正。内审员负责对实施结果跟踪验证，并向审核组长报告验证结果。

2）现场审核一周内，审核组长组织编写“内审报告”，主要内容包括：审核目的、范围、依据和方法；审核组成员、受审方代表名单；审核计划实施情况总结；不符合项数量及严重程度；体系存在的主要问题分析；体系运行有效性、符合性结论；以及改进建议等。

3）“内审报告”上报管理者代表审核、总经理批准，由质量部下发到各相关部门，同时作为管理评审的输入进行归档保存。

5．相关支持文件

主要包括：“纠正措施控制程序”、“管理评审控制程序”等。

6．记录

主要包括：“年度内审计划”、“审核实施计划”、“内审检查表”、“不符合报告”、“内审报告”、“首次会议签到表”、“末次会议签到表”等。

8.8 管理评审控制程序——领导亲自做评审

1．目的

评审质量管理体系，以确保体系持续的适应性、充分性和有效性。

2．适用范围

适用于对组织内质量管理体系的评审。

3．职责

按照管理评审控制程序实施要求，结合组织实际情况，进行职责分配。

（1）总经理主持管理评审活动。

（2）管理者代表负责向总经理汇报质量管理体系运行情况，提出改进建议，编写“管理评审报告”。

（3）各部门负责准备、提供与管理评审有关的资料，并负责实施管理评审提出的相关改进建议。

（4）质量部负责评审计划的制订，负责对评审后的改进建议进行跟踪和验证。

4．程序

管理评审控制程序一般会从管理评审计划、管理评审输入、管理评审准备、管理评审会议、管理评审输出及管理评审报告等方面进行开展。

（1）管理评审计划

1）组织每年至少要开展一次管理评审，可结合实际情况进行，一般会安排在内审后、外审前进行。

2）如果发生一些特殊情况，可增加管理评审的次数。譬如：

- 组织机构、产品范围等发生重大变化；
- 发生重大质量事故，或发生顾客给予的严重投诉；
- 当法律法规、标准或其他要求发生重大变化；
- 市场需求发生重大变化；
- 质量审核中发生严重不合格。

3）质量部负责编制“管理评审计划”，报管理者代表审核、总经理批准。

4)“管理评审计划”的主要内容包括：评审目的、评审时间、评审范围及评审重点、参加评审人员、评审依据、及评审内容等。

（2）管理评审输入

管理评审的输入主要包括：

1）审核结果：包括内审、第二方、第三方审核等的结果。

2）顾客的反馈：包括顾客满意度调查、顾客意见反馈、顾客投诉及顾客建议等。

3）过程的绩效和产品的符合性：包括过程、产品测量和监控的结果，各部门关于质量方面的工作总结等。

4）预防措施和纠正措施的状况：对不符合项采取的纠正、预防措施的实施及其有效性的监控结果。

5）以往管理评审的跟踪措施：以往管理评审的输出的实施、验证情况。

6）可能影响质量管理体系的变更：包括内外部条件的变化、法律法规的变化，新技术、新工艺、新材料、新设备的应用等。

7）改进的建议：包括质量方针、质量目标适宜性和有效性的改进建议。

（3）管理评审准备

1）评审前十天左右，由质量部以书面形式向管理者代表提出“管理评审计划”，经管理者代表审核后，由总经理批准执行。

2）质量部负责根据评审输入的要求，组织评审资料的收集、整理工作，并报管理者代表确认。

3）质量部经管理者代表和总经理同意后，向参加评审的人员发放“管理评审通知单”及管理评审计划和有关资料。

（4）管理评审会议

1）总经理主持评审会议，质量部经理及相关人员进行各项评审输入的介绍。

2）所有参会人员就评审输入进行评价，对于存在或潜在的不合格提出纠正和预防措施，确定责任人、整改日期等。

3）总经理对所涉及的评审内容作出结论。

（5）管理评审输出

管理评审的输出主要包括：

1）质量管理体系及其过程的改进：包括质量方针、质量目标、组织结构、过程控制等方面的评价结论。

2）与顾客要求有关的产品的改进：包括产品实现过程中的改进、各部门的工作改进等。

3）资源需求：依据质量策划和质量改进建议，评估现有的资源，提出资源需求计划。

（6）管理评审报告

1）会议结束后，质量部根据管理评审会议的议程，编写“管理评审报告”；

2）“管理评审报告”经管理者代表审核、总经理批准后，下发至相关部门并监控执行。

5．相关支持文件

主要包括：“内部审核控制程序”、“纠正措施控制程序”、“预防措施控制程序”、“记录控制程序”等。

6．记录

主要包括：“管理评审计划”、“管理评审报告”、“管理评审通知单”等。

8.9 智慧分享

程序文件在质量管理体系中起着承上启下的作用，对体系的有效运行十分关键。虽然程序文件的基本结构、格式比较固定，按照结构、格式编制基本不会出现大的问题，但在编制过程中，有些关键点还是需要引起高度关注。

1．编写程序文件要选择合适的编写人员

编写程序文件要落实好编写人员。选择合适的编写人员对程序文件的质量起着非常重要的作用。合适的编写人员要具备：一是熟悉所编写程序的质量活动的内容和要求；二是要有一定的文字功底和写作水平。也就是说，既要有实际工作经验，又要有一定的文字能力。以确保所编写出来的文件在文字上、逻辑上准确、全面，又要符合具体活动的实际情况，具备指导实施的作用，可操作性强。

2．程序文件的编写一定要求真、务实

最美不见得最好，最完善不见得最适宜。程序文件的编写不是要求尽善尽美，而是要求务实、高效。编制的文件化程序必须要与体系要素和质量方针相一致，与实际运作严格配合。也就是要求程序文件的编写要以质量手册、质量方针为指导，紧紧结合工作实际，求真、务实，确保文件的指导性、可操作性。

3．程序文件的数量要符合组织实际

程序文件除了 ISO 9000 标准要求的 6 项文件化的质量活动外，其他程序文件的编制要结合组织的实际情况。原则上，为了使组织的质量活动和工作处于受控状态，一般来讲有多少项质量活动就要编制相应数量的程序文件，同时，对于性质相同、工作相近的程序也可以把几个质量活动串在一起，编制一个程序文件。不过，组织为了保证质量管理体系的简洁明了，对一些独立、简单的质量活动，而且能在质量手册中说明的，一般不会编制程序文件。

第 9 章

六西格玛管理——质量无极限

本章导读：

- 六西格玛管理的综合概述
- 六西格玛实施步骤有哪些
- 什么是 DMAIC 循环改进工具
- DMAIC 工具改进流程是什么
- 何为六西格玛设计（DFSS）
- 为何要开展六西格玛设计
- 六西格玛设计流程是什么
- 六西格玛设计工具有哪些
- 六西格玛管理实施关键点

“追求零缺陷、防范责任风险、降低成本”是六西格玛管理思想的核心，它从创立到风靡全球，一直受到各知名企业的追捧，而且许多企业因它也受益匪浅。那么，六西格玛究竟有何魔力？使企业趋之若鹜；又是如何运作，使企业价值激增呢？有待逐步分解。

9.1 综合概述——缘由前世定今生

六西格玛，也即“6σ”。起源于 20 世纪 80 年代后期，兴起于 90 年代中期。它的兴起源自于一家知名企业——美国通用电气公司（GE），确切地说应该归功于一个人——GE 的前任掌门人杰克•韦尔奇，他在 GE 掀起了一场革命，取得了巨大的成功。而成功的秘诀就是：成功推行 6σ 管理。那么，到底什么是 6σ 呢？它有哪些内涵呢？

6σ 管理是一种能够严格、集中和高效地改善企业流程管理质量的实施原则和技术，以“零缺陷”的完美商业追求，带动质量成本的大幅度降低，最终实现财务成效的提升与企业竞争力的突破。

6σ 管理既着眼于产品、服务质量，又关注过程的改进。“σ”是希腊文的一个字母，在统计学上用来表示标准偏差值，用以描述总体中的个体离均值的偏离程度，测量出的 σ 表征着诸如单位缺陷、百万缺陷或错误的概率等，σ 值越大，缺陷或错误就越少。6σ 是一个目标，这个质量水平意味着所有的过程和结果中，99.99966% 是无缺陷的，也就是说，做 100 万件事情，其中只有 3.4 件是有缺陷的，这几乎趋近到人类能够达到的最为完美的境界。6σ 管理关注过程，特别是企业为市场和顾客提供价值的核心过程。因为过程能力用 σ 来度量后，σ 越大，过程的波动越小，过程以最低的成本损失、最短的时间周期、满足顾客要求的能力就越强。

1. 6σ 管理的内涵

（1）6σ 管理是一种质量尺度和追求的目标。它的中心思想就是为了无限地接近零缺陷，只要能“测量”出一个过程有多少个缺陷，就能系统地分析出,怎样消除它们，以尽可能地接近“零缺陷”。

（2）6σ 管理是一套科学的工具和管理方法。运用系统的改善工具（DMAIC）或科学的设计方法（DFSS），对过程进行改善和设计，实现绩效的逐步改善，价值的逐步提高。

（3）6σ 管理是一种经营管理策略。它是在提高顾客满意程度的同时降低经营成本和周期的过程革新方法，是通过提高组织核心过程的运行质量，进而提升企业盈利能力的管理方式，也是在新经济环境下企业获得竞争力和持续发展能力的经营策略。

2. 6σ 管理的特征

（1）以顾客为关注焦点：六西格玛是以顾客为中心，关注顾客的需求。将重点放在顾客最关心、对组织影响最大的方面。

（2）最终目的是促进组织业绩的提升：通过提高顾客满意度和降低资源成本以促进组织业绩的提升。

（3）注重数据和事实：依据数据、重视数据，用数据说话，使管理成为一种可测量、数字化的科学。

（4）是一种以项目为驱动力的管理方法：以项目为实施单元，通过一个一个项目的实现来实施管理。

（5）有预见的积极管理方法：运用动态的、即时反应的、有预见的管理方法，促使组织在追求几乎完美的质量水平而不容出错的竞争环境下能够快速向前发展。

（6）追求完美，容忍失误：它为组织提供了一种近乎完美的努力方向。它允许失误、允许失败，但要以积极应对挑战的心态，面对挑战和失败。

（7）强调骨干队伍的建设：倡导者、黑带大师、黑带、绿带是整个六西格玛队伍的骨干。对不同层次的骨干进行严格的资格认证制度。

3. 6σ 管理的人员组织结构

6σ 管理需要一套合理、高效的人员组织结构来保证改进活动得以顺利实现，6σ 管理人员组织结构如图 9-1 所示。

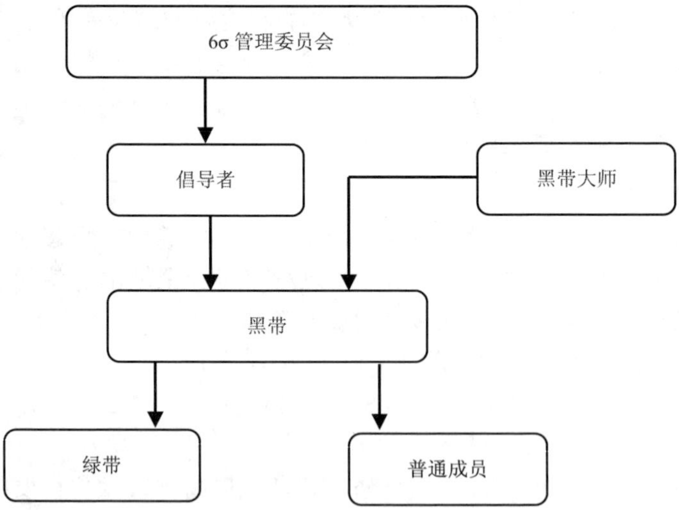

图 9-1　6σ 管理人员组织结构

1）6σ 管理委员会

6σ 管理委员会是组织实施 6σ 管理的最高领导机构。主要职责：设立 6σ

管理初始阶段的各种职位；确定具体的改进项目及改进次序，分配资源；定期评估各项目的进展情况，并对其进行指导；当各项目小组遇到困难或障碍时，帮助他们排忧解难等。

（1）倡导者

主要职责：为项目设定目标、方向和范围；协调项目所需资源；处理各项目小组之间的矛盾和纠纷，加强项目小组之间的沟通等。

（2）黑带大师

他们是 6σ 管理专家的最高级别，其一般是统计方面的专家，负责在 6σ 管理中提供技术指导。他们必须熟悉所有黑带所掌握的知识，深刻理解那些以统计学方法为基础的管理理论和数学计算方法，能够确保黑带在实施应用过程中的正确性。

（3）黑带

黑带（Black Belt）来源于军事术语，是指那些具有精湛技艺和本领的人。黑带是 6σ 变革的中坚力量。对黑带的认证通常由外部咨询公司配合公司内部有关部门来完成。黑带由企业内部选拔出来，全面实施 6σ 管理，在接受培训取得认证之后，被授予黑带称号，担任项目小组负责人，领导项目小组实施流程变革，同时负责培训绿带。

（4）绿带

绿带（Green Belt）的工作是兼职的，他们经过培训后，将负责一些难度较小项目小组，或成为其他项目小组的成员。一般情况下，由黑带负责确定绿带培训内容，并在培训之中和之后给予协助和监督。

9.2 实施流程——循序渐进步步稳

万丈高楼平地起，凡事要从基础做起，逐步完善。6σ 管理同样也不例外，也需要从准备开始，按照一定流程逐步开展 6σ 管理实施流程如图 9-2 所示。

1. 实施前准备

制定进行 6σ 管理的组织战略，考虑如何将组织的战略具体展开和付诸实施。

- 进行宣贯，在组织内达成共识，特别是得到高级管理层的高度重视。
- 辨别对创造顾客价值最为重要的部门或者作业环节，也即辨别核心流程。
- 收集顾客数据，甄别顾客的真实需求。

2. 项目选择——立项

- 针对顾客需求评估当前行为绩效，发现潜在项目。
- 项目的选择应与组织的战略目标一致，即 6σ 项目的成功将直接有利于组织战略的实现。

● 通过流程分析来选择项目，合适的项目应该是有助于提高组织的综合绩效。譬如：致力于解决顾客关键质量因素上的问题、涉及效益增长、涉及成本降低、有足够的价值创造等。

3. 制订项目计划

为了明确项目的目标、内容和工作计划，需要建立团队章程，包括拟改进业务个案、改进机会描述、项目的目标、项目的范围、项目具体计划和团队成员、完成时间、得到的效果以及如何进行评估等。

4. 实施项目计划

一般组织实施 6σ 项目都是采用边培训边执行项目的方式，而且经常采用的 6σ 项目业务改进模式就是 DMAIC 流程改进工具，即定义 Define、测量 Measrue、分析 Analyze、改进 Improve、控制 Control 改进模式。

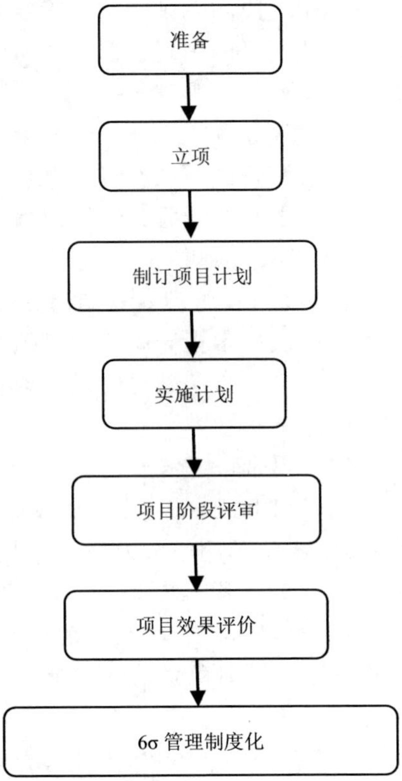

图 9-2　6σ 管理实施流程

5. 项目阶段评审

为了保证项目严格按计划执行，需对项目进行定期的阶段评审。6σ 管理委员会、6σ 倡导人、项目出资人等参加项目评审，发现项目执行过程的问题后要及时采取纠偏行动。

6. 项目效果评价

项目效果的评价分为两个方面，一是直接的经济效益评价，一般由财务部门配合完成。二是间接效益评价，主要包括项目所带来的管理水平的提高、员工士气提升、环境改善以及项目带来的社会效益等。

7. 6σ 管理制度化

（1）通过 6σ 管理实施经验总结，建立属于组织的 6σ 管理模式。

（2）定期开展 6σ 项目交流，构建学习的信息平台，编写内部培训教材，促进 6σ 管理的共享学习。

（3）通过认同、支持、嵌入、编码等不同阶段实施，将 6σ 管理带来的新方法制度化。

9.3 改进工具——DMAIC 循环改进

DMAIC 是 6σ 管理中流程改善的重要工具，是一套业绩突破的重要方法。它一般用于对现有流程的改进。DMAIC 包括：定义（Define）、测量（Measure）、分析（Analyze）、改进（Improve）、控制（Control）五个阶段。

定义（D）：辨认需改进的产品或过程，确定项目所需的资源；

测量（M）：定义缺陷，收集此产品或过程的表现作为底线，建立改进目标；

分析（A）：分析在测量阶段所收集的数据，以确定一组按重要程度排列的影响质量的变量；

改进（I）：优化解决方案，并确认该方案能够满足或超过项目质量改进目标；

控制（C）：确保过程改进一旦完成能继续保持下去，而不会返回到先前的状态。

1. DMAIC 改进的基本思想

（1）以系统的眼光看待整个业务流程。

（2）通过变量筛选的过程，逐步发现关键变量。

（3）基于事实和数据的决策过程。

（4）优化产品和服务的输出，起到纠偏改善的作用。

（5）谋求顾客和组织利益的共同实现。

2. DMAIC 改进流程

DMAIC 改进流程如图 9-3 所示。

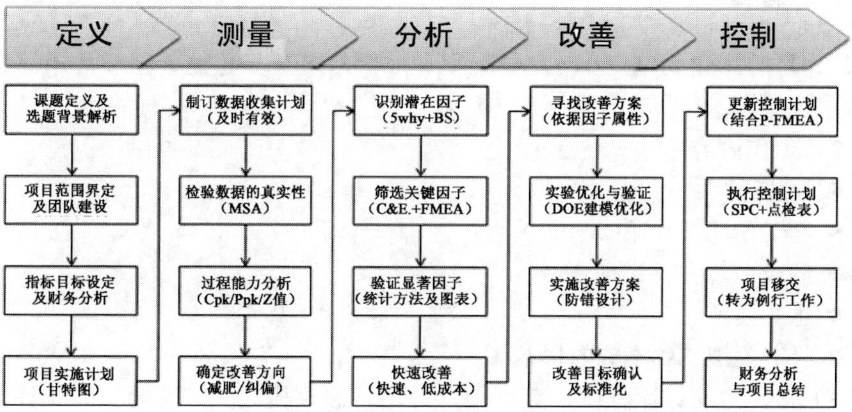

图 9-3 DMAIC 改进流程

（1）定义阶段

1）目的：确定要对哪个项目 Y = f（X）进行改进，也即选择拟解决的问题；

2）工作内容：

● 收集问题背景信息；
● 清晰描述问题的由来和现状；
● 评估立项价值；
● 确定项目范围；
● 预设项目目标（量化的 Y）；
● 绘制流程图或流程表，罗列潜在影响因素 Xs；
● 对影响因素进行初步筛选；
● 发现改进机会；
● 组建团队，制订计划。

3）工具方法：流程图、帕累托图、趋势图、杠杆对比、甘特图等。

（2）测量阶段

1）目的：聚集过程，并收集 Y 和 Xs 的数据，进行现场调差和评估；

2）工作内容：

● 绘制细化的流程图；
● 聚集过程、筛选变量；
● 过程重现性分析；
● 开发、验证和完善相关测量方法及测量工具；
● 制订数据收集计划，收集数据；
● 现场评估，如过程能力分析、流程时空分析、成本/收益核算等；
● 修订目标和范围。

3）工具方法：流程分析、MSA、CE 矩阵、FMEA、因子筛选试验等。

（3）分析阶段

1）目的：建立 Y＝f（X）关系，其中 X 应至少是显著因子揭示问题产生的主要原因；

2）工作内容：

● 分解过程；
● 考察各环节 Y 和 Xs 的关系；
● 筛选显著和关键的 Xs；
● 建立模型；
● 验证关键 Xs 对 Y 的影响。

3）工具方法：流程图、鱼刺图、树图、假设检验、方差分析、统计图形分析等。

（4）改进阶段

1）目的：通过干预关键的 Xs，实现对 Y 的纠偏和降噪目标，提出解决问题的方案；

2）工作内容：

● 针对主要或根本原因提出解决措施；
● 开发必要的工具和装置；
● 改进设备设施；
● 优化操作参数和流程；
● 修改相关操作规程；
● 验证改进的效果。

3）工具方法：假设检验、DOE、Triz 等。

（5）控制阶段

1）目的：对关键 Xs 实现稳定、长期、可信的控制，确保改进效果长期有效；

2）工作内容：

● 跟踪改进效果，验证其长期有效性；
● 巩固改进措施，修改和制定文件；
● 工艺设备验证；
● 人员培训；
● 提交项目报告。

3）工具方法：控制图、防差错系统等。

9.4 六西格玛设计——科学设计起点高

6σ 管理作为当今最先进的质量管理理念和方法，帮助许多组织取得了巨大成功，特别是在一些知名企业取得了骄人的成绩，越来越受到了大家的关注，不过在关注之余，人们也会发现，依靠传统的 DMAIC 改进流程最多只能将质量管理水平提升到大约 5σ 的水平。如果想继续改进质量水平，组织就必须在产品设计的时候就全面考虑客户的需求，原材料的特性，生产工艺的要求，生产人员的素质等各个方面的要素和条件，从而使产品设计达到 6σ 水平，甚至更高。于是六西格玛设计（DFSS）便应运而生。

1．何为 DFSS？

DFSS 就是按照合理的流程，运用科学的方法，准确理解和把握顾客需求，对新产品、新流程进行设计，使产品、流程具有抵抗各种干扰的能力，在各种恶劣的环境下，产品仍能满足顾客的需求。

DFSS 就是帮助实现在提高产品质量和可靠性的同时降低成本和缩短研制周期的有效方法。也是解决生产制造过程中的改进所不能解决的问题，突破 6σ 改进限制的“5σ 墙”，使产品得到 6σ 水平，甚至更高。

低成本（Cost down）、高可靠性（High reliability）、零缺陷（Zero defect），是 6σ 设计要求的最高境界，也是当今高级 6σ 管理的发展方向。

6σ 设计的主要作用：

（1）把握顾客需求：运用科学的方法准确理解和把握顾客需求，以满足顾客需求为最高准则。

（2）融合关键职能：融合组织中的关键职能，将顾客的声音转化为顾客需求，并对顾客需求的性能进行精确定位，去除冗余性能，增加产品价值。

（3）绩效融入设计：通过在研发阶段的最早期将绩效因素融入设计中，找到产品或服务缺陷的源头。

2．6σ 设计的主要工具

6σ 设计的主要工具有：质量功能展开（QFD）、系统设计、参数设计、容差设计、FMEA 分析、面向 X 的设计等。

（1）质量功能展开

QFD 已在前面第 2 章 2.4 进行介绍过，这里不再赘述。

（2）系统设计

系统设计是指在系统分析的基础上，设计出能满足组织需求，以达到预订目标的系统的过程。它的主要内容包括：确定设计方针和方法,将系统分解为若干子系统，确定各子系统的目标、功能及其相互关系，决定对子系统的管理体制和控制方式，对各子系统进行技术设计和评价，对全系统进行技术设计和评价等。

6σ 设计中的系统设计工具主要应用于 IDDOV 的 Define（定义需求）和 Develop（研发）阶段。在 6σ 设计中有着十分重要的作用。在顾客需求明确以后，如何有针对性地开发出技术含量高、生命力强、适销对路的产品，从根本上决定了产品的质量，也将直接影响企业的成败。

1）系统设计的基本原理，如图 9-4 所示。

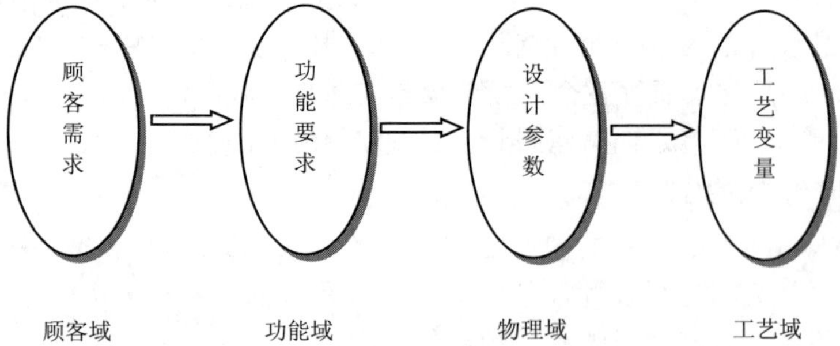

图 9-4　设计的基本原理

系统设计的基本原理其实是一个映射过程，从顾客需求开始，对顾客需求进行系统分析，归纳出需要的功能，也即映射为功能要求，然后为了实现各项功能要求，就需要系统进行设计参数确定、论证、汇总，最后由设计模型反映到工艺实现，经过大量工艺变量的摸索、调整，以确保得到设计要求、实现各项预期功能，最终满足顾客需求。

2）系统设计的主要方法

近年来，在质量学界的不懈努力下，人们对系统设计的过程及其一般规律有了深入的理解，提出了一些新的方法，主要有自顶向下设计方法、公理性设计、解决创造性问题的理论（TRIZ）等。

● 自顶向下设计方法

自顶向下设计的基本思想是深入分析顾客需求，从系统顶层开始，进行功能的分配，系统原理框架的展开，信息的传输与处理及综合，接口的控制，余度和系统重构设计，工程专业综合等，开展自上而下和自下而上的综合。通过有机地管理各子系统、零部件的并行开发，协调技术、进度、成本的矛盾，保证产品的开发按规范的程序、规定的时间节点和成本完成，并保证产品的高质量和高可靠性。

按自顶向下的方法设计时，设计师首先要对所设计的系统要有一个全面的理解，然后从顶层开始，连续地逐层向下分解，直到系统的所有模块都小到便于掌握为止。

● 公理性设计

公理性设计方法是美国麻省理工学院教授 N.P.Suh 教授于 20 世纪 70 年代中期提出来的一种设计决策方法，如果与设计方法学中的“功能分析法”相结合，可以有效地提高设计效率，有助于找到最佳设计解。

➢ 公理设计的主要内容：

设计理论基石——域，如图 9-5 所示。

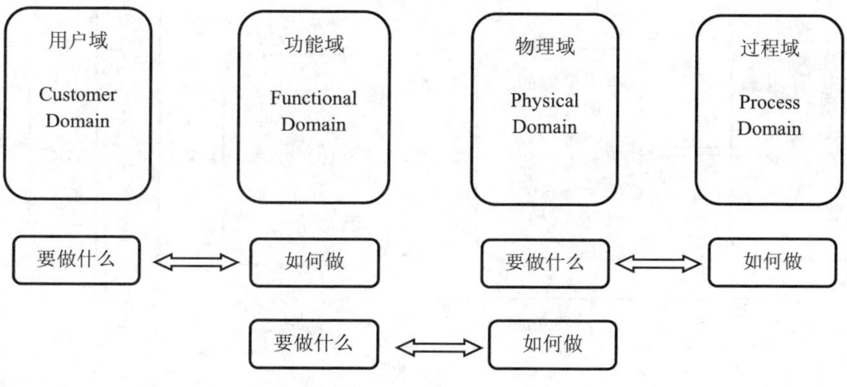

图 9-5　设计理论基石——域

用户域：代表用户的期望和需求；

功能域：代表设计方案功能需求；

物理域：描述设计方案的设计参数；

过程域：表达用于实现设计参数的过程变量。

设计展开的方法：在公理性设计中，从功能域到物理域，再从物理域到过程域，公理性设计应用按层级的“之”字映射进行展开。另外，在两个域进行映射的过程中，要求同一层次的映射完成后，才能进行下一层次的分解，迭代反复至不能展开为止。

设计判定的方法：

公理一：独立性公理——保持功能要求的独立性，也即要求选择设计参数时，既要满足功能要求，又要保持功能要求的相互独立。

公理二：信息公理——力求设计信息含量最少，也即在设计中应尽量简化设计工作，减少设计中各种因素的影响。

推论：包括八项要求：耦合设计的解耦、功能需求最小化、设计特征集成化、零件标准化、形状对称性、公差最大化、具有可能少信息的非耦合设计方案、标量的等效正交性。

➢ 公理性设计的设计过程，如图 9-6 所示。

任何两个相邻域之间，左边的域定义“我们想做什么”，右边的域定义“我们希望如何来做”。

4 个域之间可以建立 3 种映射关系：

一是建立用户域和功能域之间映射关系的过程相应于产品定义阶段；

二是建立功能域与物理域之间映射关系的过程相应于产品设计阶段；

三是建立物理域与过程域之间映射关系的过程相应于工艺设计阶段。

用独立性公理求出每个功能需求与工艺变量之间的对应关系，最后得到最终方案。

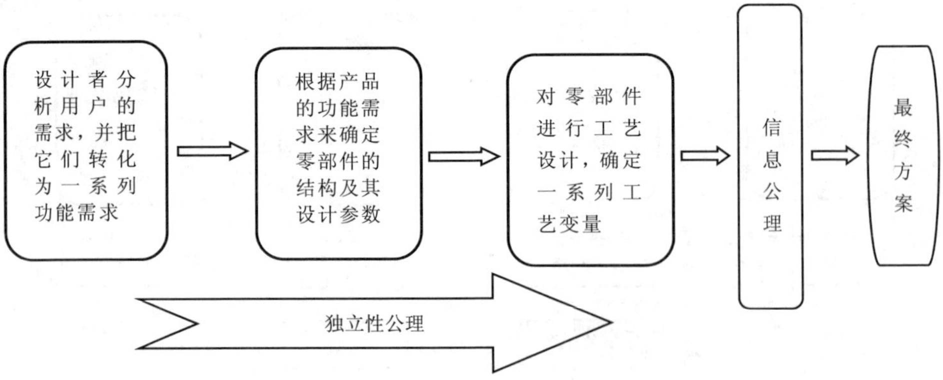

图 9-6　公理化设计过程

● 解决创造性问题的理论（TRIZ）

TRIZ 方法的提出源于发明中问题和矛盾的认识，即大量发明面临的基本矛盾和问题是相同的，只是技术领域不同而已。同样的技术发明原则和解决方案一次次地在多年后被重新使用。因此，将这些有关的知识进行提炼和重新组织，就可以指导后来者的创新和开发。TRIZ 体系正是基于这一思路开发的，打破了我们思考问题的心理惰性和知识面的制约，避免了创新过程中的盲目性和局限性，指出了解决问题的方向和途径，并得到了计算机辅助软件的支持。

➢ TRIZ 的基本术语：

理想技术系统：较好的技术系统应是在构造和维护中消耗资源较少，而能完成同样功能的系统；理想技术系统则是不需要用材料来构造，不消耗能量和空间，不需要维护，也不会损坏的系统，即它在实体上不存在（隐含在已有的技术系统中），却能完成所需要的功能。

缩小的问题：致力于使系统保持不变甚至简化，而消除系统的缺点，完成改进。这是 TRIZ 方法的主导思想，是实现理想技术系统的途径。

扩大的问题：不对可选择的改变加以约束，可能为实现所需功能而增加零配件，甚至开发新的系统，是问题复杂化，使解决问题所需的消耗与取得的效果不成比例。

系统冲突：这时 TRIZ 方法的核心术语，用于描述隐藏在问题后面的固有矛盾。TRIZ 认为，发明可视为系统冲突的解决过程。

物理矛盾：同一物理必须处于互相排斥的物理状态，也即为实现功能 F1，元素应有属性 P，为实现功能 F2，元素应有对立的属性-P。根据 TRIZ 理论，物理矛盾可以有三种处理方法：一是把对立属性在时间上加以分隔；二是把独立属性在空间上加以分隔；三是把对立属性所在的系统与部件分开。

➢ TRIZ 方法的结构体系，如图 9-7 所示。

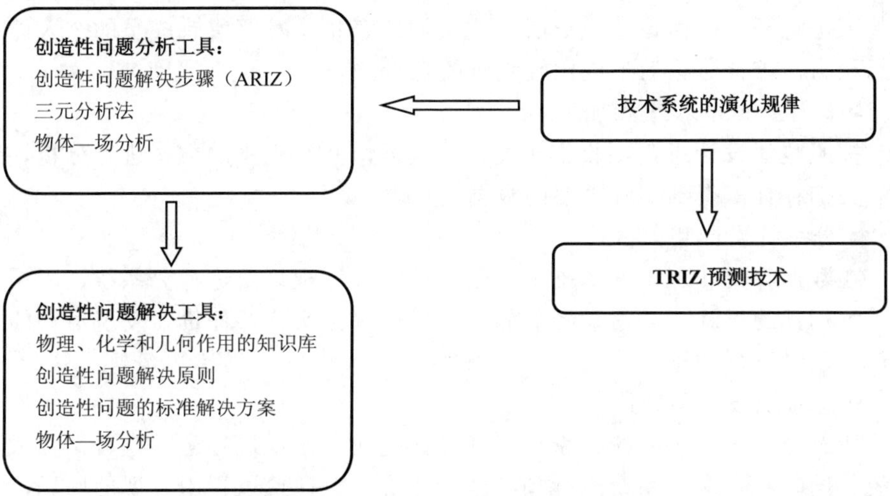

图 9-7　TRIZ 方法的结构体系

➢ TRIZ 方法解决问题的流程，如图 9-8 所示。

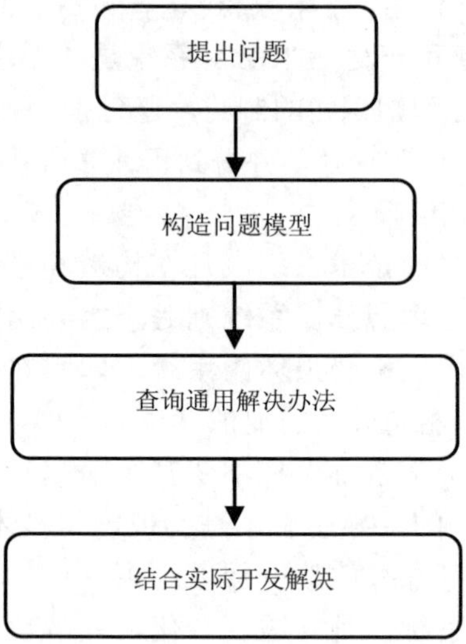

图 9-8　TRIZ 方法实施流程

3）系统设计的一般步骤

● 确定设计方针和设计方法

系统设计的主要任务就是产生解决问题的最优方案，而设计方针和设计方法是设计方案产生的重要指导，因此，要进行系统设计首先要进行设计方针和设计方法的确定。

● 分析和综合探讨

系统设计要成立项目小组，确定设计方针和方法后，项目小组成员要组织起来进行分析、讨论，充分听取成员们的意见，发挥所有成员的个人能力和想象力，综合讨论后形成比较完善的意见。

● 设计数据的收集和加工

按照整体设计思路，收集相关设计数据，并对收集的数据进行分析、研究，去伪存真，得到实际需要的数据信息。

● 分系统设计和评价

在数据收集和加工的基础上，依据系统设计规划，进行分系统、子系统或系统局部的设计，并对设计后的分系统进行预实施、评价，发现不符的情况，要及时进行调整。

● 总系统设计和评价

所有分系统、子系统或系统局部设计完成后，要进行全面整合，形成总系统。同时，也对总系统进行预实施、评价，对评价过程中发现的问题，要进行认真分析，及时调整、完善。

● 实现方法的设计和评价

系统设计完成后，形成完整的设计模型，随后就是具体如何实现的问题。一般来说，在系统设计之初，就会考虑与之相协调的实现方法，以确保系统设计的更实效、更有操作性。实现方法设计后也要进行评价，看是否能够得到系统设计的目标。

● 系统综合评价

综合评价就是对设计方针、设计方法、设计过程实现过程，以及分系统、总系统等进行全面评价，看是否有缺陷，有需要整改的方面。

（3）参数设计

参数设计是三次设计法里的二次设计，是在系统设计之后进行。参数设计的基本思想是通过选择系统中所有参数（包括原材料、零件、元件等）的最佳水平组合，从而尽量减少外部、内部和产品间三种干扰的影响，使所设计的产品质量特性波动小，稳定性好。

需要说明的是，在参数设计阶段，一般选用能满足使用环境条件的最低质量等级的元件和性价比高的加工精度来进行设计，使产品的质量和成本两方面均得到改善。

1）参数设计的基本原理

一般来说，产品的质量特性是通过一个复杂的非线性函数与其产品参数和环境因素建立关联的。因此，人们发现有可能找到参数的许多不同组合，使得产品质量特性值在标准条件下达到所需的目标值。但是，由于是非线性关系，这些不同的参数组合会引起质量特性值产生完全不同的波动，只要找到波动小的参数组合，就能得到基本稳定的质量特性值。因此，参数设计的主要目标是利用非线性关系找到参数的最佳组合，使得质量特性值围绕目标值的波动最小。

2）参数设计的基本流程

具体实施过程是借鉴正交试验设计，首先确定影响输出质量特性的因素及其水平，然后对因素进行分类，利用内外正交表安排试验，采用 S/N 比进行数据分析，确定因素的最佳水平。

3）参数设计的方法

参数设计是一个多因素选优问题。由于要考虑三种干扰对产品质量特性值波动的影响，探求抗干扰性能好的设计方案，因此参数设计比正交试验设计要复杂得多。参数设计一般选用田口博士的参数设计方法，即采用内侧正交表和外侧正交表之积来安排试验方案，用信噪比作为产品质量特性的稳定性指标来进行统计分析，田口参数设计流程图如图 9-9 所示。

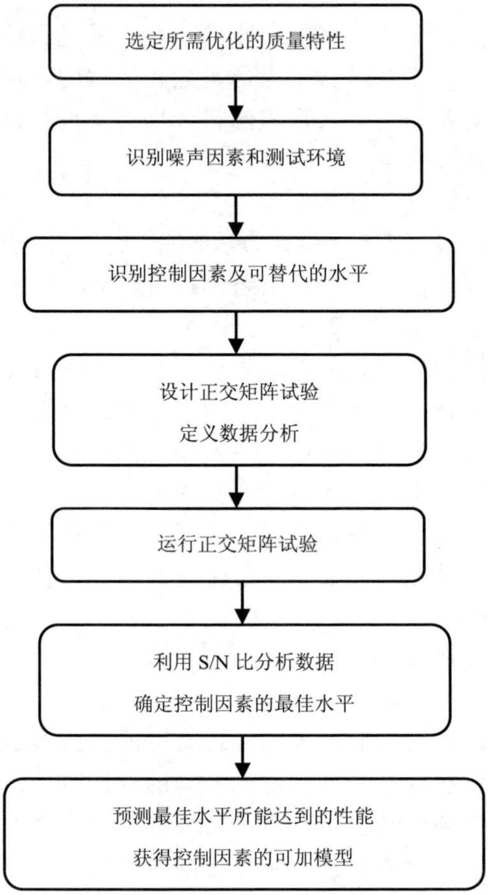

图 9-9　田口参数设计流程图

（4）容差设计

容差是从经济角度考虑允许质量特性值的波动范围。容差设计通过研究容差范围与质量成本之间的关系，对质量和成本进行综合平衡。容差设计在完成系统设计和由参数设计确定了可控因素的最佳水平组合后进行，此时各元件（参数）的质量等级较低，参数波动范围较宽。

容差设计的目的是在参数设计阶段确定的最佳条件的基础上，确定各个参数合适的容差。

1）容差设计的基本思想

根据各参数的波动对产品质量特性贡献（影响）的大小，从经济性角度考虑有无必要对影响大的参数给予较小的容差（例如用较高质量等级的元件替代较低质量等级的元件）。这样做，一方面可以进一步减少质量特性的波动，提高产品的稳定性，减少质量损失；另一方面，由于提高了元件的质量等级，使产品的成本有所提高。因此，容差设计阶段既要考虑进一步减少在参数设计后产品仍存在的质量损失，又要考虑缩小一些元件的容差将会增加成本，要权衡两者的利弊得失，采取最佳决策。容差设计主要适用于优化设计（O）阶段。

2）容差设计的主要方法

容差设计的方法，比较常见的有极值分析法（WorstCase）、统计平方公差法（Root-Sum-Squares）和模拟法（Simulation）三类。

● 极值分析法

极值分析是应用极值而做的随机过程分析。在这种方法中，零部件都设计为名义值，然后假定容差完全向一个或另一个方向积累，最终的结果仍能满足产品的功能要求。极值分析法是目前应用范围最广泛、操作最简便的方法，大多数的设计都基于这个概念。

在极值分析法分析中主要考虑的是设计规格的线性极值，它虽然确保了所有零件的组合，但往往导致最终结果过于保守，产生过大或过小的容差。而且严格地说，极值分析法并不属于统计方法，但它为后面讲到的统计平方公差法提供了比较的基础，能够帮助我们更好地意识到应用统计方法的好处。

● 统计平方公差法

统计平方公差法基于这样一个假设理论：大多数的零部件在它们的公差范围内呈正态概率分布，此时由它们所构成的系统与各个零部件线性相关，则系统的分布也可以用一个正态分布或近似正态的分布来表示。

统计平方公差法采用统计分析方法进行公差分析，防止产生过于保守的设计，适当地扩展了零部件的允许公差，如果清楚过程能力，甚至可以得到更宽松的公差。

● 模拟法

模拟也称仿真，是指通过设定若干个随机变量以及相互之间的关系建立系统的数学模型或逻辑模型，并对该模型进行充分的试验，以获得对该系统行为的认识或者帮助解决决策问题的过程。

在容差设计时应用模拟技术，分析人员无须组建真实的系统就能够评价模型，或者在不干扰现有系统的情况下对模型进行验证。而且模拟法对零部件的分布和模型的线性要求较低，比许多其他的分析方法更容易被人理解。

（5）FMEA 分析

FMEA（Failure Mode and Effect Analysis，失效模式和效果分析）是一种用来确定潜在失效模式及其原因的分析方法。具体来说，通过实行 FMEA，可在产品设计或生产工艺真正实现之前发现产品的弱点，可在原形样机阶段或在大批量生产之前确定产品缺陷。

1）FMEA 方法的适用范围

FMEA 方法的适用范围包括产品和工艺设计中的各种质量问题的分析。在 DMAIC 和 IDDOV 中都有广泛应用。另外，许多组织都把 FMEA 作为对“产品和过程的确认和更改”以及对“设计和开发”进行风险评估的工具。

2）FMEA 方法的分类

FMEA 方法的分类有两种：

一是分为硬件法和功能法：当产品可按设计图纸及其他设计工程资料明确确定时，一般采用硬件法；当产品处于研发初期，设计图纸还没形成时，一般采用功能法。

二是分为系统 FMEA、设计 FMEA 和工艺 FMEA：系统 FMEA 适用于产品从设计到工艺及生产制造过程中的故障模式与影响的分析；设计 FMEA 适用于产品设计阶段的故障模式与影响的分析；工艺 FMEA 则适用于工艺设计和生产制造过程故障模式与影响的分析。

3）FMEA 的主要内容

● 确定产品需要涉及的技术、能够出现的问题

主要包括：需要设计的新系统、产品和工艺；对现有设计和工艺的改进；在新的应用中或新的环境下，对以前的设计和工艺的保留使用；形成 FMEA 团队等。

● 记录 FMEA 的序号、日期和更改内容

保持 FMEA 始终是一个根据实际情况变化的实时现场记录，需要强调的是，FMEA 文件必须包括创建和更新的日期。

● 创建工艺流程图

实施 FMEA 需要工艺流程图，工艺流程图应按照事件的顺序和技术流程的要求而制定。

● 列出所有可能的失效模式、效果和原因以及对于每一项操作的工艺控制手段

对于工艺流程中的每一项工艺，应确定可能发生的失效模式；对于每一种失效模式，应列出一种或多种可能的失效影响；对于每一种失效模式，应列出一种或多种可能的失效原因；现有的工艺控制手段是基于目前使用的检测失效模式的方法来避免一些根本的原因。

● 对事件发生的频率、严重程度和检测等级进行排序

严重程度是评估可能的失效模式对于产品的影响，10 为最严重，1 为没有影响；事件发生的频率要记录特定的失效原因和机理多长时间发生一次以及发生的概率，如果为 10，则表示几乎肯定要发生，工艺能力为 0.33 或者 ppm 大于 10000；检测等级是评估所提出的工艺控制检测失效模式的概率，

列为 10 表示不能检测，1 表示已经通过目前工艺控制的缺陷检测。

计算风险优先数 RPN（risk priority number）：

RPN 是事件发生的频率、严重程度和检测等级三者乘积，用来衡量可能的工艺缺陷，以便采取可能的预防措施减少关键的工艺变化，使工艺更加可靠。对于工艺的矫正，首先应集中在那些最受关注和风险程度最高的环节。

RPN 最坏的情况是 1000，最好的情况是 1，确定从何处着手的最好方式是利用 RPN 的 pareto 图，筛选那些累积等级远低于 80%的项目。

需要说明的是：FMEA 实际上意味着是事件发生之前的行为，并非事后补救。因此要想取得最佳的效果，应该在工艺失效模式在产品中出现之前完成。

（6）面向 X 的设计（DFX）

面向 X 的设计（DFX）是为了满足顾客对产品全生命周期的所有要求，针对有关的各种要素进行设计的方法的统称。其中 X 代表产品生命周期或其中某一环节，也可以代表产品竞争力或决定产品竞争力的因素。DFX 技术主要适用于界定（D）、设计（D）和优化（O）阶段。

DFX 是一种优化产品设计的方法，同时也是一种先进的设计理念。其作用方式主要有两种：DFX 设计准则和 DFX 分析评价工具。

1）DFX 设计准则：将 X 要素方面专家的有关知识和经验整理成具体的设计准则，然后在它们的指导下进行产品设计。

2）DFX 分析评价工具：在产品设计进行到一定程度后，通过系统分析影响产品的 X 要素的各种因素，对产品 X 要素进行评价，给出改进设计的建议。

DFX 主要包括：面向制造的设计（DFM）、面向装配的设计（DFA）、面向成本的设计（DFC）、面向试验的设计（DFT）、面向可靠性的设计（DFR）、面向维修性的设计（DFMt）、面向售后服务的设计（DFS）、面向环境的设计（DFE）等。

● 面向制造的设计（DFM）

在产品设计的早期阶段即考虑与制造有关的约束，指导设计师对同一零件进行不同材料和工艺的选择，提高产品的可制造性。对不同制造方案进行制造时间和成本的快速定量估计，全面比较和评价各种设计和工艺方案等。

在保证满足设计要求的前提下，尽可能选择易于加工的材料、最低的尺寸公差和形位公差要求、合适的尺寸标注基准、适当的热处理和表面处理要求、成熟的工艺方案等。

● 面向装配的设计（DFA）

在产品设计过程中利用各种技术手段如分析、评价、规划、仿真等，充分考虑产品的装配环节以及与其相关的各种因素的影响，在满足产品性能和功能的条件下改进产品的装配结构，使设计出的产品是可以装配的，并尽可能地降低装配成本和产品总成本。

● 面向成本的设计（DFC）

在满足用户需求的前提下，通过分析和研究产品在设计、装配、试验、检验、使用、维修、回收或报废的全生命周期中各个部分的成本组成情况并进行评估后，对原设计中成本比较高的部分进行修改，以降低产品设计成本。

● 面向试验的设计（DFT）

产品设计时，必须考虑设计验证、例行试验和产品检验的可行性和经济性。

在确定总体设计方案的同时，确定设计验证和试验检验的方案并及早地启动相应设施的组建。应当尽可能地应用现有的、经过实际使用考验的设计验证和试验检验设施。还要考虑原材料、元器件、外包工序和外包部件等的验收试验或检验规范。

● 面向可靠性的设计（DFR）

6σ 设计的核心是稳健设计，其宗旨是提高产品抵御环境变化、制造误差和磨损老化等各种干扰的能力，减少产品质量波动。而实质上稳健设计在减少产品质量波动的同时，也肯定提高了产品的可靠性。

● 面向维修性的设计（DFMt）

维修性也是产品的一种质量特性，即由产品设计赋予的使其维修简便、迅速和经济的固有特性。提高维修性也是降低全生命周期费用以满足预期费用和维修活动的重要途径。

维修性设计是可靠性设计的重要补充。

● 面向售后服务的设计（DFS）

售后服务是指组织在把产品或服务销售给消费者后，为消费者提供的一系列后续服务。面向售后的服务设计主要包括维修服务策略的确定、面向维修性的设计、售后资源保障的设计以及质量可靠性信息系统的建立等方面。

● 面向环境的设计（DFE）

面向环境的设计包括环境保护设计和环境适应性设计。环境保护设计主要考虑在产品设计、生产制造及产品使用过程中，产生的废水、废气、废物、废渣等的排放和回收。环境适应性设计则考虑的是使产品本身具有很强的抵御环境变化的能力，或改善局部工作环境，减少环境变化对产品性能和可靠性的影响。

3．6σ 设计模式

6σ 的主要设计模式有：

DMADV 模式：即定义（Define）、测量（Measure）、分析（Analyza）、

设计（Design）、验证（Verify）

DMADOV 模式：即定义（Define）、测量（Measure）、分析（Analyza）、设计（Design）、优化（Optimize）、验证（Verify）

DCCDI 模式：即定义（Define）顾客（Customer）、概念（Concept）、设计（Design）、实现（Implement）

DMEDI 模式：即定义（Define）、测量（Measure）、研究（Explore）、概念（Develop）、实现（Implement）

IDDOV 模式：即识别（Identify）、定义（Define）、研发（Develop）、优化（Optimize）、验证（Verify）

DCOV 模式：即界定（Define）、概念（Concept）、优化（Optimize）、验证（Verify）

其中：定义（Define）是指顾客需求的确认和展开，产品方案论证和设计；

测量（Measure）是指依据流程，验证测量系统，测量过程绩效，收集和分析性能数据，进行风险评估；

分析（Analyza）是指识别关键的质量设计参数和关键波动源，进行价值分析和流程实践分析；

设计（Design）是指确认/调整范围、绘制高级流程图，创造设计理念，建立详细的设计方案；

验证（Verify）是指验证设计方案的正确性，验证生产过程的能力，确认可以达到的质量水平；

优化（Optimize）是指进行产品和过程设计参数的优化，确认并消除产品或服务失效的潜在可能，减少产品或流程的差异性，调整输出信息，使其达到指标；

研发（Develop）是指组织起草设计方案，确定最佳设计和稳健设计容差，制定设计控制计划。

各个模式虽有不同，但基本大同小异，各个组织会根据自己的实际情况进行不同的选择。

4．6σ 设计实施步骤

（1）确立 6σ 设计项目

项目的选择要慎重，要选择能解决关键问题、带来核心价值的项目，为将来的活动制定一个坚定、清晰的方向。

（2）征求顾客需求

项目确定后，通过意见征求、顾客满意度调查以及谈话聆听等多种方式，了解顾客的意见、建议。

（3）开发概念

此阶段的要求是从既高度创新而又有相当基础出发建立各式各样的备选方案。

（4）设计最优化

结合实际情况和收集到的各种数据资料，对各个设计方案进行对比、评估，推陈出新使设计最优化。

（5）验证最优化设计

6σ 设计的特色是强调把质量融入设计，而不是用反复试验的方法不断提取，然后获得 6σ 的质量，所以，设计必须在验证之前完成，而不是用验证作为修正设计的另一种方法。

（6）归档总结

把 6σ 设计中应用的每个工具和方法，每个函数和规则等都记录下来，归档总结，以备查找，同时作为后续质量管理活动的参考。

【小贴士】6σ 设计须知

组织在开展 6σ 设计时会遇到一些阻力，需要引起我们的关注：

1. 技术阻力

主要来自对新技术、新方法的恐惧、畏难情绪，以及不会用、不熟练带来的抵触情绪。譬如：6σ 设计作为一项专业性很强的管理方法，要应用到一些复杂的统计技术、管理工具等，这些都对从业者的素质有很高的要求，需要从业者进行不断学习、摸索，会带来一些困难和阻力，需要从业者坚定信念、持之以恒，给予克服。

2. 管理阻力

6σ 设计经常需要部门之间的共同协作，而且往往解决问题的最佳方案就在跨部门之间完成。但是，人们常常会遇到这样的情况，出于对本部门的利益的考虑，在协作中人们不愿做出让步或出现推诿现象等，以至于出现一些管理阻力，需要组织进行协调解决。

3. 文化阻力

人们在长期的组织管理和运行活动中所沉积下来的观念是根深蒂固的。而 6σ 管理是一种新观念、新理念，强调实事求是，客观务实，这对人们已经习惯的做法是极大的挑战。任何管理变革都会遇到文化阻力。6σ 管理将改变一个组织的经营、运作方式，自然会出现很强的文化阻力。

4. 专业人员匮乏阻力

由于 6σ 设计项目需要众多具有专业知识的高素质人员，一个 6σ 设计团队通常就需要由一个或一个以上的黑带或黑带大师、商务专家、客户专家、技术专家和设计师等多方面人员组成。而组织往往无法全部获得这些专家，这样就为 6σ 设计项目的顺利开展带来了很大障碍和阻力。

9.5 实施关键——成功实施有保障

在推动 6σ 管理时，组织要真正能够获得巨大成效，必须把 6σ 当成一种管理哲学、一种工作理念。同时，在理念引导下，把握好一些运行关键点，为成功实施保驾护航。

1．领导层高度重视

组织推动 6σ 管理，领导层重视是根本，只有领导层高度重视，才能动员组织的全部力量，调动全体人员的积极性和主动性，同时，整合组织的所有资源，实现资源利用效益最大化，为 6σ 管理的成功实施，克服障碍，提供坚实保障。

2．以顾客为中心

6σ 管理要把顾客放在第一位，以顾客为中心，充分听取顾客的意见、建议，了解顾客全部需求和期望，在此基础上，制定项目目标、指标，衡量业绩、绩效，以便真正为组织带来绩效，提高组织价值和竞争力。

3．以事实为依据，以数据为主导

6σ 管理的各项活动开展，譬如：选定项目、制定目标、方案设计、评估绩效等，都需要以大量的资料、数据为基础，只要在对资料、数据进行充分研究分析的基础上，才能确保项目、目标的选定实事求是，也才能取得实效，提高综合效力，同样，也只有以大量的资料、数据为支撑，才能进行方案的审定、绩效的评估，做到有的放矢，充分体现 6σ 管理的成效。

4．遵循流程，依规运行

流程是做事提高效率、减少失误的重要手段。组织在开展 6σ 管理活动中，无论是项目选定、产品设计、绩效评估，还是提升顾客满意，6σ 都把流程作为取得成功的重要交通工具。遵循流程，依规运行是 6σ 提升顾客价值和竞争优势的重要方法。

5．积极进取，主动管理

6σ 管理的核心理念就是精益求精、力求完美，因此，我们在开展 6σ 管理活动时，必须时常主动去做那些组织常忽略的事情，并不断检讨，设定明确的优先事项。强调防范而不是救火，常质疑“为什么要这么做”，而不是常说“我们都是这么做的”。只有不断保持积极进取、主动管理的心态，6σ 管理才能不断取得成功。

6．协力合作无界限

6σ 管理扩展了组织内合作的机会，增强了各个部门、各个环节的相互依赖性，使部门之间、上下环节之间的合作和配合变得更重要、更关键。只有组织内部门之间协力合作无界限，才能确保顾客价值的提高、组织目标的实现。

7. 追求完美，容忍失败

作为一个以追求完美作为目标的管理方法，6σ 为组织提供了一个近乎完美的努力方向。没有不执行新方法、贯彻新理念就能实施 6σ 管理的组织。而这样做总会带来风险，在开展 6σ 管理活动中，可能会遇到挫折和失败，组织应以积极应对挑战的心态，面对挑战和失败，不断总结，持续提高。

9.6 智慧分享

目前许多组织都在开展 6σ 管理活动，实施的成效好坏不一，究其原因，主要是对 6σ 认识不足、理解不够。为使组织能够成功开展 6σ 管理活动，有些理念和观点与大家做一下分享。

1. 6σ 管理的实质就是采用“木桶原理”开展工作

6σ 管理持续改进的理念主要是采用“木桶原理”开展工作，也即通过 6σ 清楚准确地找到影响组织经营管理的最重要的短板，并且将这块短板增高，然后再寻找下一块最重要的短板，循环反复，不断地对组织经营管理的木桶进行修补，将不同时期最短的板增高来帮助组织实实在在提升执行力和竞争力。

2. 成功实施 6σ 管理一定是团队协作的结果

组织成功实施 6σ 管理必须要有不同的团队紧密合作，这些团队至少要包括：6σ 专家团队、领导层团队以及一线操作人员团队等。6σ 专家团队为组织到来 6σ 的专业知识，提供培训和咨询，同时现场指导和评估 6σ 工作的开展；领导层团队的参与和支持可发挥组织的最大热情，提供各种资源，凝聚合力；一线操作人员团队具体负责各项操作，确保各项工作的具体实施。只有这些团队的紧密合作，才能形成一个 6σ 管理活动开展的整体，互相合作、共同配合，取得成功。

3. 6σ 管理切忌简单、机械的模仿

任何一种管理模式，其科学性的理论和实践是可以学习借鉴的，但在具体应用上，要从组织自身实际出发，照抄照搬注定是要失败的。6σ 管理同样也要符合这个规律，可以借鉴、学习一些成功的经验，但绝对不能全盘抄袭，否则，效果一定适得其反。

4. 6σ 管理是要付出成本的

虽然成功地开展 6σ 管理活动能为组织节省很大的运行成本，但就 6σ 管理本身是要花钱的，要付出一定成本的，而且有时成本还很可观。譬如：专家的服务费用、培训费用、统计技术的应用费用以及经验不足带来的风险费用等，都需要组织有充分的准备，达成共识。

5. 精益生产与 6σ 管理整合是大势所趋

精益生产与 6σ 管理是组织提升竞争力的两种重要方法，虽然它们产生的背景和表现的特征有一定差异，但是从本质上来说是相同的，都是为了提高顾客满意度而进行全方位的注重流程上的持续改进的方法。因此，许多质量专家都提出了精益六西格玛的概念，也即对精益生产和 6σ 管理进行整合，把它们有机结合起来，形成一个系统的整体，更好地为组织创造效益。而且，专家们大都认为：精益六西格玛逐渐取代单独的精益与 6σ，将成为质量管理方法改良的必然趋势。

第10章

全面质量管理——追求完美就要面面俱到

本章导读：

- 什么是全面质量管理（TQM）
- 全面质量管理的内涵有哪些
- 全面质量管理的内容有哪些
- 全面质量管理的流程是什么
- 全面质量管理常用统计工具
- 如何准确理解全员质量管理
- 如何把控好全过程质量管理
- 如何把控好全企业质量管理

质量管理，追本溯源，从事后检验为主的质量检验管理阶段，经过程控制为主的统计质量管理阶段，发展到全面管控的全面质量管理阶段。经历了从低到高的发展过程，顺应了人们从浅到深的认识演变。是市场发展的需求，也是时代演变的选择。深入了解全面质量管理，也是深入了解我们所处的时代和面临的复杂市场的一种重要途径。

10.1 TQM 基本含义——全面管理有内涵

要深入了解全面质量管理，首先要知道何为全面质量管理？它有哪些内涵和特点。

全面质量管理（Total Quality Management，TQM）就是一个组织以质量为中心，以全员参与为基础，目的在于通过让顾客满意和本组织所有成员及社会受益而达到长期成功的管理途径。

TQM 是一种由顾客的需要和期望驱动的管理哲学。它以质量为中心，建立在全员参与基础上的一种管理方法，其目的在于长期获得顾客满意、组织成员和社会的利益。它蕴含的含义有：

1. 充分体现“全面”

TQM 体现全面性，是指全面控制产品质量的各个环节，各个阶段。即实现全员参与的质量管理、全过程的质量管理、全企业参与的质量管理。也就是说要求把质量控制工作落实到每一名员工，让每一名员工都关心产品质量；要求对产品生产过程进行全面控制；要求企业所属各单位、各部门都要参与质量管理工作，共同对产品质量负责。

2. 强烈关注“顾客”

高度重视顾客价值，以“顾客的满意和认同是长期赢得市场，创造价值的关键”为主导思想，全面贯穿于组织的业务流程中，即从市场调查、产品设计、试制、生产、检验、仓储、销售到售后服务的各个环节都应该牢固树立“顾客第一”的思想，不但要生产物美价廉的产品，而且要为顾客做好服务工作，最终让顾客放心满意。

3. 强调质量“广义”

TQM 采用广义的质量定义。不仅包括产品质量、服务质量，也包括工作质量、设计和制造质量等。也就是说，它不仅与最终产品有关，并且还与组织如何交货，如何迅速地响应顾客的投诉、如何为客户提供更好的售后服务等都有关系。

4. 持续坚持“改进”

“没有最好，只有更好”是 TQM 对质量工作的一种永恒承诺。“非常好”还是不够，质量总能得到改进。在这种观念的指导下，组织持续不断地改进产品或服务的质量和可靠性，确保组织获得领先的竞争优势。

5. 实施员工“授权”

TQM 需要全员的参与，广泛地把员工吸纳进组织质量改进工作中，采用团队形式作为授权的载体，充分发挥广大员工的积极性、主动性，依赖团队的力量去发现问题、解决问题。

TQM 与传统质量管理有很大不同，有一些全新特点：

1. 以适用性为标准

传统的质量管理一般都是以符合技术标准和规范的要求为目标，即所生产出来的产品只需要符合组织事先制订的技术要求就行。而 TQM 则要求产品的质量必须符合用户的要求，始终以用户的满意为目标。

2. 以人为本的观点

TQM 是一种以人为中心的质量管理，非常重视整个过程中所涉及的人员。为了做到以人为本，组织必须做到：高层领导的全权委托，重视和支持质量管理活动；给予每个人均等机会，公正评价结果；让全体员工参与到质量管理的过程中；缩小领导者、技术人员和现场员工的差异。

3. 突出改进的动态性

TQM 的另一显著特点是突出改进的动态性。因为 TQM 强调以适应性为标准，而顾客的需求是不断发生变化的，这就要求我们要有动态的质量管理概念，制定控制程序和改进程序，确保改进的动态性。

4. 体现综合管理的方法

TQM 的管理方法体现综合性，是指综合运用质量管理的技术和方法，并且组成多样化的、复合的质量管理方法体系，从而使企业的人、机器和信息有机结合起来。也就是将经营管理知识、计算机技术和统计技术综合应用到 TQM 工作中，形成综合的工作方法。

10.2 TQM 主要内容——如何执行看内容

TQM 是一种系统化、综合化的管理方式。组织要实施 TQM，除了要注意满足“三全”的要求外，还应该落实好 TQM 的各项具体内容。

1. TQM 的内容含义

通常情况下，TQM 的内容必须涉及两个方面的含义：一般性的内容和一般性的方法。

（1）一般性的内容

TQM 的一般性内容必须是可以计量的，同时又具有技术含量。另外，质量特征发生变化也是有原因的，还需要包括原因因素。因此，一般性内容主要包括：

1）质量的计量特征和技术特征

质量必须是可以度量的，能够准确地、并且必须用数据来表示。同时，质量又要体现一定的技术，例如制造技术、质量检验技术，或者蕴含在产品当中的功能方面的技术等。这些都是全面质量管理过程中所要求的，也即质量的计量特征和技术特征。

2）质量特征变化的原因

由于顾客的需求在不断地改变，产品质量如同市场规律一样同样会产生波动，这种波动需要全面质量管理的管理者去研究，寻找产生波动的具体原因，并谋求将这种波动降低到最小的程度。也就是说寻求质量特征变化的原因。

（2）一般性的方法

TQM 的一般性方法主要包括：质量控制界限的判别、质量的抽样检查、预防性质量管理和成品质量检验。通过这些方法的运用，组织就能够保证和提高产品的质量，从而有可能更好地去满足顾客的需求。

1）质量控制界限的判别

由于多方面因素的影响，质量具有一定的波动性。质量的波动必须是在一定的范围内进行，而不能超出这个范围。因此，对于 TQM 的一般性方法来说，如何去设定波动的界限，即质量控制界限的判别，是需要我们进行深入研究的内容。

2）质量的抽样检查

产品质量的检验无论何时何地都离不开抽样检查，因为我们不太可能把所有的产品进行彻底检验，特别是对于那些批量很大的产品来说，做到全检是很不现实的。因此，为了比较客观地反映产品的质量，我们就必须研究如何抽样、如何对抽样的可信度进行评估等。

3）预防性质量管理

产品质量是生产出来的，不是检验出来的。这句话充分表达了组织要想得到优秀的产品质量，就需要对生产过程进行严格控制，提前考虑到各项质量隐患有可能造成的质量缺陷，全力避免这些质量缺陷的发生，也就是提前做好预防性工作，确保制造质量的可靠性。

4）成品质量检验

成品要经过质量检验后才能入库、出厂，以确保客户收到的产品无缺陷，能够完全满足客户的要求。因此，对成品的质量检验就需要研究、控制，通过选定合适的检验方式方法，以保证成品质量检验系统、可靠、无遗漏等。

2. TQM 的内容本质

TQM 的内容本质也是它的核心内容，就是要进行“三全”管理，也即：全员参加的质量管理、全过程的质量管理、全企业的质量管理。

（1）全员参加的管理：就是要求全部员工，无论高层管理者还是普通办公职员或一线工人，都要参与质量管理活动。参与“改进工作质量管理的核心机制”，是 TQM 的主要原则之一。

（2）全过程的质量管理：就是要求质量管理要参与到组织的全过程，从顾客的需求开始，直到通过设计检验等全过程的活动，设计、生产和销售出满足客户需要的产品。也即要求在市场调研、产品的选型、研究试验、设计、原料采购、制造、检验、储运、销售、安装、使用和维修等各个环节中都要把好质量关。

（3）全企业的质量管理：就是要求企业内的所有部门、单位都要参与质量管理活动，共同为企业的质量负责。重点强调了质量管理活动不局限于质量管理部门。

需要说明的是：也有把 TQM 的“三全”管理解释为：全员、全过程、全面的。全面是指用全面的方法管理全面的质量。全面的方法包括科学的管理方法、数理统计的方法、现代电子技术、通信技术等。全面的质量包括产品质量、工作质量、工程质量和服务质量等。解释虽有不同，但大同小异，只是解释的侧重点不一样。

3．TQM 的过程内容

TQM 的过程内容主要包括设计过程、制造过程、辅助过程、使用过程等四个过程的质量管理内容。

（1）设计过程主要内容

产品设计过程的质量管理是 TQM 的首要环节。这里所指设计过程，包括市场调查、产品设计、工艺准备、试制和鉴定等过程。主要工作内容：通过市场调查研究，根据用户要求、科技情报与组织的经营目标，制定产品质量目标；组织有销售、使用、科研、设计、工艺、制度和质管等多部门参加的审查和验证，确定适合的设计方案；保证技术文件的质量；做好标准化的审查工作；督促遵守设计试制的工作程序等。

（2）制造过程主要内容

制造过程是指对产品直接进行加工的过程。它是产品质量形成的基础，是组织质量管理的基本环节。它的基本任务是保证产品的制造质量，建立一个能够稳定生产合格品和优质品的生产系统。主要工作内容：进行工艺过程验证；组织工序的质量控制；组织质量检验工作；组织质量分析，掌握质量动态；建立质量管理点；组织和促进文明生产等。

（3）辅助过程主要内容

辅助过程是指为保证制造过程正常进行而提供各种物资技术条件的过程。包括物资采购供应、动力生产、设备维修、工具制造、仓库保管、运输服务等。主要工作内容：做好物资采购供应（包括外协准备）的质量管理，保证采购质量，严格入库物资的检查验收，保质、保量、保期地提供生产所需要的各种物资（包括原材料，辅助材料，燃料等）；组织好设备维修工作，保持设备良好的技术状态；做好工器具制造和供应的质量管理工作等。

（4）使用过程主要内容

使用过程是考验产品实际质量的过程，它是企业内部质量管理的继续，也是TQM的出发点和落脚点。它的基本任务是提高服务质量（包括售前服务和售后服务），保证产品的实际使用效果，不断促使企业研究和改进产品质量。主要工作内容：开展技术服务工作（售前技术宣传、培训、指导等）；使用过程服务工作（现场安装、指导、培训，售后维护、维修等）；调查产品使用效果和用户要求等。

10.3 TQM 实施步骤——按部实施分前后

组织推行 TQM 一般要遵循以下步骤，如图 10-1 所示。

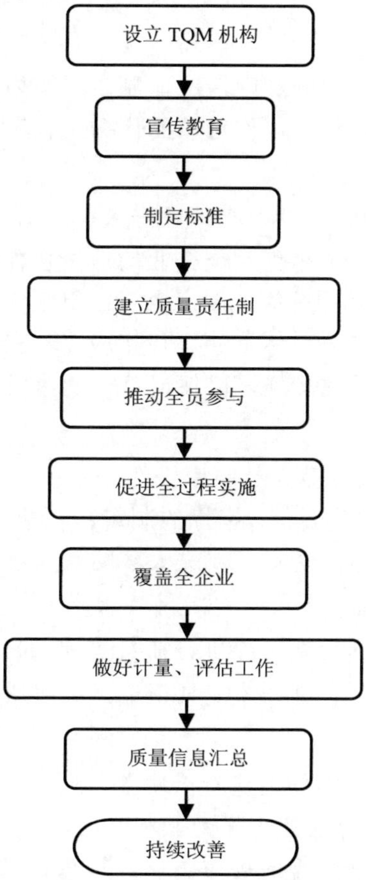

图 10-1 TQM 实施步骤

1. 设立TQM机构

组织要准备开展TQM，首先要建立TQM工作机构，从组织上给予保障。有些组织为确保开展的有效性，还要把机构分为领导机构和实施机构，领导机构主要负责TQM工作的规划、指导、审定等。实施机构则负责具体的准备、计划、实施、评估、改进等。不管是一个机构还是两个机构，机构的组成成员要包括最高管理层、各部门领导、质量工作人员、一线操作人员等，机构成员要定期召开会议，研究、总结TQM的工作。

2. 加强宣传教育

要谋其事先定调。为开展好TQM工作，首先要建立一个利于工作开展的良好氛围。加强组织内TQM工作的宣传教育活动，在组织内牢固树立“质量第一、顾客第一、全员参与”的思想，制造良好的组织质量文化氛围，采取切实行动，改变组织质量文化和管理形态。为TQM的顺利开展奠定基础。

3. 制定各项标准

结合顾客的需求及组织的实际情况，制定组织内各机构、人员、物料、事物及环境的各种标准，作为工作考核的依据，以衡量或验证各项资源的有效性。

4. 建立质量责任制

在组织内建立全员、全过程、全企业的质量责任制。依据顾客需求及组织的实际情况，建立组织质量总目标，随后在组织内对全员、全过程、全企业各部门、单位制定质量分目标，并进行相应责、权、利分配，通过相应管理制度、措施、方案的具体实施，以保证目标的达成。

5. 推动全员参与

以人为本，充分调动各级人员的积极性，推动全员参与。通过宣传培训，提高大家的参与热情。通过目标、指标的制定、考核，提高大家的参与责任。通过各项规章制度、措施的落实，促进大家的参与意识。

6. 促进全过程实施

结合全员的参与，促进全过程进行质量管理和控制。只有组织内每个人都动员起来，组织内的所有过程才能真正地开展起质量管理和控制。

7. 覆盖全企业

组织开展TQM要在组织内进行全覆盖，所有部门、单位、机构都要参与，不留死角。以确保所有质量工作的顺利开展，以及各项资源的最大利用。组织内所有机构形成一个完善的运作整体，只有各机构齐心合力，才能实现效益最大化，否则会出现短板和隐患，影响最后的效果。

8．做好计量、评估工作

计量工作包括测试、化验、分析、检测等。评估工作包括评价、验证、估量等。它们是 TQM 开展效果的重要评估、验证手段，是各项目标、指标、技术标准、规范得以贯彻执行的重要保障。因此，计量工作要确保准确、统一。评估工作要确保客观、公正。

9．质量信息汇总

组织根据工作需要，通过建立信息系统或数据库等手段，对组织的大量质量数据进行收集，建立质量信息档案，进行汇总、分析、评估，发现问题和隐患，随时解决和避免。

10．持续改善

通过 TQM 工作中的 PDCA 过程，循环往复，不断改进，持续提高。

10.4 TQM 常用工具——侧重使用无好坏

TQM 工作中进行的持续改进过程要经常用到 QC 工具，QC 工具最通用的七大工具主要包括：检查表、层别法、散布图、直方图、排列图、因果图、控制图。前面的章节已对检查表、控制图进行了介绍，下面主要对层别法、散布图、直方图、排列图、因果图进行简要介绍。

1．层别法

众所周知，引起质量波动的原因是多种多样的。因此，搜集到的质量数据往往是综合性的。为了能真实地反映产品质量波动的实质原因和变化规律，就必须对质量数据进行分类、整理。层别法也就应运而生。

层别法又称分层法、分类法、分组法。它是按照一定的标志，把搜集到的大量有关某一特定主题的统计数据加以分类、整理及汇总的一种方法。它的目的在于把杂乱无章的数据加以归类汇总，使之更能确切地反映客观事实。

（1）层别法的分层原则

分层的原则是使同一层次内的数据波动幅度尽可能小，而层与层之间的差别尽可能大，否则就起不到归类汇总的作用。分层的目的不同，分层的标志也不一样。一般来说，分层标志的选定可以参照事物的特点或特征进行。

譬如：

1）人员——可按年龄、性别、级别、工种等进行分层；

2）机器——可按编号、类型、出厂日期、现有状态等进行分层；

3）材料——可按产地、批号、规格、成分等进行分层；

4）方法——可按工艺要求、操作参数、操作方法、生产速度等进行分层；

5）环境——可按照明、温度、湿度、洁净度等进行分层；

6）测量——可按测量仪器、测量方法、测量人员、取样方法、测量环境等进行分层；

7）时间——可按班次、日期等进行分层；

8）其他——可按地区、使用条件、缺陷部位、缺陷内容等进行分层。

总之，分层方法很多，可根据具体情况灵活应用，也可以不断创新，划分出新的层次，只要达到目的就行。

（2）层别法的表现形式

层别法的表现形式有两种，一种是用表格表示。见表 10-1。

表 10-1　按年龄分层

组别	20 以下	30～40	30～40	40～50	50～60
一组					
二组					
三组					
……					

另一种是用图形表示，见图 10-2。用图形表示一般会与其他统计方法结合起来应用。譬如：分层直方图、分层排列图、分层控制图及分层散布图等。

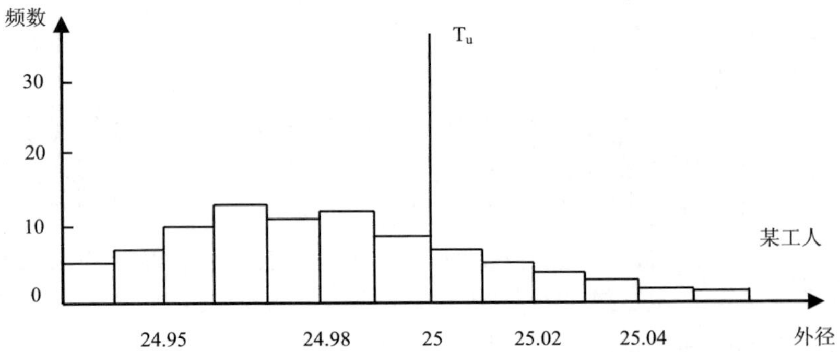

图 10-2　按工人分层轴外径直方图

（3）层别法的制作步骤

1）收集数据；

2）将采集到的数据按目的不同选择分层标志；

3）实施分层；

4）按层归类；

5）画分层表或分层归类图。

需要说明的是：上述提到的 QC 七大工具是比较经典、应用很广的统计技术方法，在企业界被广泛接受，甚至在某种程度上，推行 QC 七大工具的情况，表明组织管理的先进程度，成为组织升级市场的一个重要方面。虽然在 1979 年日本学者又提出了新 QC 七大工具：关系图法、KJ 法、系统图法、矩阵图法、矩阵数据分析法、PDPC 法、网络图法。不过，新 QC 七大工具远不如原来的旧七大工具推广应用程度高，也没能成为顾客关注企业管理的一个重要方面，因此，在此就不做介绍了。

2．散布图

散布图是研究成对出现（x,y），每对为一个点的两组相关数据之间关系的简单示图。几种常见的散布图如图 10-3 所示。它其实是描述两个变量之间关系的图形。通过对散布图的分析，可以判断两个变量之间的相互关系及相关程度。

相关分为正相关和负相关。

当 x 值增加时，相应的 y 值增加，则称 x 和 y 之间为正相关。

当 x 值增加时，相应的 y 值减少，则称 x 和 y 之间为负相关。

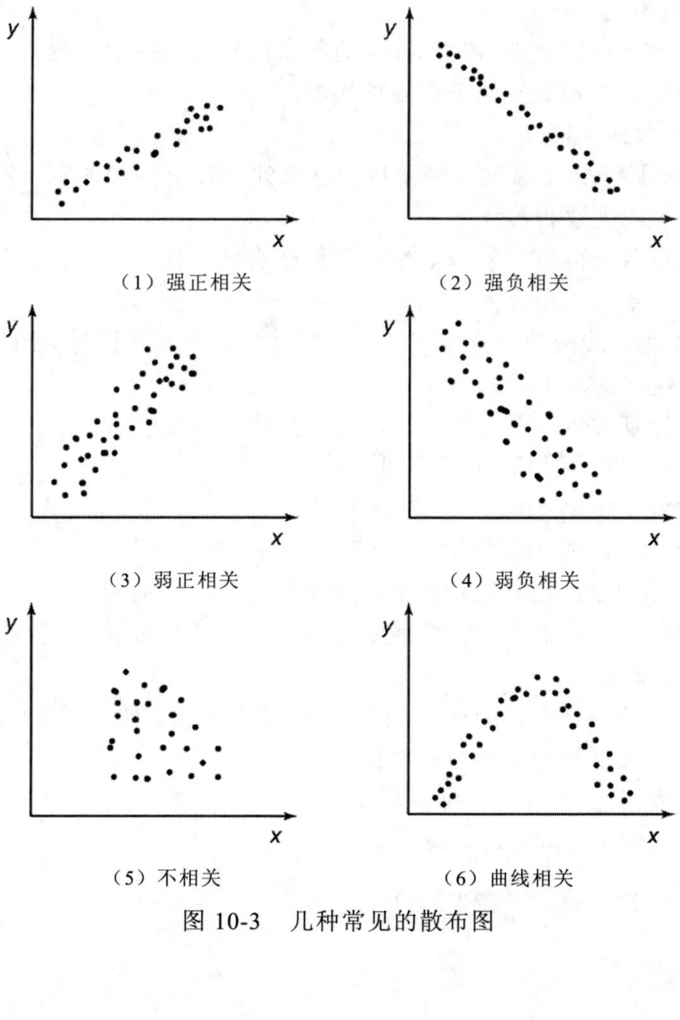

图 10-3　几种常见的散布图

（1）制作步骤

1）收集数据：从研究对象中，收集成对数据（x,y），一般不少于 30 对，数据太少将影响分析精度；

2）标明坐标：标明 x 轴、y 轴，建立平面直角坐标系；

3）找出极限值：找出 x 和 y 的最大值和最小值，并用这两个值标定横轴（x）和纵轴（y）。两个轴的长度要大致相等；

4）描点：当两组数据值相等，即数据点重合，可围绕数据点画同心圆表示，也可在第一点最近处画出第二个点；

5）判断：分析研究描点的分布状况，确定相关关系的类型和程度。

（2）分析判断方法

散布图的分析判断方法有典型图例分析法、简单象限判断法、相关系数法等。

1）典型图例分析法

典型图例分析法就是将实际画出的散布图与典型图例（图 10-3）对照，判断两个变量是否相关及属于哪一种相关。

2）简单象限判断法

- 在散布图上画一条与 y 轴平行的 P 直线，使 P 直线的左、右两侧的点数相等或大致相等；
- 在散布图上再画一条与 x 轴平行的 Q 直线，使 Q 直线上、下两侧的点数相等或大致相等；
- P、Q 两直线把图形分成了 4 个象限区域，分别计算各象限区域内的点数（线上的点不计）；
- 分别计算对角象限内的点数，便可判断其相关状态：

当 $n_{\mathrm{I}}+n_{\mathrm{III}} > n_{\mathrm{II}}+n_{\mathrm{IV}}$ 时，为正相关；

当 $n_{\mathrm{I}}+n_{\mathrm{III}} < n_{\mathrm{II}}+n_{\mathrm{IV}}$ 时，为负相关；

当 $n_{\mathrm{I}}+n_{\mathrm{III}} = n_{\mathrm{II}}+n_{\mathrm{IV}}$ 时，为不相关。

应当注意的是：用打点作图的方法进行相关分析是最简单的方法，但由于分析较为粗糙，因而在生产实践中应用有一定的局限性。

3）相关系统法

该方法必须进行大量的计算，将算得的相关系数同 0、-1 与 1 进行比较，从而得出相关类型和相关程度的结论：

- 收集数据：一般应在 30 对以上；
- 计算偏差平方和：S_x^2、S_y^2、S_{xy}

$$S_x^2 = \sum_{i=1}^{n} x_i^2 - \frac{1}{n}\left(\sum_{i=1}^{n} x_i\right)^2$$

$$S_y^2 = \sum_{i=1}^{n} y_i^2 - \frac{1}{n}(\sum_{i=1}^{n} y_i)^2$$

$$S_{xy} = \sum_{i=1}^{n} x_i y_i - \frac{1}{n}(\sum_{i=1}^{n} x_i)(\sum_{i=1}^{n} y_i)$$

● 计算相关系数（r）

$$r = \frac{S_{xy}}{S_x S_y}$$

● 判断

当 $r = 1$ 时，完全正相关；
当 $r = -1$ 时，完全负相关；
当 $r = 0$ 时，无线性相关关系，但可能有非线性相关关系。
一般地， $1 > |r| \geqslant 0.8$，强相关；
$0.8 > |r| \geqslant 0.5$，相关；
$0.5 > |r| \geqslant 0.3$，弱相关；
$0.3 > |r|$， 不相关。

3．直方图

直方图是频数直方图的简称。它是用一系列宽度相等、高度不等的长方形表示数据分布的图。长方形的宽度表示数据范围的间隔，长方形的高度表示在给定间隔内的数据数。它一般用于显示质量波动的形态，直观地传递有关质量状况的信息，并决定何时和何处进行质量改进工作。

（1）基本形态

直方图绘制在直角坐标系中，横坐标表示特性值，纵坐标表示频数，直方图的基本形态如图 10-4 所示。

直方用长方形表示：直方的宽度相等，直方的高度表示频数的高低，直方的选择数目依照样本大小确定，直方的区间范围应包含样本的所有实测值。

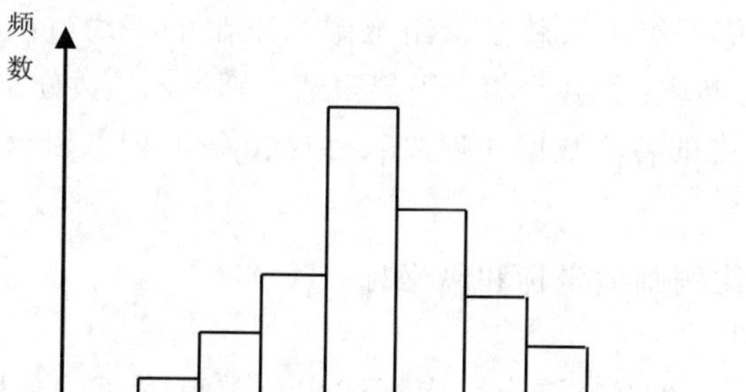

图 10-4　直方图基本形态

（2）制作步骤

1）确定项目：确定分析对象，选择特性值；

2）收集数据：作直方图的数据一般要大于 50 个；

3）计算极差：极差是用数据的最大值减去最小值，即：$R = x_{max} - x_{min}$ ；

4）确定组数（k）：组数的确定要适当，组数太少会引起较大计算误差，组数太多会影响规律性，且工作量加大。组数 k 的选择一般分为 10 组，随样本的大小可适当增加或减少，数据分组选用表如表 10-2 所示。

表 10-2 数据分组选用表

数据数目	组数 k
20 ～ 50	6
51 ～ 100	7
101 ～ 200	8
201 ～ 500	9
～ 1000	10
＞ 1000	～ 20

5）确定组距（h）：

$$h = \frac{极差}{分组数} = \frac{R}{k}$$

组距一般取测量单位的整数倍，这样便于分组；

6）确定组界：也就是确定各组的界限值。为避免出现数据值与组的界限值重合而造成频数计算困难，组的界限值单位应取数据最小测量单位的二分之一。具体来说：使用 $x_{min} - \frac{测量单位}{2}$ 为第一组的下限值。确定第一组的上限值则是在下限值的基础上增加一个组距值即可。由于第一组与第二组是连续的，所以，第一组的上限值就是第二组的下限值，以此类推各组界限值；

7）确定组中值：组中值就是该组上限与下限的平均值；

8）编制频数分布表：把各个组上下界限值分别填入频数分布表内，如表 10-3 所示。并把数据表中的各个数据（频数f_i、组次u_i等）列入相应的组，统计各组频次；

9）按数据值比例画横坐标和纵坐标；

10）画直方图。

需要说明的是：在直方图上，应标注出公差范围（T）、样本含量（n）、样本平均值（k）、样本标准偏差（s）及样本平均值（$\bar{x}$）的位置等。

表 10-3　频数分布表

数据记录表 NO：			频数分布表	____年____月____日　NO：					
组号	组界 小～大	组中值	频数统计	f_i	u_i	f_iu_i	$f_iu_i^2$	交叉法	
								I	II
	～								
	～								
	～								
	～								
	～								
	～								
	～								
	～								
	～								
	～								
	～								
	～								
	～								
	～								
	～								
	～								
组距 h＝			中心值（当 $u_i=0$ 时）x_0＝	$\sum f_i$		$\sum f_iu_i$	$\sum f_iu_i^2$		
结果计算	平均数 $\bar{x}=x_0+h\times\frac{\sum f_iu_i}{n}$ 标准偏差 $s=h\times\sqrt{\frac{\sum f_iu_i^2}{n}-\left(\frac{\sum f_iu_i}{n}\right)^2}$ 能力指数 $C_{pk}=\frac{T-2\varepsilon}{6s}$								

（3）直方图的观察分析

1）直方图的常见类型，如图 10-5 所示。

- 标准型直方图（也称正常型直方图）：图形中间高两边低，左右以平均值为中心基本对称，符合正态分布，说明工序处于统计的控制状态，即稳定状态；
- 锯齿型直方图：直方图内各直方参差不齐，呈无序排列。一般是由于分组过多造成，也有可能是测量误差造成；
- 偏峰型直方图：图形顶峰偏向一侧，左右不对称。当上限（或下限）受到公差等因素影响，由于心理因素或加工习惯的影响而出现这种图形；

- 孤岛型直方图：一个大的直方图旁边出现一个小的直方图，出现这种情况是因为夹杂了其他分布的少量数据。譬如：工序异常、操作疏忽、测量失误等而出现了异常数据；
- 双峰型直方图：直方图出现两个高峰，明显看出是两个分布叠加在一起。当两台设备或者两名工人生产的产品混合在一起，可能出现这种形状的直方图。另外，两种材料混用也可能出现这种图形；
- 平顶型直方图：图形顶部平缓，标准偏差很大。当几种平均值不同的分布混在一起，或过程中某种要素缓慢劣化时（如刀具磨损），会出现这种状况。

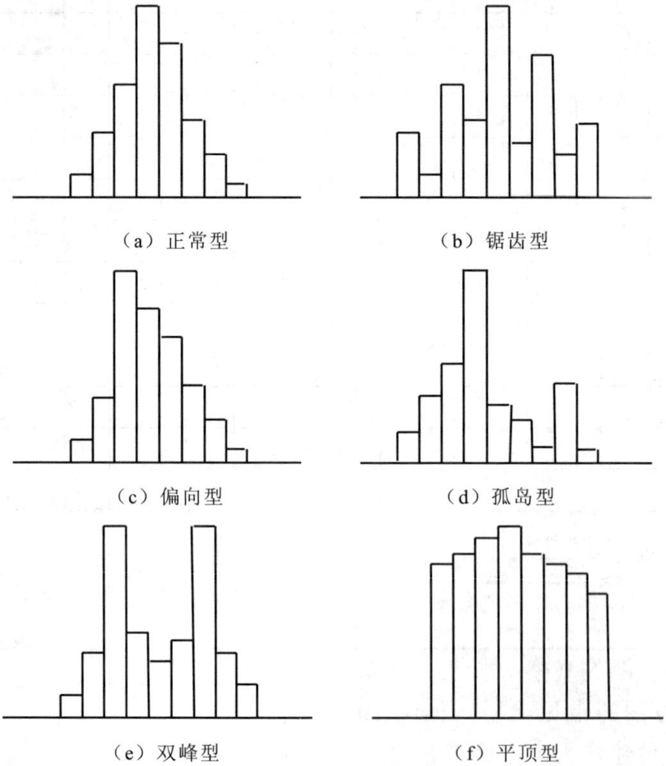

图 10-5　直方图的常见类型

以上各种直方图是常见的波动形态，依据形状规律，认真分析原因，逐步解决问题。

2）标准型直方图的分析

当直方图为正常型时，还需对照标准进行分析比较，以判定工序满足标准要求的程度。常见的典型直方图分析如图 10-6 所示。

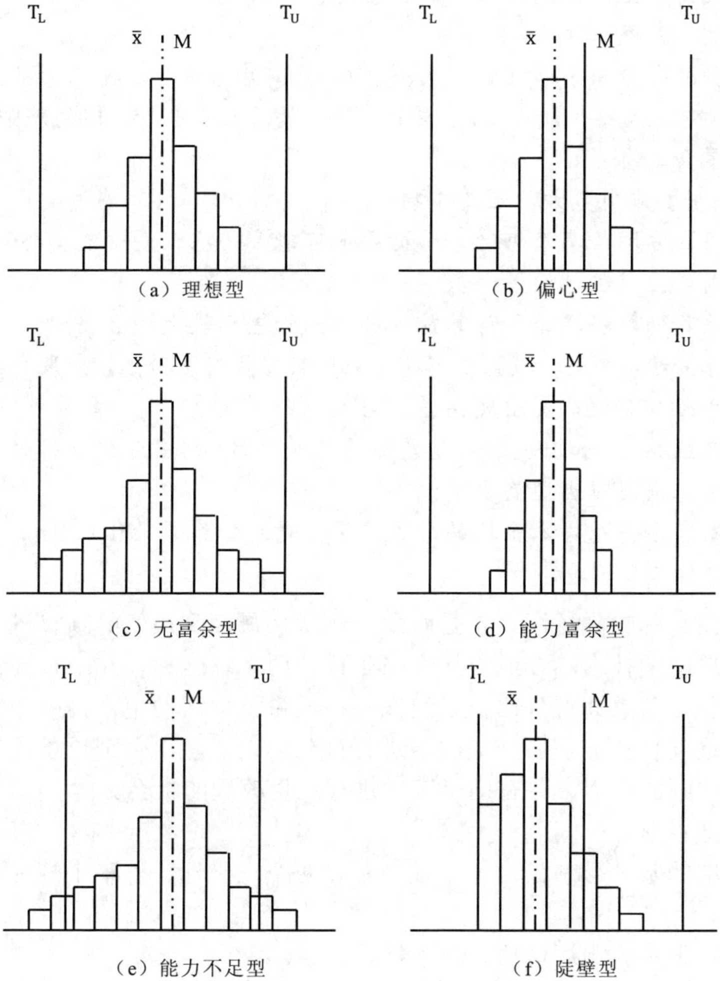

图 10-6　常见的典型直方图分析

- 理想型：图形对称分布，分布中心（$\bar{x}$）与公差中心（M）相重合，且两边有一定余量，是理想状态，应采取控制和监督措施；
- 偏心型：分布中心（$\bar{x}$）与公差中心（M）不重合，有一定偏移。由于偏移使质量分布的某一侧超出了公差界限，造成大量不合格品；
- 无富余型：分布中心（$\bar{x}$）与公差中心（M）相重合，分布范围两侧与公差界限之间无余量 ，应采取措施，减小标准偏差；
- 能力富余型：分布中心（$\bar{x}$）与公差中心（M）相重合，分布范围两侧与公差界限之间余量比较大，过程能力出现过剩，经济性差，应考虑改变工艺，放宽精度，以降低成本；
- 能力不足型：分布中心（$\bar{x}$）与公差中心（M）相重合，分布范围两侧超出公差范围，造成大量不合格品，过程能力不足，应改善工艺，提高加工精度；

- 陡壁型：分布中心（$\bar{x}$）与公差中心（M）不重合，在图形某侧出现陡壁现象，造成不合格品，应采取措施，使分布中心（$\bar{x}$）与公差中心（M）相重合。

【小贴士】应用直方图注意事项

- 应用直方图收集数据时，数据要尽可能多一些，最少也要 50 个以上，否则会出现统计误差；
- 对收集的数据在进行计算前，最好剔除差别较大的数据；
- 数据分组要恰当，数据少时少分组，数据多时多分组，如果分组不当，直方图分布规律会出现误差，影响判断；
- 确定组界时，如出现组界值与测量值一致时，则应考虑重新确定组界，以防止出现锯齿型直方图；
- 样本直方图是样本出现的计算结果，是总体结果的估计值。

4．排列图

排列图又称帕累托图，它是对发生频次从最高到最低的项目进行排列而采用的简单图示技术。一般由一个横坐标、两个纵坐标、几个按高低顺序排列的矩形和一条累计百分比折线组成。在质量管理活动中，排列图经常用在将质量改进项目从最重要到最次要进行排列，以显示出每个质量改进项目对整个质量问题的作用，并有助于识别进行质量改进的机会。

（1）基本形态

排列图的基本形态是由一个横坐标、两个纵坐标、若干个矩形和一条折线所组成。

横坐标表示影响质量的各种项目或因素。

左侧纵坐标一般表示频数，即影响质量的项目或因素发生的件数、次数等；

右侧纵坐标一般表示频率，即各项目或因素发生的件数、次数在总数中所占的百分比。

每个项目或因素都用一个矩形来表示，矩形的高度表示项目或因素频数的大小。

折线又称为帕累托折线，用来表示各个项目或因素的累计百分比数，一般从左下角逐步抵达右上角。

（2）排列图的分类

按照用途，排列图可分为：分析现象用排列图、分析原因用排列图。

1）分析现象用排列图：分析主要原因与不良现象有关，譬如：废品率、故障、客户投诉、损失费用、发生事故等。

2）分析原因用排列图：分析主要原因与影响过程的五大因素：人、机、料、法、环有关，譬如：年龄、经验、设备、仪器、原材料、工艺、工作环境、基础设施等，排列图的基本图形如图 10-7 所示。

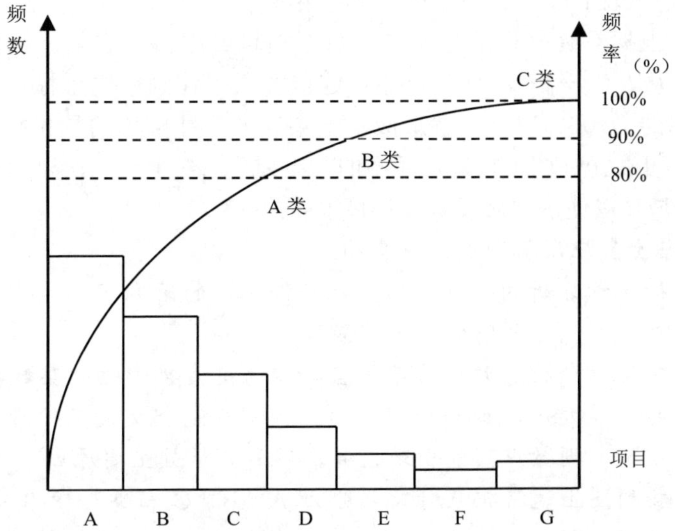

图 10-7　排列图的基本图形

（3）制作步骤

1）选择要进行质量分析的项目或因素：根据实际需要确定要分析的质量项目或因素，要从重要性、紧急性、实效性等方面综合考虑。

2）选择用于质量分析的度量单位：如发生的次数、成本、件数、金额数或其他度量单位。

3）确定进行质量分析的时间间隔。

4）收集相应时间内项目或因素的统计数据，即频数，并计算出每个项目或因素所占的百分比，即频率。

5）将项目按频数的大小自上而下排列，并采用逐项相加的方法计算出每个项目的累计频率，项目较多时，可以将占比小、确定是最次要的项目或因素合并成为一个“其他”项，其数量之和不管大小都要排在最后。

6）画横坐标：画出长度适度的一条横直线，按项目或因素的个数分成几个等长线段，并将项目或因素按数量大小自左向右逐项排列，项目或因素名称注明在线段下方，“其他”项排在最后一个线段上。

7）画左纵坐标：画出一条连接横坐标左端点的向上垂线，其最高点代表频数之和数。同时，在纵坐标上标明相应的标度。

8）画右纵坐标：根据左纵坐标的高度，画出一条连接横坐标右端点的向上垂线，其最高点代表频率最大值100%，同时，在纵坐标上标明0%～100%之间的相应标度。

9）在横坐标的每个项目或因素上画出相应高度的矩形，其高度根据项目或因素的频数而定，并在矩形上标明频数。

10）根据右纵坐标的标度，在每个项目或因素的右侧，标出累计频数的坐标点，从左纵坐标的“0”点逐项连接各项累计频率的坐标点，一直连接到右纵坐标的“100%”点，就形成了一条表示累计频率的帕累托折线；

11）可在排列图上按累计频率的大小划分出最主要、次要和一般的A、B、C三类区域，以便确定对质量改进最重要的项目。

【小贴士】应用排列图注意事项

- 选择质量分析的项目和因素在条件允许的情况下，尽可能多地选择，项目越多，排列图的作用越显著；
- 确定质量分析的时间段要适当，因为这直接影响收集数据的多少，如果时间段太短，容易出现偶然性，不能完全反映实际情况；如果时间段过长，则数据可能出现差异，不好分析最主要原因；
- 在排列图上通常把累计比率分为A、B、C三类：在0%~80%之间的为A类，为主要项目或因素；在80%~90%之间的为B类，为次要项目或因素；在90%~100%之间的为C类，为一般项目或因素；
- 合并“其他”项时，一定要谨慎，要有充分的证据和把握，同时“其他”项的比例不能占比太高，否则分类就会不够理想，需要重新分类；
- 对选定的项目或因素采取改进措施后是否收到实效，最好将采取改进后的情况再画一张排列图，进行对照比较，以观察改进后的效果和验证排列图分析的准确性。

5. 因果图

因果图又称石川图、鱼刺图、特性要因图等，如图10-8所示。它是分析已知的结果与其产生原因之间各种关系的一种统计图示技术。在质量管理活动中，它主要是表示质量特性波动与其潜在原因之间的关系，即表达和分析因果关系的一种图表。通过因果图有利于将所有潜在原因找出来，找到主要原因，对症下药，解决质量问题。

（1）基本图形

1）因果图由箭头、说明组成。

2）结果写在主箭头的右侧，是分析要达到的目标。

3）直接指向主箭头的是原因类别，原因类别考虑的是影响结果的主要因素。

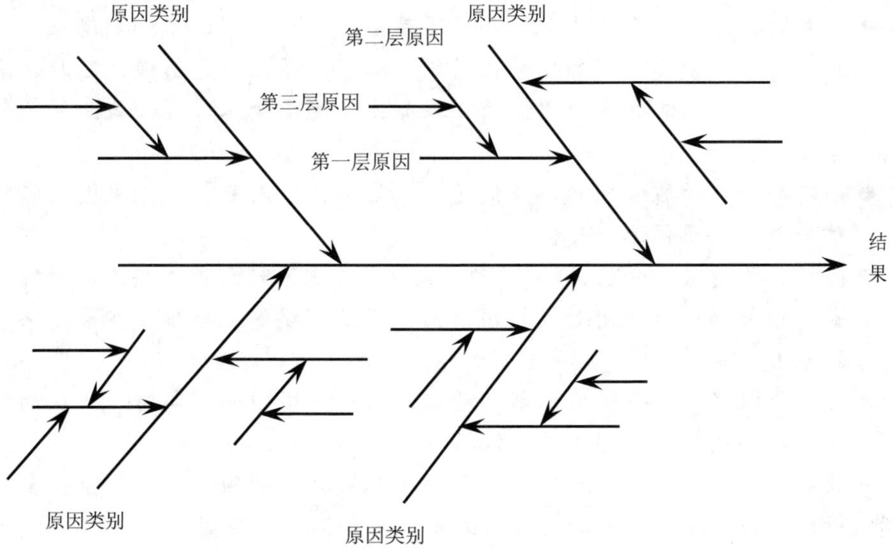

图 10-8　因果图的基本图形

直接指向原因类别的是第一层原因，指向第一层原因的是第二层原因，指向第二层原因的是第三层原因，依此类推。

（2）制作步骤

1）选择需要解决的质量问题：简明扼要地规定要达到的结果，即质量目标。譬如：切削毛刺问题、零件加工公差大等。

2）明确可能发生的原因类别：考虑原因类别一般选择影响过程因素的五大要素：人、机、料、法、环。比较全面，不会有所遗漏。

3）层层分析造成结果的原因：用发散性思维进行因果分析，先找出相应原因类别的第一层原因，随后把第一层原因作为结果查找第二层原因，接着在就第二层原因查找第三层原因，依此类推。

4）绘制因果图：用基本图形的格式，依据分析出的层层原因，绘制因果图。

5）集思广益，补充完善因果图：组织相关人员就初步绘制的因果图进行充分分析讨论，集思广益、各抒己见，发现产生问题的所有可能原因，对因果图进行补充完善。

6）确认主要原因：依据画出的因果图进行详尽分析，找出主要原因。主要原因是指对问题的产生有重大影响的原因，该类原因是影响问题的关键，只有抓住关键原因，给予解决，就基本能达到质量目标。

7）采取纠正和预防措施：对确认的主要原因制定纠正和预防措施，实现因果图的成效。

【小贴士】应用因果图注意事项

- 因果图要遵循“集思广益”和“因果思维”的原理，充分调动每个人的积极性，激发人们的发散性思维，集思广益，以免遗漏。同时，采用因果逻辑思维方式，用结果去求原因，逐层溯本求源，找到问题的原因；
- 确定要分析的质量问题，不能笼统，要具体，而且一个因果图只能针对一个质量问题进行分析；
- 因果关系要层次分明、逻辑清晰，从原因类别开始到最高层次的原因，直至寻求到可以采用对策措施为止。而且“要因”要确定在最高层次因素上；
- 主要原因确认要用事实和数据论证，不能主观臆断。同时，确认的主要原因要足够细化到能够采取措施为止。否则分析无效；
- 成功的因果图本着“最终的原因越小越有效”的原则，一般至少要分析到第二层原因，有的要分析到第三层、第四层原因。

10.5 全员质量管理——管理落实到全员

全员参与质量管理是 TQM 的核心特征之一，也是 TQM 的重要原则。那么，全员参与的目的是什么？有何意义？组织要何去何从才能实现全员参与质量管理活动的目标，又如何才能达到想要的效果呢？

1. 全员参与的目的和意义

组织内各级人员是组织之本，组织治理管理体系的运行是通过各级人员参与相关过程实现的，过程有效性及体系运行的有效性取决于各级人员的质量意识、工作能力、协作意识和工作积极性等，只有当每个人的能力、才干得到充分发挥时，组织才会获得最大效益。

全员参与的目的体现在两个方面：

一是员工本人要有强烈的参与意识，积极主动发挥自己的聪明才智，尽职尽责，在工作实践中不断提高、完善自己；

二是组织要依据个人的意愿，把个人目标和组织目标尽可能地结合起来，为其创造参与的机会，给予其充分的自主权和体现自身价值的环境。

2. 全员参与的实现条件

全员参与的实现条件就是要达到全员能够参与、愿意参与、促进参与的状态。

（1）素质教育是基本

优质的质量取决于员工的思想观念、管理方法和技术水平。要使全员能够参与质量管理，并且能够更好地参与管理，就必须对全体员工进行培训教育，使他们不仅要有合格的技能水平，还要在思想上高度重视质量工作，在质量管理上能够掌握与自己相适应的管理方法，也就是要提高员工的综合质量素养，使员工实现“能够参与”。

（2）领导重视是前提

全员参与需要营造一个良好的氛围，逐步形成一种积极向上的质量文化环境。领导的高度重视是实现它们的重要前提。领导重视主要表现在：一是自身积极参与质量管理活动，起到表率示范作用；二是为员工参与创造条件，清除各种障碍；三是引导和带动员工参与。通过领导的作用实现员工“愿意参与、促进参与”。

（3）激励制度是保障

建立有效的激励制度，可以更好地激发员工参与质量管理活动的积极性和主动性，激发员工在工作中的创造性，增强员工的团队归属感，在组织内可以形成良好的互相帮助、互相协作、互相竞争的良好氛围。进一步达到全员“愿意参与、促进参与”的目的。

3. 全员参与的主要措施

为了确保员工能够积极主动参与组织的质量管理活动，可以采取一些必要的措施：

（1）正确对待员工，提供员工参与质量工作的机会

体现“以人为本”的宗旨，组织要把员工当作最宝贵的财富和最重要的资源，让员工感觉到存在感和归属感，促进员工主动发挥主人翁精神。同时，多给员工提供一些参与质量管理活动的机会，让员工充分发挥能动性和创造性，为组织创造更多财富。

（2）建立全员参与的规章制度，确定员工参与的层次和主次

从整个组织层面建立全员参与的规章制度，规范各级人员参与质量管理工作的责、权、利，确保大家各负其责，合作互助，形成合力，又不会出现不分主次、不分程序地参与活动，以形成良好地参与成效。

（3）疏通沟通渠道，形成上、下互动的良好反馈机制

建立畅通的沟通渠道，一方面让员工把自己的心声能够通畅地反馈给管理层，另一方面管理层也要及时地向员工反馈处理意见，做到上传和下达均畅通无阻。必要时，就质量活动要公开征求员工的意见和建议。

（4）开展多种多样的质量活动，提高员工参与的积极性

通过开展多种多样的质量活动，譬如：质量内审活动、质量评比活动、自检互检活动、质量改进活动及 QC 小组活动等，积极吸纳员工参与，使员工获得参与质量活动的兴趣和成就，提高不断参与的积极主动性。

（5）加强培训宣传工作，提高员工的质量意识

在积极引导员工参与质量活动的基础上，在组织内大力开展质量工作的培训宣传，逐步建立大家追求质量、重视质量的良好氛围，提高员工的质量意识，并促进员工积极主动参与质量管理活动。

（6）强化责任意识，把质量与绩效考核挂钩

在质量管理活动中，强化责任意识，建立适当的质量责任制，对每个参与人员设定质量目标和绩效指标，提高参与者的责任意识，督促大家尽心尽力，激发更大的能动性和创造性。

（7）建立有效的奖惩机制

建立有效的奖惩机制，对出现压抑员工参与质量工作的人和事，或者没做好本岗位质量工作和妨碍他人进行正常质量工作的，要严惩不贷；同样，对在质量工作中表现突出的员工和团队，要给予积极的奖励，激发更多的员工参与质量工作。

（8）不断总结，持续改进

不断进行全员参与质量管理活动的总结，寻找质量开展工作中的不足和纰漏，查找原因、积极解决，并建立长效机制，持续改进。

4. 全员参与的主要体现形式

组织内全员参与质量管理活动的体现形式多种多样，组织会依据实际情况进行有针对性地开展。员工参与质量活动的体现形式一般有：QC 小组活动、质量内审活动、质量评比活动、质量改进活动、三工序活动等。

（1）QC 小组活动

QC 小组是组织内群众性质量管理活动的一种有效的组织形式，它充分体现了全员参与的思想：一是从概念上，参加 QC 小组的人员可以是组织内的全体员工，包括经营层、管理层、技术人员、办公室人员、操作员工、质检人员等；二是从性质上，它是群众性质量管理活动的有效组织形式，不受等级、行政命令的约束；三是从特点上，更强调群众性，强调大家群策群力解决问题；四是从宗旨上，讲究以人为本，充分激发员工的能动性和创造性。

1）QC 小组的分类：现场型、攻关型、管理型和服务型。

2）QC 小组的组成：QC 小组一般根据课题情况，由不同部门、不同岗位、不同技能的人员组成，成员一般由 3～10 人组成。设一名组长。组长和各小组成员有不同的分工，既强调各负其责，又追求互帮互助。

3）QC 小组组建程序：一是自下而上的组建：由基层员工发起，自由组建；二是自上而下组建：组织依据目标指标，有步骤、有计划地组建；三是上下结合组建：上级推荐、下属协商、员工自愿参与。

4）QC 小组活动程序：先是选定课题，依据课题和目标进行 PDCA 循环，

把循环的结果进行总结，汇总成成果报告书，并在成果报告书上发布。

总之，员工在 QC 小组活动中，通过研究、分析、解决问题，改进工作，提高效率，并从中获得成功的喜悦，实现自我的价值，为组织带来效益，实现了员工和组织的和谐发展。

（2）质量内审活动

质量管理体系内部审核是为了验证质量活动和有关结果是否符合组织计划的安排，确认组织质量管理体系是否被正确、有效实施以及质量管理体系内的各项要求是否有助于达成组织的质量方针和质量目标，并适时发掘问题，采取纠正与预防措施，为组织被审核部门/人员提供质量管理体系改进的机会，以确保组织质量管理体系得到持续不断地改进和完善。

1）内审组的组成：由一名审核组长、多名审核员组成。审核组长由管理者代表任命，内部审核员则由各部门审核员组成。组织为了确保全员参与质量活动的宗旨，对于内部审核员的培养要尽可能地安排不同岗位、不同部门、不同层次的员工参加，确保组织内各个部门、不同岗位都有内审员。

2）内审方式：分为两部分，一是文件审核，一是现场审核。文件审核是评审质量手册、程序文件、操作文件、各种记录的是否符合质量体系的规范；现场审核是审核组织质量管理体系执行的程度及有效性。

3）内审内容：主要包括：审核启动、文件审核的实施、现场审核的准备、现场审核的实施、提出审核结论等。

4）内审流程：提出内审、成立审核组、制订审核计划、编制检查表、首次会议、现场审核、末次会议、编制内审报告、跟踪审核等。

通过质量内审活动，各个内审员充分了解组织质量的现状，评价、评估组织质量体系的开展成效，发现质量管理活动中的不足，提出改进建议，为组织质量的持续改善作出自身的贡献。

（3）质量评比活动

组织为了特定的目的，就某一项质量工作开展的评价、比赛活动。一般为群众性组织活动，员工自由参与，发挥各自特长，展现自身价值。

1）评比目的：一般是为了提高对质量工作的重视，提高大家的质量意识。

2）评比组织方式：一是自上而下的方式：上层发起，指定下层参与，或下层自由报名参与；一是上下结合的方式，上层与下层协商共同发起，员工自由报名参与。

3）评比参与人员：组织内的所有人员，一般以普通管理人员、办公室人员、一线操作员工参与居多。

4）评比活动流程：制订评比计划、发布评比细则、组织报名、实施评比、评比结果公布、评比总结等。

组织内的各项质量评比活动是组织提供的员工参与质量管理活动的展现机会，能够充分发挥员工的积极性、主动性，提高员工的参与感、归属感，促进员工关心质量、提高质量的意识。

（4）质量改进活动

质量改进是为向本组织及其顾客提供增值效益，在整个组织范围内所采取的提高活动和过程的效果与效率的措施。通过质量改进活动，不断提高组织满足质量要求的能力。一般为组织性活动，以团队形式完成质量改进目标。

1）质量改进的组织形式：分为两个层次：一是管理层，譬如质量管理委员会、质量改进领导小组等，主要是制定战略，提供资源；二是实施层，譬如质量改进团队、质量改进小组等，主要负责具体的质量改进操作。

2）质量改进组成人员：质量改进团队/小组由该质量课题相关人员组成，既包括管理人员、技术人员、质检人员，也包括一线操作人员。大家形成一个团队既各负其责，又共商、共助，共同协作，完成既定目标。

3）质量改进过程：通过 PDCA 循环，不断改进，螺旋上升。

质量改进团队成员共同努力、协作共进完成改进目标的过程其实就是员工参与质量活动的充分体现，通过每个人的努力，充分发挥自身价值，为组织带来收益，也提高自身参与质量管理活动的信心，同时，也促进全员参与质量管理活动的决心。

（5）“三工序”活动

“三工序”活动是指生产过程中的上工序、本工序和下工序之间开展的保证产品质量的各类管理活动。是对“三检制”中“互检”理论的延伸。此处的“三工序”不能简单理解成操作员工间的生产工序，实际上应扩展到前期技术准备工作甚至招投标期间的质量管理工作，也就是真正意义上的全员参与的质量管理工作。

1）“三工序”活动原则：是“验收上工序、控制本工序、服务下工序”。每一工序都是上工序的用户，又都是下工序的供户，都可以以用户的要求来对待上工序，又都以“用户第一”的思想来服务好下工序，而重点是控制本工序，保证本工序能够生产正常、稳定地生产出符合有关标准和下工序满意的产品。

2）“三工序”活动范围：组织内所有上下交接的工序、部门都可以开展。不过，开展“三工序”活动的重点是生产班组，因为它们是组织的基本单元，不仅是产品质量的直接责任者，而且是产品质量好坏责任能够考核的最小集体。

“三工序”活动充分体现了组织质量管理活动的全员参与方式。只有人人注重“三工序”活动，检验上道工序，及时发现反馈问题，做好本职工作，关注工作细节，服务下道工序，工作不留隐患，组织的质量管理工作才能得到有效提升，才能在日趋激烈的市场竞争中立于不败之地。

10.6 全过程质量管理——所有过程无巨细

组织的管理是一个过程。组织在不同时间内，应完成不同的工作任务。组织的每项生产经营活动，都有一个产生、形成、实施和验证的过程。全过程质量管理，就是要在生产经营活动的整个过程中都要对质量进行严格控制。

1. 全过程质量管理

TQM 的全过程质量管理呈现的是一种螺旋上升的状态，从质量发展计划开始，通过试验研究，设计出能够满足客户需要的产品，并且进行试制，在试制过程中测量或评估产品满足客户需求的程度，并根据评估的结果对质量发展计划进行逐步调整，以满足客户的需求。

产品经过评估、不断完善后，再通过生产前的准备、正式生产、工序控制、成品检验、包装入库、产品销售，以及售后服务和市场调查，就构成了全面质量管理的全过程。整个过程通过螺旋上升的方式，使所有工作和产品以及副产品的质量能够不断满足顾客的需求，实现组织的最终目标（见图 10-9）。

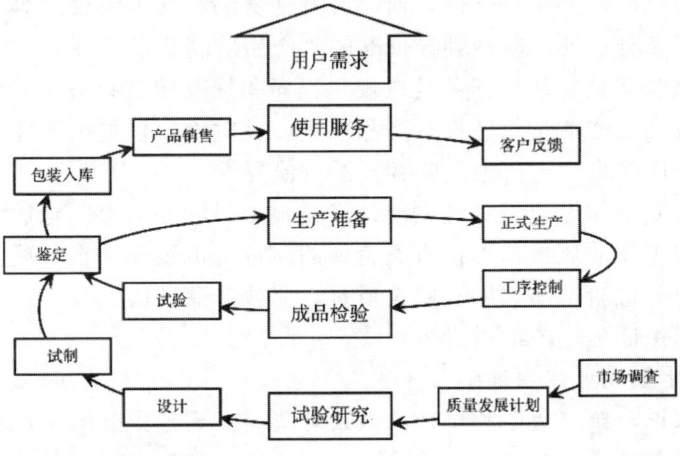

图 10-9　全过程质量管理螺旋图

2. 主要过程质量管理

全过程质量管理是从产品策划、形成到实现的整个过程的质量管理，主要过程包括市场调研和质量策划、设计试制、生产准备、产品实现过程、产品使用等。每个过程任务和目的不同，质量管理的特点和内容也不同。

（1）市场调研和质量策划

市场是产品的归宿，也是产品质量形成的起点。市场调研分为政策调研、产品技术水平调研、竞争对手的调研、客户需求调研等方面。

1）政策调研：调研与研制产品有关的产品政策、价格政策和有关法律。

2）产品技术水平调研：调研国内外同类产品的性能、可靠性、维修性、安全性、采用的新工艺、新材料以及关键技术等。

3）竞争对手调研：调研同类产品的生产厂家的市场占有率、生产能力、生产方式、技术水平、产品特性、销售及服务等。

4）客户需求调研：客户的质量要求，市场分布情况，市场需求量，产品售价，以及客户未来的期望和潜在的需求等。

在市场调研的基础上，确定顾客的需求，把顾客的需求转换成产品特性和质量要求，利用相应的质量策划工具，进行产品质量策划，并编制产品建议书，产品建议书经多方评审、论证后，形成产品开发计划，最终确定设计方案。

（2）设计试制

设计试制是从明确设计任务开始到完成图样和技术文件为止的过程。它包括对使用要求的分析、设计方案优选、制图、试制、试验、验证、形成图样和技术文件等内容。

设计试制的依据是除必须执行法律法规、标准和其他有关规定外，在合同环境下是产品研制生产合同、研制开发任务书、技术协议书等。在非合同环境下是经充分认证，并经领导批准的“产品研制开发任务书”。

设计试制质量管理的任务是按规定程序和规范控制和协调各设计阶段的工作，以设计工作质量保证设计产品质量，及时地、以最少的耗费完成设计工作，保证产品设计充分地反映客户的质量要求。

设计试制工作中质量管理主要体现在根据科学的信息制定质量目标、保证开发研究工作的质量、确保方案论证的质量、审查产品设计质量、审查工艺设计质量、检验产品试制和鉴定质量、监督产品试验质量、保证产品最后定型质量、保证工艺图纸质量等。

【小贴士】设计试制说明

一般来说，组织为了控制产品的设计质量，设计主管单位应在设计过程的关键阶段邀请没有直接参加设计工作的同行专家及有关部门的代表进行分级、分阶段的设计评审，以便对设计进行全面的、系统的正式审查，评定设计要求和设计能力是否符合规定的质量要求，发现设计的薄弱环节和差错，提出改进建议，为完善设计提供依据。

在产品批量生产以前，即在样品或小批产品试制后应进行新产品定型鉴定，新产品定型鉴定可分为设计定型鉴定和生产定型鉴定。对于一些重要的新产品，往往需经多次的评审、鉴定和改进，才能最后完成定型工作。

（3）生产准备

生产准备的质量职能是对产品制造质量的预先控制，其目的是为了批量生产能够顺利地、低成本地、按照质量标准稳定地开展。

生产准备工作的核心是工艺准备、原料、必要的工器具及机器设备的准备等。它是完成样机试制转向正式生产的前提，主要包括做好工艺策划和开发工作、人员配备和培训、制订劳动定额、原材料、外协件及外购件准备、生产设备调整、改善工作组织等。

工艺策划和开发：依据设计方案，结合组织的实际生产条件，进行最优工艺路线设计开发，如果在工艺策划过程中发现涉及质量的改善方案，可以向设计部门反映，如有必要可以进行设计方案的优化。

人员配备和培训：按照人力资源管理理论，先定事，再定人。设计方案和工艺路线规划完成后，就可以进行质量控制方面的人员配备，确保事事有人管，人人有其责，同时，对相关人员进行全面的技能培训，确保人人管好事。

制定劳动定额：就是在人人有其责的基础上，对人员进行系统的考核，确保人员的工作质量和组织的效率。

原材料、外协件及外购件准备："巧妇难为无米之炊"，好的产品质量要有好的基础，这个基础就包括原材料、外协件及外购件的高质量。为了保证高质量，除了要加强对原材料、外协件及外购件的来料检验、验证外，更重要的是要加强供应商的管理，促进供应商提高产品质量。

生产设备调整：主要是要加强设备的日常管理，定期进行维护、保养，加强设备的点检、状态评估，适时安排维修、大修等，确保生产设备处于良好受控状态。

改善工作组织：组织要结合设计方案和工艺路线规划，对现有的组织结构进行评估、优化、调整。

除了以上这些生产准备，还有工器具的准备、工作环境的准备等。总之，生产准备是一项很烦琐、很细致的工作，只有把基础打好了，随后的工序才能事半功倍。

（4）产品实现过程

产品实现过程也就是生产制造过程。生产过程的质量控制就是对制造质量的实时控制。

在生产制造过程中对质量进行控制，要重点加强物料控制、设备控制、特殊工序的控制、现场使用文件的控制、工艺更改的控制、验证状况的控制、不合格品的控制、工序质量控制等。其中，工序经常是造成质量事故或决定产品质量能否满足客户需要的关键步骤，因此，要加强对工序质量的管理。

工序质量管理，是现场质量管理的中心环节，是保证工序质量的重要手段。具体来说，就是对特殊或关键工序建立工序控制点，对工序能力指数进行调查和分析，并采取必要的改善措施等。总之，就是使影响工序质量的几项重要因素“人、机、料、法、测（测量）、环（环境）”都处于受控状态。

物料控制、设备控制：结合生产准备工作，加强物料的检查、检验，确保物料的良好品质。加强设备的日常维护、维修、保养，确保设备处于完好状态。

现场使用文件的控制：就是要保证现场的文件是最新版本，不能随意更改文件，使文件时刻处于受控状态。

工艺更改的控制：工艺的更改是一项严肃的事项，必须要进行多方论证，经过审核、批准才能实施。

验证状况的控制：就是指质量检验、验证工作。质量检验工作是组织为保证产品质量不可缺少的重要手段和管理环节。质量检验首先要有一个严密有效的质量检验系统和管理制度，有一支素质良好的检验队伍，还要有一套先进的检测设备和方法。

不合格品的控制：生产现场的不合格品控制包含两种意思，一是通过加强工序质量控制，提高产品的合格率，减少不合格品的出现；二是要在生产现场对不合格品进行定置、隔离放置，避免混料的情况发生。

总之，产品实现过程的质量控制是保证产品质量的最关键环节，需要引起我们的高度重视。

（5）产品使用

产品使用过程的质量控制就是指在产品进行使用环节的质量控制。主要是指开展的产品技术服务工作及售后服务工作等。

产品技术服务工作：主要是指进行的产品介绍，技术指导、使用培训等。

售后服务工作：主要是指维护、维修、保养，产品使用效果、使用要求的调查，以及客户整体满意度调查等。

10.7 全企业质量管理——企业内外一盘棋

全企业质量管理是指组织的质量管理，不仅仅是质检部门的事情，而是组织内所有部门的事情。譬如：行政部门、人力资源部门、财务部门、营销部门、生产部门、技术部门等都要被涉及，不过，由于各个部门的职责、权限不同，它们在质量管理中的责任、义务也不尽相同。

1．质检部门

一般规划的职责有：

（1）组织公司内部质量管理体系的策划、实施、监督和评审工作。

（2）负责产品认证的组织、协调工作。

（3）按照技术文件编制检验标准和检验规范；组织实施对原材料、外协件、外购件、自制件的检验，以及对产品工序、成品的检验，并出具检测报告。

（4）组织公司内部对不合格品的评审，针对质量问题组织制订纠正、预防和改进措施，并追踪验证。

（5）负责质量记录的统筹管理，定期进行质量分析和考核。

（6）负责全公司产品的质量检验工作。

（7）负责计量管理工作，完成计量仪器的定期检定并做好检定记录和标识。

（8）负责检验测量和试验设备的控制，确保产品质量满足规定的要求。

（9）参加对供方的评审，参加用户反馈意见的分析和处理。

（10）其他有关质量管理事宜。

2．行政部门

一般规划的职责有：

（1）组织学习、宣传贯彻国家的方针、政策、法律法规及公司决议、制度，并检查落实情况。

（2）负责公司各项行政管理，建立公司行政管理制度，并贯彻实施。

（3）负责公司文件的起草、收发、传递、交办、催办、审核和归档工作。

（4）负责公司日常事务管理，负责会议通知、会场布置、会议记录，起草会议纪要、决议等。

（5）其他有关行政管理事宜。

3．人力资源部门

一般规划的职责有：

（1）组织制定公司各类人员的岗位职责及各类人员任职能力准则，对从事影响产品质量工作的人员的专业技能培训和质量教育培训，并进行资格鉴定。

（2）全面负责公司人员的“选、育、用、留”工作。

（3）负责公司员工“五险一金”工作的管理，并负责办理员工退休及其资源的管理。

（4）负责公司人事劳资管理，建立人事劳资管理制度，并贯彻实施。

（5）负责员工出勤审核及劳保用品的核发、使用管理。

（6）负责公司人力资源文件的起草、收发、传递、交办、审核和归档工作。

（7）其他有关人力资源管理事宜。

4．财务部门

一般规划的职责有：

（1）认真贯彻执行国家有关财务管理的方针、政策、法律法规。

（2）编制公司财务计划、财务预算，经总经理批准后严格执行。

（3）制定、执行公司各项财务规章制度及各项经费开支标准。

（4）负责办理公司一切金融业务，负责利税的收缴和上交。

（5）编制财务报表，定期进行财务分析和财务检查。

（6）负责与其他部门一起做好原材料定额、成本指标、流动资金占用、库存资金及利润的制定。提供质量工作所需的财务资金保障。

（7）负责公司资产的评估和产权登记、变更、清算及年检、报告、考核资产经营使用效益。

（8）协助上级机关和财政、税务等部门做好财务检查工作，负责提供资料和如实反映情况。

（9）其他相关财务工作事宜。

5. 营销部门

一般规划的职责有：

（1）在营销活动中贯彻公司质量方针，诚信经营，树立公司良好形象，向顾客提供满意的产品，提高公司信誉。

（2）依据公司经营计划和生产能力，制订、执行营销策略和营销计划。

（3）负责组织产品要求的评审和顾客沟通，准确理解顾客对产品和服务的要求，全面履行合同。

（4）负责市场调研，运用统计技术分析和预测顾客的潜在需求，为公司产品开发和技术储备提供信息。

（5）做好产品售前、售中和售后服务，建立销售服务档案，并保持与顾客良好的沟通。

（6）组织顾客满意度信息的收集和顾客投诉管理，与有关部门就顾客反映的质量问题进行及时处理，并迅速向顾客进行反馈。

（7）其他有关营销工作的事宜。

6. 生产部门

一般规划的职责有：

（1）在生产过程中坚持“质量第一，顾客至上”的质量方针，加强生产过程控制，明确关键工序，并加以重点管理。

（2）对实现产品符合性有关的基础设施和工作环境进行有效管理，并对生产过程中产品标识和可追溯性负责。

（3）负责操作文件和作业指导书的编制、培训、管理和发放工作。

（4）合理安排生产资源，保质保量完成生产任务。

（5）负责组织落实生产过程中的纠正、预防措施工作。

（6）在生产过程中，完整记录生产、质量情况，并归档保管。

（7）组织实施生产过程中的成本控制，降低生产消耗，提高生产效率。

（8）其他有关生产管理的事宜。

7. 技术部门

一般规划的职责有：

（1）负责设计和开发控制，为产品生产提供产品图样和技术文件。

（2）组织实施产品策划，针对特定产品、项目和合同编制质量计划。

（3）负责工艺设计和工艺管理，编制工艺方案和工艺文件，组织对特殊过程、关键过程的鉴定和确认。

（4）负责技术支持，对产品研制过程进行跟踪，处理生产过程发生的技术问题。

（5）配合相关部门进行产品要求的评审和顾客财产的管理，对顾客提供的技术文件进行控制。

（6）负责产品标准化和技术档案的管理工作。

（7）其他相关技术工作的事宜。

总之，全企业的质量管理就是要求各个部门各负其责，共同完成质量管理工作，以最大观点阐述，限度地满足客户的需求。

10.8 智慧分享

对于 TQM，各种资料介绍得很多，从业者的体会也不少，不过由于获取的渠道、从事的工作及工作经验不同，对 TQM 的理解还是有很大差异。下面作者就自己的理解对 TQM 进行一些阐述，与大家共勉。

1. TQM 不是追求“时髦”，而是承担“责任”

TQM 自从 20 世纪 60 年代提出来后，就被世界各国纷纷接受，在许多企业得到了开花结果，特别在一些知名企业取得了斐然的成绩。以至于不知从何时开始，TQM 好像成为企业高质量的代名词，成为了一个企业进行质量管理交流的一张名片，成为一种企业追求的“时髦”管理。因此，许多企业为了追求“时髦”就一窝蜂地进行 TQM，但实际执行过程中却差强人意，换汤不换药，效果当然就无从谈起。其实，企业开展 TQM 工作，是一项很艰巨的系统工作，是一种责任承担，需要企业付出很大的努力，才可能得到想要的结果，绝不是一种简单的“运动”或“口号”，更不可能是一种追求“时髦”。所以说，TQM 不是为了“时髦”而开展，而是因为开展而“时髦”。

2. TQM 要实事求是，不能华而不实

企业开展 TQM 既不能千篇一律、搞形式主义，也不能一味追求高大上，华而不实，要紧密地结合企业的实际情况，脚踏实地、实事求是。“没有金刚钻，别揽瓷器活”，有多大本事，干多少活，“本事”既是能力，更是资源，企业要紧密结合自己的资源，在充分分析各项资源的基础上大力开展TQM。

3. TQM贵在坚持，强调文化

TQM作为一项系统工作，不可能一蹴而就，需要持之以恒，点滴积累。只有全员共同坚持，全过程逐步开展，全企业形成合力，持续改进，螺旋提高，TQM才能逐步取得成效，才能开出鲜艳的花，结出丰硕的果。同时，TQM不仅仅是一种质量行为、一种质量活动，而是由长期的质量行为逐步养成的质量习惯，并由质量习惯逐步发展形成的良好质量氛围、质量文化。企业只有形成TQM的质量文化，才能持续坚持开展TQM，才能通过TQM真正实现各项目标，满足顾客的各项需求。

4. TQM不仅追求最大利益，还要体现社会责任

企业通过开展TQM活动，满足了顾客需求，实现了企业目标，得到了最大利益。诚然企业获得最大收益是追求的目标，不过，满足顾客需求、满足社会需求是非常关键的途径。企业只有认真倾听顾客的声音、进行系统的社会调查，才能了解顾客真实的需求、社会共同的期望，也才能最大程度地满足顾客需求、实现社会的共同期望，其实也就是才能承担社会责任、履行社会义务。因此说，企业开展TQM不仅追求了最大利益，也体现了社会责任。

5. TQM只是企业质量管理的一种手段，而不是全部

企业开展质量管理有很多方式方法，譬如：TQM、6σ管理、ISO 9000标准、项目质量管理、统计质量管理等。它们各有特点和内涵，有区别、也有联系。企业可以结合自己的实际情况，选择不同方法开展质量管理活动。它们可以单独开展，也可以同时开展。同时开展进行相互融合，往往能实现更好的效果。

第三部分　时代篇

把握时代脉搏，铸就质量新篇章！

第11章

质量管理趋势——大数据时代下的游戏

本章导读：

- 何为大数据？何为大数据时代
- 大数据有哪些主要特点和特征
- 大数据时代又有哪些主要特征
- 大数据时代的质量观点是什么
- 大数据时代如何开展质量工作
- 大数据时代如何进行质量监管
- 何为智能制造、智能制造技术
- 智能制造下如何开展质量管理
- 大数据时代质量管理有何不足

您听说过“塔吉特读心术”吗？如果您是零售业的从业者，您一定听说过。

它说的是美国第二大零售商“塔吉特”通过多年精细的数据挖掘，建立用户的数据库，能够清楚地知道用户的人群信息，甚至能做到比顾客的家属更清楚她们的预产期。

那么，“塔吉特”是如何比顾客的家属更清楚预产期的呢？

它的秘诀就是“大数据分析”。

随着社会的高速发展，科技发达，信息流通，人们之间的交流越来越密切，生活越来越方便，大数据成为高科技时代的新产物。大数据时代以崭新的姿态向我们走来，它正影响着我们生活的方方面面，从消费者行为的判断、产品销售量的预测，到产品生产过程中的质量控制、产品进入市场后的各项服务等都带来了巨大冲击，需要我们以全新的眼光看待它，严谨的态度了解它，饱满的热情拥抱它，并顺势引导，发挥它的最大优势。

11.1 大数据时代的主要特征——海量数据是财富

“夫未战而庙算胜者，得算多也”

面对汹涌而来的大数据时代，要迎接它、拥抱它，首先要熟悉它、了解它。

那么，何为大数据？它与传统数据有什么不同？有哪些主要特点？如何理解大数据时代？大数据时代又有哪些特征呢？

大数据是一个热门话题，常常被人提及，不过，目前还没有一个统一的定义。众说纷纭，不一而足，概括起来主要包括几个含义：一是海量的数据；二是数据具有多样性；三是传统的软件工具在一定时间内无法进行处理；四是对组织经营决策有很大价值。所以说，大数据就是指由海量的、多样化数据组成的，在一定时间内无法用传统数据库等主流软件工具对内容进行撷取、分析和处理，并对组织经营决策有巨大帮助的数据集合。它与传统数据有很大不同，具有一些独有的特点。

1. 大数据的主要特点

（1）数量巨大

数量巨大是大数据的首要特点之一，大数据时代的数据量是以 PB、EB、ZB 为存储单位的。根据 IDC 监测，全球在 2010 年正式进入 ZB 时代，全球数据量大约每两年翻一番，这意味着人类在最近两年产生的数据量相当于之前产生的全部数据量。截至 2012 年，社会上每天会产生 2.5EB 的数据，这个数据量是过去每 40 个月所产生数据量的两倍。预计到 2020 年，全球将总共拥有 40ZB 的数据量，相较于 2010 年，数据量将增长 30 多倍。社会、组织、个人被庞大的数据量所包围，数据能够充分地表示组织和个人开展的各项活动。

（2）高速增长

大数据环境下，数据产生、存储和变化的速率十分惊人。2008 年全球数据量仅为 0.49ZB；在金融危机笼罩下的 2009 年，数据量也较 2008 年增长了 63%，达到 0.8ZB；2010 年增至 1.2ZB；2011 年高达 1.82ZB；2012 年则达到 2.7ZB，相比于 2011 年的数据量增长了 48%。2017 年的全球数据量达到了 14.5ZB，预计到 2020 年将高达 40ZB。

（3）类型繁多

大数据与传统数据在结构和形式上有很大不同，大数据既包括结构化的数据，也包括非结构化的数据，来源形式也多种多样，譬如：传感器的各种类型数据、移动电话的 GPS 定位数据、社交网络中的语音、图像、视频、日志文件等。多类型的数据对数据的处理能力也提出了更高的要求。

（4）时效性高

数据在飞速增长，数据的变化很快，对数据的时效性要求很高，对数据的处理能力也提出了更高的要求。在竞争异常激烈的时代，事先拥有了最新的数据，就意味着事先拥有了市场话语权，能够让组织率先做出符合组织和消费者需求的战略决策，使得组织更加敏捷，从而先于竞争对手快速占领市场，增强组织的竞争实力。反之，如果数据的时效性不高，组织用过期的数据作出错误的判断，将使组织失去竞争能力，也丧失了数据的有效价值。

（5）价值密度低

大量的数据充塞在我们周围，泥沙俱下、鱼目混珠，需要我们去判断和甄别有价值的数据，处理、分析，并进行有效利用。也即海量的数据价值密度低，需要通过强大的算法、手段迅速地完成数据的价值提纯，以进行更好的应用。

2. 大数据时代的主要特征

从古至今，从未有一个时代出现过如此大规模的数据爆炸。信息技术的发展，互联网的普及，随之而产生的数据也呈现爆发性增长。面临海量的数据，我们该何去何从，这些都需要我们首先把握好时代特征。

（1）各类数据无所不在

随着信息技术的高速发展，当前，从个人到集体、从组织到社会、从偏僻的山村到繁华的都市，依赖互联网技术、智能手机、可佩戴计算设备的应用和普及，我们的产品、客户、品牌、技术，甚至我们个人的行为、位置、偏好等每一点变化都成为可被记录和分析的数据，大量的数据充塞在我们周围，各类数据已经到了无所不能、无所不包，无所不在的状态。

（2）海量数据等于巨大财富

大数据时代什么最贵？答案是：数据最贵！

拥有海量的数据，可以通过数据分析，发现事物发展的规律，个人或组织的喜好、运行轨迹、实时变动等，以作出相应的应对和决策，为个人或组织带来可观的收益，创造巨大的价值。譬如：组织可以通过客户数据的分析，制订针对性的市场策划；证券公司通过股民情绪波动，作出股票买卖的决定；对冲基金依据购物网站的顾客评论，分析企业产品销售状况；投资机构搜集并分析上市企业声明，从中寻找资产重组的机会；疾病控制和预防中心依据网民搜索，分析全球范围内流感等病疫的传播状况；政客依据选民的微博，实时分析选民对候选人的喜好而作出相应的应对等。总之，只要拥有了海量的数据，就能通过挖掘数据的潜在规律而创造可观的财富，所以说，海量数据等于巨大财富。

（3）预测变得更精准

传统数据时代，由于数据的拥有量和数据处理能力的限制，人们只能通过抽样分析、归纳推理等手段对事物的性质和规律进行预测和判断，这样的预测和判断因数据的局限性而出现比较大的误差，带来很大的预测风险。但大数据时代，依据海量的数据和与时俱进的数据处理能力，人们可以对事物发生的所有数据进行统计分析，找出规律，进行预测和判断，这样的预测和判断基本能够正确地反映事物的发展规律，预测和判断的结果将更精准、更符合实际。

（4）数据质量是关键

大数据是组织决策的基础，有效地管理、使用大数据能够给组织提供更多增强生产能力和竞争能力的机会，能够给组织带来巨大的潜在商业价值。当然，正确决策的前提必须是有准确的数据，也就是要有高质量的数据。否则，只会使组织或个人误入歧途，浪费大量的人力、物力，有时效果反而适得其反。而在海量的数据中提取有价值、高质量的数据，也不是一件容易的事情，需要组织或个人认真分析、多方审视，才能最终得到真实的数据。

（5）数据安全是挑战

大数据的应用是一把“双刃剑”，正当的应用，会为个人、组织及社会带了可观的价值，相反，如果被别有用心的人或组织利用，带来的将是灾难。譬如：有些人会通过个人数据进行行骗、威胁，谋取非法利益；有些组织会通过数据窃取商业机密，非法损害其他组织的利益等。而要保证数据的安全、保证数据不被非法利用，也是很苦难的事情，由于个人或组织的任何行为、活动都会留下数据痕迹，我们在不经意间就会造成数据的流失，被别的人或组织获得，这样就很难避免数据不被利用的风险。所以说，大数据时代既带来了机遇，也带来了挑战，如何保护个人隐私、如何保守好商业机密，如何保证数据只会被正当、合理使用，是大数据时代的重大课题。

11.2 大数据时代的质量观点——关键观念是改变

时代在演变，我们也不断被时代改变。面对大数据时代，许多质量管理者忽然发现质量管理的某些理念和方法正在悄悄发生变化，原来普遍适用的一些东西现在好像不那么适用了。譬如："全检操作，不增加成本"正在挑战传统抽样理论；大数据的应用使得经典统计技术变得无所适从；数据的精准度也变得不那么重要了。所有这些改变都预示着新时代的到来，也预示着传统质量观念的改变，需要我们认真审视和对待。

1. 更注重所有数据

在大数据时代，随着数据库技术和云计算技术不断更新、发展，我们可以分析更多的数据，有时候甚至可以处理和某个特别现象相关的所有数据，而不再依赖于抽样。作为当代质量管理技术最重要的手段和方法及质量改进的重要技术特征，抽样技术是信息缺乏时代和信息流通受限制的模拟时代的产物，以前我们通常把这看成是理所当然的限制，但云计算技术的流行让我们意识到，这其实是一种技术的约束和人为的限制，与局限在小数据范围相比，使用一切数据为我们带来更高的精确性，也让我们看到了以前无法发现的细节，方便我们进行评估、预测，以做出更正确的决策。所以，进入大数据时代，我们已经不再依赖经典的抽样技术，而更关注所有的数据，进行大数据分析。

譬如：在一些自动化程度高的制造性企业，原来虽然也使用在线检测技术，配置了高度自动化的数据获取、存储、传输、分析和反馈系统，但因为受到数据处理技术及相关"技术标准"的限制，获取的数据还是要通过随机抽样技术进行整理、分析，得出相应的检测结论。但现在可以通过大数据处理技术的应用，对获得的所有数据进行整理、分析，可以得出更精确、更符合实际的检测结论，以便于更好地决策。

2. 更注重数据的混杂性

大数据时代更倾向于数据混杂计算的标准，而不是像以前一样要求数据的精确。精确建模和计算是统计时代的产物，也是演绎逻辑的顶峰。在数据相对匮乏的年代，我们总是要求一切统计数据都要精确，以便得出更精确的结论。就像一个小商店晚上打烊的时候要把收银台里的每一分钱都数清楚，但是财政部的官员们不会这样做，他们不会使用"分"这个单位去精确度量国民经济生产总值，没有必要、也不可能实施，就算能够精确到“分”，对国民经济生产总值的总体趋势判断也无关紧要。但在大数据时代，数据的混杂而不精确性未必是缺点，而可能是一个亮点。因为接受数据的混杂性，一是能够通过降低数据容差而获得更多的数据信息，二是大数据的简单算法比小数据的复杂算法更有效。特别是对于一些品牌价值、市场占有率、员工满意度等数据，这些随时处于变动中的、主观性很强的数据不可能精确地计算出来，但是在大数据时代我们不必要计算小数点后边还有几位数字，而是直接得到我们应该如何采取行动的结论就行。

譬如：每年的春末夏初，蒲公英的种子成熟了，微风吹来，这些种子随风飘散，它们不知道目的地在哪里、不知道是否能够活下去，种子太多了。从蒲公英妈妈的角度看，一粒、两粒……，妈妈们根本不考虑孩子们的精确数量，甚至不考虑大多数种子的去向。她们考虑的是：在每年的初夏，每一块力所能及的土地上，甚至每一条街道上都飘满了蒲公英的种子，她们不会亲自照顾任何一粒种子，而是希望它们离开她，认真把握自己漂泊的方向，以找到最佳生存环境，在那儿落地生根。

3. 更注重数据的相互关系

传统的质量管理方法尤其注重因果逻辑，总是希望通过实验设计或者统计模型来描述事物之间的关系，而且这种关系是有因果逻辑支持的，很多质量改进技术都是在因果问题上做文章，用精确的数据模拟真实地反映质量生产过程，从而得到精确的结论。相反，在大数据时代，我们无须再紧盯事物之间的因果关系，而应该寻找事物之间的相关关系，这会给我们提供非常新颖而有价值的观点。相关关系也许不能准确地告诉我们某件事情为何会发生，但是它会提醒我们这件事情是否正在发生，在许多情况下，这种提醒已经很珍贵了。

譬如：沃尔玛公司注意到，每当在季节性飓风来临之前，不仅手电筒销量增加了，而且蛋挞的销量也增加了。它们虽然无法对手电筒的销量和蛋挞的销量建立确切的因果关系，也无法建立精确的数量模型，但它们只要把握住这种相互关系就能作出相应的决策：当季节性风暴来临时，沃尔玛会把库存的蛋挞放在靠近飓风用品的位置，以方便行色匆匆的顾客，从而增加了蛋挞的销量。

4. 更注重新技术的应用和推广

大数据时代最重要的特征之一就是海量的数据，而且数据混杂，鱼目混珠、无所不包。如何在这些数据中找到关键的数据，并加以整理、分析、评估、预测，以做出正确的决策，就需要大量新技术和方法的应用。从新的技术手段角度看，大数据技术是一个综合概念，它不是特指的某种技术，而是数据的采集，传输，存储，处理和应用等多个层次的技术集合。譬如：感知技术、采集技术、海量数据存储、维护技术、传输控制技术、云计算技术、预测技术以及智能技术等。只有充分利用好这些新技术、新方法，才能充分应用好大数据，充分发挥好大数据的优势。

譬如：在质量管理领域，一种被称为“预测分析法”的方法已经被广泛应用，它可以预测事件的发生。它的应用功能方法是：在机器、发动机、大型动物、桥梁和大型建筑物等对象上放置传感器，这些传感器用来收集、记录和传输散发的热量、振幅、承压和发出的声音等信息。一个东西要出故障，不会是瞬间的，而是慢慢地出问题的。通过收集所有的数据，我们可以预先捕捉到事物要出故障（或其他变化）的信号，比方说动物的叫声、发动机的嗡嗡声、引擎过热、支撑变形等参数的改变都说明它们要出现某种变化了。系统把这些异常情况传输给中心数据库，中心数据库的计算设备就能够把这些异常情况与正常情况进行对比，就会知道什么地方出了毛病，并得出这些毛病的性质、紧急程度和相应的对策等信息。通过尽早发现异常，系统可以提醒我们在故障出现之前更换零件或者修复问题。通过找出一个关联物并监控它，我们就能控制现在、预测未来，这正是质量管理期盼解决的问题。

总之，在大数据时代要想做好质量工作，固步传统的观念、方式方法，是无法适应时代发展的，注定要处处碰壁，被时代淘汰，因此，就需要我们在充分了解大数据时代的特征基础上转变观念、顺时而动，把握时代特色，确保质量工作绘声绘色。

11.3 大数据时代的质量管理——管理方法要创新

“思路决定出路，观念引领行动”。大数据时代促使组织的质量观念发生变化，相应的质量管理活动也应该发生调整，管理的方式方法也要不断发展、进行创新，以适应新时代、顺应新浪潮，并提高质量管理的成效。

1. 把大数据时代的特色与传统质量管理的技术和方法结合应用

大数据时代的特色是海量数据、数据高速增长、数据处理能力增强、预测变得更精准等。而传统质量管理的技术和方法在大数据时代也不是一无是处，大量的技术和方法被大量的实践证明都具有系统性、科学性，很经典。只不过局限于数据的处理能力，只能用一些抽样的数据进行数理计算、统计分析，以至于得出的结论有可能出现偏差，不是太精准。相反，如果把大数据时代海量数据的获取能力、数据的高速处理能力等应用到传统质量管理的技术和方法中，将发挥两者所长，极大地提高数据的应用能力、应用技巧，并使数据的应用变得更广泛，数据的处理结论变得更精准，也将极大地提高组织的质量管理能力。

譬如：SPC 作为一种统计过程控制方法，它运用数理统计和概率论原理，可以及时发现生产中的异常情况，从而及时采取措施进行改进，把质量隐患消灭在萌芽状态，真正达到防患于未然。但 SPC 在实施过程中，由于要运用到大量的数据，同时要对这些数据进行计算，并用多种统计方法去分析，并做出相应的统计图，这中间的工作量是很大的。 如果未能获得大量的数据、未能及时计算出来结果，同时，做出相应的统计图，就有可能导致统计图出现偏差，也有可能耽误时间，以至于错过最佳改进时机。现在结合大数据的时代特色，这些问题就会迎刃而解，应用大数据的数据获取能力和数据的快速处理能力，SPC 将变得更精准、更高效。

2. 充分应用好与质量相关的海量数据

大数据时代质量管理的重点之一就是要改变意识，把大量的数据当作财富、当作生产力，要高度地重视数据，但也不能盲目地崇拜数据，对大量的数据要进行系统的分析，合理地应用，要有目的地唤醒一些数据，或者有意识地忽略一些数据，这样才能把握重点，锁定关键。

譬如：对于产品的整个产业链，我们可以得到大量的数据：消费领域的、生产领域的、售后领域的等。关于这些数据我们往常关注比较多的是生产领域和售后领域的数据，往往忽略消费领域的数据，而消费领域的数据正是客户的需求和期望所向，只有应用好这些数据才能更好地了解客户的需求、市场的趋势，也才能更有利于组织做出更好的产品决策。所以，对于组织来说，这些就是我们需要唤醒的数据，需要好好应用的数据。

3. 提高质量要充分发挥技术的重要作用

出差在外，想选择一家适合自己的酒店。只需在手机 APP 上输入对酒店的个性化要求，手指轻轻一按，几十家甚至上百家酒店就立马一一呈现在眼前。卫生条件、服务态度、餐饮特色、地理位置，等等。通过查看大量网友的点评和酒店分数排名，你可以在短短几分钟内方便快捷地寻找到自己心仪的酒店。出门办事，同样只需在 APP 中下单，2～3 分钟后一辆专属于你的专车就会到达指定地点。车上不仅提供了标配的矿泉水和充电器，还有司机发自内心的热情服务。

这是两个大数据时代应用新技术的典型例子。通过云端数据处理能力，我们就能很容易找到自己心仪的酒店；通过实时定位技术，我们就很快得到舒适的专车服务。这些都是以前想都不敢想、根本不可能实现的事情，在大数据时代，依据新技术，既节省了时间，又提高了服务质量。

“技术一小步，质量一大步”。大数据时代的质量管理，只要充分发挥大数据的神奇魅力，充分地应用好新技术，质量工作将会大放异彩。

4. 质量管理逐步实现精细化、定制化

质量管理活动要充分结合大数据的特色，依据数据的分类、细化，逐步实现质量目标、质量控制方法、手段的精细化，定制化。质量目标可以因人而异、因地域而异、因实现条件而异，以确保质量目标的实现能够满足不同人、不同地域的人的需求。质量控制方法、手段也可以因人、机、料、环而异，通过对人、机、料、环四个要素的数据分析，有针对性地选择适宜的质量控制方法、手段，加强质量控制的实效，以更利于质量目标的实现。

譬如：组织内生产的同一种产品，如食品、饮料等，可以依据不同人群的数据分析，如老人、中年人、孩子等，老人喜欢清谈、中年人喜欢口味多样、孩子喜欢香甜口味等，就可以设计不同人群的特色产品，制定不同的质量目标，以满足不同人群的需求。同样，对于不同地域的人也可以进行数据分析，如南方人喜欢甜味、北方人喜欢咸味、四川人喜欢辣味、山西人喜欢酸味等，根据分析结果就可以有针对性地改进产品质量，以适应市场需求，实现组织的市场竞争力。

另外，对于质量控制方式方法的选择可以通过人、机、料、环四个要素的数据分析，进行适当调整，以更契合生产现状，更方便产品质量的把控。如对于同一车间，操作同类型机器的操作员工，员工甲是一个认真负责、谨慎细致的人，就可以使用巡检、自检、甚至免检的质量控制手段控制产品质量。而员工乙是一个粗心大意、得过且过的人，就必须严格进行质量控制，使用首检、过程检、终检相结合的控制手段，如果发现事故的苗头，甚至可以使用加强检、全检的手段进行产品质量的控制。

5. 质量管理要充分应用大数据的预测能力

大数据的核心就是预测，大数据使预测变得更精准。它通常被视为人工智能的一部分，或者说被视为一种机器学习，不过它不是要教机器如何进行思考，而是把数理算法应用到海量的数据上来预测事物发生的可能性，以方便提前采取措施，防患于未然。在质量管理活动中，可以充分应用活动开展过程中各类数据的数理分析，预测产品质量，以便提前发现可能出现的质量隐患，提前分析原因，采取控制措施。

譬如：一张光盘的制作主要分为：母盘制作、PC 料烘干、PC 料高温熔化、光盘注塑成型、光盘溅镀、涂保护胶、UV 烘干、检测等步骤。每个步骤都有一定的工艺参数，以保证母盘的质量，如母盘要有一定的光性能参数、电性能参数及物理外观参数等；PC 料烘干需要保持一定的温度、时间等；PC 料高温融化有温度、时间等参数；光盘注塑成型有压力、时间、冷却温度、注塑速度等参数；涂保护胶有保护胶的黏度、温度、旋转速度等参数；UV

烘干有 UV 灯功率、烘干时间、烘干距离等参数；检测也有激光强度、频率、检测焦距、检测时间等参数。这些参数就是产品质量的重要数据，只要这些数据保持一定的范围，互相协调、配合就能保证生产出高质量的光盘。因此，对这些数据进行提前的数理分析，就能精准地判断出生产出的光盘质量。当然，如果发现一些数据对产品质量有隐患的话，就可提前进行调整、改进，以确保光盘的制作质量。

6. 建立质量数据共享平台，让客户参与组织的质量管理活动

大数据时代标志着人类获取数据、分析数据、处理数据、共享数据的手段不断提高，标志着人类利用数据认识世界、改变世界的新阶段已经来临。在质量管理方面，随着互联网技术的高速发展，B2B、B2C、C2C、O2O 等新业态商业模式逐步成为商业社会的主导力量，传统的企业单方面关注质量的经营模式已经不合时宜，需要进行全面调整，建立企业、消费者、检测机构共同参与的质量数据平台已经是大势所趋，企业、消费者、检测机构共同为产品的质量出谋划策。消费者提出质量需求、期望，企业进行质量控制、实现质量目标，检测机构确认和评价质量、并指导消费市场，最后消费者消费质量，并反馈质量，为企业改进质量提供重要参考。通过质量数据平台的共享，形成质量需求、质量实现、质量检测、质量反馈的良好循环，确保产品质量更有的放矢，质量管理更有成效。

譬如：青岛海尔的“创客平台”就是一个企业、客户充分交流的共享平台，本着“企业平台化、员工创客化、用户个性化”的战略宗旨，海尔创建了企业、员工、用户的数据共享生态圈，通过充分倾听员工、用户的诉求，成功孵化出雷神、卫玺、雷霆世纪、TAB、小厨师、小管家等多个创客品牌。特别值得一提的是“天樽空调”项目创客案例：“天樽空调”是海尔推出的一款颠覆式创新空调，它起源于 673 372 名网友和海尔研发平台的交互，通过网友对传统空调的使用痛点，即空调病、风太冷、自然风、远程控制等问题的反馈，海尔创客团队整合全球资源，研发出的一种具有颠覆性的智能空调产品。一经上市就受到用户追捧，并被广大用户称为“智能空气管家”，成为数据共享实现产品质量提高的典型案例。

还有阿里巴巴的 B2C 平台，也是一个典型的企业与用户数据共享的交互平台。千万家上网企业通过平台充分听取用户的反馈、诉求，甚至投诉和抱怨，着手进行产品的开发、完善，通过改善不足、提升满意度，逐步迎合消费者的需求，提高了市场竞争力，实现了企业和用户的双赢。

总之，大数据时代的质量管理必须要具有时代特色，顺势而为，才能使质量管理工作更有成效，更有活力。

11.4 大数据时代的质量监管——监管操作更轻松

博弈论告诉我们，由于信息的不对称，会造成逆向选择。产品质量监管的目的，就是不断降低产品质量信息不对称的程度，监管的本质就是实现总体质量信息的监管。传统的质量监管方法主要是应用样本分析法，以评估、推断总体样本的质量信息，难免会出现判断失误、判断不准确的风险。而大数据时代，随着数据获取能力、处理能力、反应能力的极大提高，以全体数据进行质量信息分析的时代已经到来，那么，如何应用大数据进行精准高效质量监督？如何对产品安全风险实时预警？如何实现质量监督工作全维度数据融合互通？如何提升公众质量安全意识？成为新时代质量监督工作的重点考虑的问题。

1. 建立质检大数据平台，实现精准高效质量监督

质检大数据平台是基于大数据的思维理念，利用海量平行处理系统和云计算、网格计算等先进计算分析系统，综合质检部门内部质量检验数据、工器具信息、产品和实验室认证数据及各种产品技术资料和标准等所有业务信息，以及大量组织和产品的咨询、消费阶段的海量信息，运用大数据时代的新技术对这些海量的质量信息进行分析加工、归纳处理，确定组织所需要的对业务分析有价值的战略性数据，然后基于这些数据通过评价建模和系统统计分析方法对质量进行评价和监督。

质检数据大平台优化了质检工作的管理方式，它有效融合了内部各业务子单元的信息数据，可以对本业务部门进行反馈和指导，同时收集了大量组织本身和消费者的质量信息，可以有效反映产品、行业、地区的质量数据，实现对产品质量的精准把控。另外，平台还拓宽了质检工作的管理内容，它引入了互联网中来自消费者的主观质量评价，将质检工作从原来的客观质量检验，拓展到主客观质量相结合的检测，实现了从时间、区域、行业等不同维度，全方位的质量整体检测，充分体现了组织与公众共同监督质量的良好机制，达到了精准高效监督质量的目的。

2. 充分发挥大数据的快速处理、精确预测能力，建立质量预警机制

质量管理离不开数据，质量监管的本质就是对数据的处理、评估、判断。大数据时代，组织利用数据的获取能力，对收集到的组织和消费者的海量数据进行汇总分析，可以有效地对产品的质量走势进行预判，从而使质检工作从原先的被动检测产品质量到主动把握产品质量趋势，对产品质量问题进行预判，有目标、有方向、有重点地开展质量监测，从原先大量产品的全面式监测到针对问题的重点监测，也可以为产品的突击监测提供实时、可靠的依据，同时，更好地理解质量安全事件发生的内在规律，通过数据收集和算法计算，预测质量安全事件发生的概率和频次，从而实现从被动处置到主动预防的质量安全事件管理模式的转变。实质上就是依据大数据的处理、预测能力，建立质量预警机制，使质量事故、质量安全事件能够防患于未然。

3．全面疏通质量监管渠道，营造企业、用户、检测机构共同参与的全方位监管环境

随着信息技术的高速发展，互联网已成为我们生活的一部分，互联、互通、万物互通的局面已逐步形成，全面打通质量监管渠道，营造一个企业、用户、监测机构共同参与的全方位监管环境已经成为可能，通过企业、用户、监测机构的共同参与，我们就可以更容易获取全方位的数据、更容易听到最终用户的声音、更容易得到真实的质量结论，相应地也就更容易做出质量判断、质量决策。譬如：我们要购买一款产品，通过各种渠道，我们不仅能得到企业的质量标准、质量承诺，还可以得到第三方检测机构的评价、推荐，更重要的我们还能得到广大用户的点评、使用反馈，这些全方位的监管数据为我们提供了大量的参考，更有利于我们做出正确的判断。再譬如当下社会正在轰轰烈烈开展的网络反腐，也是政府营造的一种全方位公务质量监督环境，通过政府、机构、公民的共同参与，全面监督公务人员的一言一行，使他们的最新动态和历史活动都清清楚楚、明明白白，促使他们时刻谨言慎行，牢记使命，更好地执好政、用好权。

4．依托大数据分析，实施精细化、定制化质检方案

产品实现的整个生命周期，从规划、设计、生产、销售到客户应用反馈、过期报废等过程会留下大量的数据，通过这些数据的汇总、分析，组织基本就能够了解产品的质量状况，同时，可以结合实际制定质检方案。不过，由于产品实现过程中，人、机、法、料、环等因素的差异，传统质检过程中统一的质检方案有可能会造成质检的误差或资源的浪费，现在，通过大数据技术的应用，依托人、机、料、法、环等因素的数据分析，可能制定更精细、更适宜、定制化的质检方案，以实现满意的质检效果。譬如：产品在生产过程中，通过对操作工、机器、原材料、工艺方案、生产环境等因素的数据分析，评估生产的稳定性，预测生产的产品质量，以制定相应的质检方案，如果操作工人技能高、操作熟练，机器运行稳定、各项运行参数都符合规范，原材料各项参数合格，工艺方案经过大量验证精细、可靠，生产环境也满足产品要求，那么，产品的质量基本就可以得到保证，应用的质检方案就可以松一些，用抽检、自检或免检的方式验证质量就可以起到质检的效果。反之，就需要加强质检的力度，应用专检、互检或全检的方式才能满足质检的要求。

新时代的质检工作作为质量管理活动的一部分，也必须紧紧把握时代特色，不断求真务实、开拓进取，才能使质检工作满足时代要求，发挥重要作用。

11.5 智能制造下的质量管理——未来质量靠智能

对于制造行业来说，近年来最热门的话题里一定包括“工业 4.0”、“中国制造 2025”这两个概念，这两个概念的主题思想就是要通过努力逐步实现“智能制造”。那么，何为智能制造呢？

智能制造技术是指利用计算机模拟制造专家的分析、判断、推理、构思和决策等智能活动，将这些智能活动与智能机器有机地融合起来，将其贯穿应用于整个制造企业的各个子系统。应用这类智能思维可以提高整个制造系统的效率，使得制造系统实现高度的柔性化和集成化，另外在信息收集、分析、共享等方面，也可以代替烦琐的人工服务，提高了效率也避免了一定的问题。

智能制造已是制造业发展的必然趋势，它对传统生产模式提出了极大挑战，相应的，对与之相配套的质量管理模式也提出了挑战，需要对质量管理模式进行升级和变革，具备智能制造的特色。

1. 利用智能制造技术拉动质量管理提升

“中国制造 2025”强调智能制造在实际生产中的应用，规划了“中国制造”向“中国智造”的转变途径，同时也强调了“中国质造”。即通过智能制造技术助推质量管理，提升产品质量，开启质量管理新模式。而现代智能制造技术层出不穷，开启中国质量管理新模式，智能制造技术绝对是一条有效的途径。

譬如：合理利用智能传感器和自动化技术实现生产过程的连续监控。智能传感器在生产过程的制造和装配等多个阶段进行连续监控，可以发现不符合规范要求的差异，如尺寸、密度或者重量参数偏离等，发现极细微的偏差，帮助消除缺陷产品或者质量投诉隐患，避免引起重大诉讼。智能传感器还可以利用视频技术和视觉识别技术来检测与外观有关的质量问题，例如产品颜色、尺寸精度等，及时反馈、及时采取改进措施。另外，使用智能传感器和自动化技术相结合，还可以加快质量控制周期，实现自动化操作，如收集和回收不符合质量标准的产品，自动化和物料搬运设备可以迅速分离出有问题的部件，根据预定义的规格要求确定这些部件是否要进行返工，并将被拒收的部件送回到适当的返修工位。

还有，利用智能制造技术，可以建立数据自动采集系统，实施数据实时监控、评估，形成质量自动评估平台，各级质量监控人员通过监控平台实时输出的报告和信息将能够对设备运行情况、异常情况、产品情况进行全面掌控，最终形成智能质量控制体系。

2. 智能化有助于质量疑难问题的解决

到目前为止，国内外关于质量管理的理论、方法和工具并不算少，然而，质量问题仍然屡见不鲜，其中，有管理问题，也有技术问题。如果挖掘其中的原因，不难发现，在质量管理的实施过程中，有些环节不易控制，还有一些模糊地带和漏洞。如质量原因如何分析？由谁分析？质量分析工具如何综合应用？样本如何分组？质量实时控制和自动化以及系统建立质量把关等问题。在这些环节上，传统解决方案一般是安排有经验的管理者进行把关和决策，风险比较大。而智能制造技术的应用，基本克服了这些隐患，通过大数据的分析，有助于更快、更精确地找到问题原因，基本不受一些人为因素的影响。

譬如：传统质量问题原因分析常用工具很多，包括因果分析图、直方图、树图、散布图、帕累托图、控制图等，然而，对某个质量问题的分析仅仅用一种统计图分析是不够的，得出的结论也不易把握，同时，没有一个自动化和固定的分析工具说明用哪种或哪几种图形进行分析，这些都需要人的经验和综合分析与决策能力。而进入智能制造阶段，就可以灵活应用智能统计分析技术、云计算技术、智能比对判断技术等，实现质量问题综合分析的智能化。

3. 智能制造下，质量管理真正实现了过程控制

智能制造的目的是使制造过程更加的自动化、信息化及智能化，信息化的一个重要作用是解决快速响应的问题，智能化的一个重要作用是解决随机应变的问题。这其中当然也涉及对质量管理、质量控制的快速响应和随机应变。实际上也就是对质量管理过程控制进行快速响应和随机应变。

所以说，智能制造时代，质量管理将真正的回归本质——过程控制、零不良，实现真正意义上的质量过程控制。质量从业人员要做的是：真正了解影响产品的因素是什么、影响大小是多少、关键监测点在哪里、该如何监控这些参数（涉及传感、感知）、系统如何实时对这些参数进行反馈（智能决策）等。

譬如：某工厂生产某件产品的关键工艺是控制过程温度，温度范围外的产品都存在潜在质量问题。根据以往的方式，我们将不在工艺温度参数范围内的产品标记剔除即可，这有可能会造成极大的浪费。但在智能制造背景下，在生产这件产品的过程中，可以严格控制该工序的温度参数，实时检测温度的变化，温度偏低，则对模具或者工具进行加热，温度偏高则反之。通过实时监测温度的变化及对温度变化做出快速响应，确保了温度的基本稳定，控制了过程质量。

4. 智能化、信息化推进了质量控制流程的标准化和数字化

智能制造技术、信息技术的广泛应用使组织的质量管理逐步由粗放化、精细化管理向标准化、数字化管理漫进，智能化、数字化制造已贯通产品研

制、生产、质控的全过程。数字化工厂得以普遍认知，成为发展新潮流，极大地推进了质量控制主要业务流程的标准化和数字化。产品的状态管控、质量信息处理、用户反馈信息的跟踪、供应商评价与管理等业务流程广泛应用了大数据技术，依据流程的标准化、数字化，能够快速找准质量能力的薄弱环节，为质量改进提供了准确可靠的依据。

譬如：智能制造技术、信息技术的迅猛发展及应用，给组织在研制、生产的各个环节带来了革命性的改变。在设计方面，产品设计实现了从二维手工制图到全三维数字化产品定义的跨越；产品协调逐步从模线—样板—标准样件的模拟量协调向全三维数字量协调模式的转换。工艺设计也逐步从二维离散式手工编制向基于知识的全三维结构化自动工艺设计方向演进，工艺仿真技术的应用打破了“设计—制造—评价”和“实物验证”的传统模式，不再需要实际产品作为支持。在制造方面，零件的加工已经实现依据产品三维设计模型的快速编程和仿真，部分车间甚至建立了车间物联网，依据设备的使用情况和需求自动排产。以此为基础，相应的在设计、工艺、加工等各个环节的质量控制也实现了标准化、数字化，由传统的型式检验控制质量转变为仿真实验控制质量，既提高了效率、降低了成本，也提高了准确性。

5. 依据智能化，促进检验过程和生产过程的融合，实现了检验过程的数字化和集成化

检验过程既是质量控制过程，也是产品实现过程不可缺少的一环。将检验过程纳入智能化信息系统，统一规划产品实现过程的每一个环节，统一任务计划，平衡好各个环节的资源需求，保证生产过程顺利实现。作为检验过程本身，在质量状况受控的前提下优化检验工序设置，提高生产效率。同时，检验规程的编制实现自动化，通过融合数字化检验设备与手段，完成检测数据的采集，把采集到的数据实时传送到智能化信息系统，完成数据的统计分析、比对、判断，并把质量结果第一时间传递到组织的各个部门共享，实现检测业务的数字化、可视化与集成化。相关部门可以根据质量数据和实际需求进行调整，以获得稳定的质量水平。

智能制造既然是大势所趋，智能制造和质量管理就注定是质量从业者需要认真研究的重要课题，如何顺应时势、因势利导，使智能制造时代的质量管理更高效、高完善，将考验所有质量从业者的能力和智慧。

11.6 智慧分享

本章对大数据时代质量管理的探讨只是抛砖引玉，我们已经在路上，极目远眺，我们不知道这条道路的终点在哪里，但是变化是不可逆转的，大数据时代对于质量管理的影响将会是巨大而深远的。不管你是否做好准备，大数据都会在质量管理领域的角落中传导、扩散、累积，它影响我们的工作，甚至左右我们的产品和服务。那么，面对这个新事物，我们做好准备了吗？恐怕还有一些不足需要我们关注。

1. 领导意识不足

“大数据”作为一个概念，已引起了大多数的组织的广泛关注，许多组织的领导也经常说、经常谈，也在组织的质量管理中进行了尝试和应用，但效果都不明显，成效也不高。究其原因，还是领导的意识不够。“大数据”的应用是一个全新事物，与传统的数据处理、应用是完全不同的概念，“大数据”处理更注重全体数据、更注重让数据说话，以数据为纲。而往往组织的领导在应用中不是完全相信数据的结论，更相信以往的成功经验及自己的洞察力和判断力，这样，在“大数据”的应用中就往往会出现一些冲突，不能充分体现“大数据”的精髓。

2. 管理认识不足

大数据时代的质量管理并不是要求我们重新建设一个全新的信息系统，重新收集更多、更新的数据，也不是把问题复杂化，而指的是一种认识，这种认识告诉我们把数据当成生产力，我们既可以有目的的收集、存储和分析过去忽略的信息，也可以把那些公开的数据、用过的二手数据、沉淀在硬盘中的数据重新唤醒，进行恰当的处理，这样就有可能获得某些问题的答案。同时，大数据时代也并不是全盘否定以往质量管理的经验和做法，而是“扬弃”，是在继承的基础上发展，有效的质量管理技术和方法仍然需要继续使用，并结合大数据的特点、大数据的新技术、新方法更好地发扬光大。

3. 人员能力不足

组织的资源“人、机、料、法、环”中，最关键的就是人，再好的战略决策，也需要适宜的人来执行。大数据时代下的质量管理同样也不例外，也需要适宜的人进行操作、实施。这些适宜的人应该是一些复合型人才，既要懂质量管理的相关知识，也要懂信息技术、懂大数据的相关知识、大数据应用的新技术、新方法，甚至还要懂智能制造技术等。而这些复合型人才现在很稀缺，懂质量管理的人才一般都在传统实业中深耕细作，对新兴的大数据行业不是太了解，更谈不上精通；同样，从事大数据行业的专业人才又不太了解传统实业，对质量管理也是一知半解。因此，要想做好大数据时代下的质量管理，尽快进行复合人才的培养很关键。

4. 实践经验不足

“大数据时代”刚刚起航，充分应用大数据进行质量管理更是处于萌芽状态。作为一个新事物、新业态，还没有大量的实践积累，没有成功的经验可以借鉴，也没有失败的教训值得反省。“摸着石头过河”，一切都需要不断摸索、不断探讨。因此，在管理实践中有可能会出现这样或那样的问题，这都很正常，都不可怕，只要坚定信念，在总结中会不断提高。千万不能丧失信心，被困难打败，对这个新事物产生怀疑。

5. 技术积累不足

要做好大数据时代下的质量管理，不仅要考虑管理因素，更重要的要考虑技术因素。传统经典的质量管理统计技术已应用很成熟、很广泛，大数据时代的一些新技术、新方法也取得了一些成效，但两者的结合，由于实践经验的不足，还有很大的不足，成熟的技术积累不多。如何实现质量管理传统技术与大数据新技术的相互融合，实现“1+1>2”的良好效果，将是未来质量管理从业者应重点关注的命题。

第12章

工匠精神——质量管理的精神家园

本章导读：

- 何为鲁班精神、工匠精神
- 工匠精神有哪些主要内涵
- 匠人们的工匠精神哪去了
- 工匠精神对质量有何促进
- 如何找回遗失的工匠精神
- 制造业如何实现由大到强

两千多年以前，在东海之滨出现了一个强大的诸侯国——齐国，当时齐国的宰相名叫“管仲”，管仲为了强国富民，进行了一系列改革，其中“四民分业论”就是把齐国的老百姓按照职业分为“士农工商”四种身份，不同身份的人分开居住，分别培养。从此，工匠作为一个独立的群体站上了历史舞台，他们“相语以事、相示以巧、相陈以功”，为求生存，披星戴月，为求荣耀，精雕细琢，创造出辉煌的成就，闪烁着耀眼的光辉。

“鲁班巧工”、“奚仲造车”、“干将莫邪”、“赵州桥”等一个个闪光的名字，构筑了中国历史上灿烂的“工匠文化”。特别是“鲁班巧工”可谓家喻户晓，关于鲁班的发明创造故事更是层出不穷。“鲁班”这个名字已成为古代劳动人员智慧的象征，“鲁班精神”也经过时间的洗礼被大家广泛推崇。

12.1 鲁班精神等于工匠精神——精益求精是核心

提起“鲁班精神”，我们首先要了解鲁班其人。

鲁班，姬姓，公输氏，名般。“般”和“班”同音，古时通用，故人们常称为鲁班。春秋时期鲁国人，出身于世代工匠家庭，从小就跟随家里人参加过许多土木建筑工程劳动，掌握了精湛的生产劳动技能，积累了丰富的实践经验。相传木工师傅们用的手工工具，如钻、刨子、铲子、曲尺、墨斗等，都是鲁班在生产实践中得到启发，经过反复研究、试验出来的。因此，他被尊称为中国土木工匠的始祖、“百工鼻祖”。

“鲁班精神”是对鲁班善于观察和思考，根据实际情况创造性地解决实际问题，开拓进取、不断创新思想和行为的一种升华，是对古代工匠群体的充分肯定，是古代工匠们的真实体现和智慧结晶。因此说，“鲁班精神”其实就是“工匠精神”。

工匠精神的核心是精益求精，是一种严谨务实、科学创新的精神。其核心内容包括尊重科学的态度、敢于创新的勇气、自我反省的魄力和乐于奉献的胸怀。其内涵主要包括：敬业、专注、精益、创新等。

1．敬业

敬业是从业者基于对职业的敬畏和热爱而产生的一种全身心投入的认认真真、尽职尽责的职业精神状态。中华民族历来有“敬业乐群”、“忠于职守”的传统，敬业是中国人的传统美德，也是当今社会主义核心价值观的基本要求之一。

早在春秋时期，孔子就主张人在一生中始终要“执事敬”、“事思敬”、“修己以敬”。“执事敬”，是指行事要严肃认真不怠慢；“事思敬”，是指临事要专心致志不懈怠；“修己以敬”，是指加强自身修养保持恭敬谦逊的态度。宋代大思想家朱熹将敬业解释为“专心致志，以事其业”。

工匠者的敬业就是要无限地热爱自己从事的行业，要时刻保持一颗敬畏之心，谨慎审视，兢兢业业。

2．专注

专注就是内心笃定而着眼于细节的耐心、执着、坚持的精神，这是工匠所必须具备的精神特质。专注都意味着一种执着，即一种几十年如一日的坚持与韧性。

中国古代早就有“艺痴者技必良”的说法。古代工匠大多穷其一生只专注于做一件事，或几件内容相近的事情。《庄子》中记载的游刃有余的“庖丁解牛”、《核舟记》中记载的奇巧人王叔远、白居易所著《卖油翁》中的卖油老翁“我也无他，唯手熟尔”等大抵如此。

“三百六十行，行行出状元”。工匠们大部分“术业有专攻”，一旦选定行业，就一门心思扎根下去，心无旁骛，在一个细分产品上不断积累优势，在各自领域成为行业的领航者。

3．精益

精益就是精益求精，是从业者对每件产品、每道工序都凝神聚力、精益求精、追求极致的职业品质。没有最好，只有更好，事情已经做得很好了，还要求做得更好。

宋·朱熹注：“言治骨角者，既切之而复蹉之；治玉石者，既琢之而复磨之；治之已精，而益求其精也”。老子所说：“天下大事，必作于细”等，都是古代精益精神的一种体现。

能决胜全球的产品，无不是工匠们精益求精才获得成功。丝绸之路运转的丝绸和瓷器何以誉满亚欧、畅销世界、成为经典，靠的就是工匠们一针一线、每道工序精心打磨、专心雕琢的精益精神。

4．创新

创新是指以现有的知识和物质，在特定的环境中，改进或创造新的事物，并能获得一定有益效果的行为。是人类主观能动性的高级表现，是推动民族发展和社会进步的不竭动力。

古往今来，热衷于创新和发明的工匠们一直是世界科技进步的重要推动力量。“能工巧匠”鲁班推动了木匠行业的巨大进步；中国古代“四大发明：指南针、火药、造纸术、印刷术”，对中国古代的政治、经济、文化的发展产生了巨大的推动作用，对世界文明也产生了很大的影响；甚至现下正热传的中国“新四大发明：高铁、支付宝、共享单车、网购”，也正引领者世界发展潮流，推动着新科技高速发展。

工匠精神强调执着、坚持、专注甚至是陶醉、痴迷，但绝不等同于因循守旧、固执保守，它强调的是不拘一格的“匠气”，包括追求突破、追求革新的创新内蕴。它要求工匠必须把“匠心”融入生产的每个环节，既要对职业有敬畏、对质量够精准，又要富有追求突破、追求革新的创新活力。

12.2 工匠精神哪去了？——只到失去才醒悟

前几天去商场给家人买自行车，看着五颜六色、光彩炫目的各种品牌自行车，愣没看到自己心目中熟悉的自行车品牌——飞鸽自行车。这个伴随着我青少年时代的“宝马良驹”，曾经是那么令我难忘、令我自豪。小时候家乡的路况很差，小伙伴们骑着各自的自行车跋山涉水、风驰电掣，我从来不担心它会掉链子或坏了，在我心中那好像是一辆永不停止的永动机。可现在它似乎“风流已被雨打风吹去”。

同时，我又想到了一些以前耳熟能详的名字：上海牌手表、熊猫电视机、王麻子剪刀、海鸥牌相机等，好像也都成为“明日黄花”，鲜少被人提及。

相反，另一个现象，却值得我们深思：在日本的秋叶原、韩国的乐天免税店、法国的老佛爷、香港的铜锣湾等全球各购物天堂，到处都是国人大买特买的身影。从化妆品、名表、名包等奢侈品到电饭锅、刀具、指甲钳等日用品，不一而足，更夸张的是许多人还从日本购买马桶盖、大米、面粉等。

当我们看到国人拿着大包小包，脸上洋溢着满足笑容，走出机场大厅的时候，我们是否应该问一下：是我们国人都崇洋媚外呢？还是我们的产品真的不如国外的好？我想答案不言而喻。

我们的工匠们应该好好反思一下：我们的产品到底差距在哪儿？我们的工匠精神哪去了？

中华民族自古以来在制作器物时就有着崇尚善和美的传统，从古至今出产的器物中都凝结着浓厚的工匠精神，制作出无数世界级品牌和具有顶级质量的器物。然而，伴随着经济全球化的推进、高科技和工业的飞速发展，我们的产品出现了这样或那样的问题，我们的传统观念淡漠了，我们的工匠精神丢失了。

那么，如何才能恢复这些优良的传统观念？如何才能拾起失落的工匠文明？就需要追根溯源，好好地分析一下我们的工匠精神哪去了？好好地总结一下工匠精神丢失的是是非非。

1．消费者的价值观影响了组织的质量观

价格是价值的具体体现，是直接反映产品质量的重要指标。高品质意味着高成本、高付出，也必定表现为高价格。然而，改革开放以来，在比较长的一段时间内，我国一直处于社会主义初级阶段，经济还不发达，消费者对商品的性价比要求很高，对价格关注更多，以至于消费者长期在性价比高等观念的引导下，对质量不高但价格便宜的商品有了更高的接受度。这导致相当多的组织为了压低价格，采取了粗制滥造、偷工减料、采用低质原材料进行生产等短视行为来逐利。譬如：20 世纪九十年代在全国各地出现的一些商品批发市场，如北京的秀水街、河北的白沟、浙江的义乌等，它们早期的经营思路都是为迎合消费者，而在市场内充斥着大量的冒牌、伪劣产品。久而久之，劣质产品驱逐优良产品，不少组织逐渐摒弃了工匠精神。

2. 组织的战略决策减弱了匠人对技术的执着

改革开放初期，在经济非常薄弱的条件下，国家、各级政府为了使经济尽快发展起来、商品丰富起来，全国各地大力执行了招商引资、“借鸡下蛋”、“市场换技术”等发展战略，各级企业虽有非常健全的产品生产和加工链条，有大量的技术积累，但在整个经济发展只争朝夕的年代，企业和个人都没有时间和动力去执着于技术的钻研和产品的创新，一味地依赖大量引进其他国家的技术或大量进口某些核心原材料、零部件或设备，极大地减弱了工匠们钻研技术的执着，匠人普遍感觉灰心丧气、失落迷茫。

“搞原子弹的不如卖茶叶蛋的”，“拿手术刀的不如拿剃头刀的”，这些现象在当时都严重地影响了匠人们的工作热情、严重地影响了工匠精神的传承。

3. 产品的服务功能与生产品质之间内在联系的减弱影响了质量提升

传统的工匠艺人制作的手工艺产品多是直接为人们服务的，而且往往是为街坊邻居服务的，工匠们会直接与自己的服务对象打交道，直接面对用户的反馈，质量意识当然会在用户不经意地流露出不信任表情时被建立起来。因此在传统情况下，工匠们必须既是制作者，同时也是质量管理者，要直接对产品的质量负责。这大概就是古人的工匠精神得以存在数千年的主要原因。

譬如：制作菜刀或剪刀的工匠，他服务的用户基本是以街坊邻居为主，大家低头不见抬头见，菜刀或剪刀的品质不仅直接决定着工匠的口碑，常常还决定着工匠在交往中的地位。所以，工匠们为了自己和家人的生存以及被公众认可，一定会对制作的产品精益求精。

而到了工业化时代，许多工人不再直接制造“为实用服务”的产品，他们往往只负责一道工序，或者只生产一个零部件，他们很难有生产的产品直接让用户使用的成就感，也无法切身感知这个零件的瑕疵所造成的用户的不满，质量意识自然是淡薄的，精益求精的工匠精神同样也很微弱。

4. 知识产品保护的力度影响了匠人创新的热情

由于我国商品经济起步较晚，知识产权的保护也刚刚开始，各方面还有薄弱环节，法律法规也只能起到以儆效尤的作用。因此，新发明、新创造的动力就严重不足。因为一个新发明、新创造的出现要花费工匠们大量时间和精力，同时，还需要大量物力、财力的支持，如果它一经出现，得不到社会的保护，而马上就出现大量的仿冒复制，许多取巧之人不劳而获，反而，作为付出大量汗水和智慧的工匠们却颗粒无收。试想谁还会不辞辛苦的继续改进、继续创新，估计大家都会只想着不劳而获。所以说，知识产权保护的不力也极大地影响着匠人们创新的动力和热情。

“亡羊补牢，犹未晚矣”。虽然我们的工匠精神已失落了一段时间，但我们已认识到了失落的严重性，新工匠们正在觉醒，相信在不久的将来，工匠精神一定可以回归。

12.3 质量需要工匠精神——质量追求靠精神

说起“瑞士军刀”，每个人都不陌生，它是刀具中的极品，是刀具中贵族的象征。

“瑞士军刀”一共有 100 多种组合，市场上充斥着各种组合的赝品，从外观上看，每个赝品几乎都能以假乱真，但没有一把赝品能够轻松自如地打开和关闭。

刀具算不上是什么高科技产品，为什么照猫画虎也达不到效果呢？

维氏集团的 CEO 卡尔四世是这样说的：“我们没有什么秘密，军刀生产的所有流程和标准都是公开的。如果说有秘密的话，那就是把每一个简单的部分都精确组装到一起。品牌和功能性是一个品牌价值的核心，而品质和功能性在现实中也没有那么夺人眼球，有的只是日复一日对技术和细节的无限雕琢”。

卡尔四世的话揭示了一个道理：高品质的产品不是来自于夸夸其谈，也不是来自于什么“高、大、上”，而是来自于精雕细琢的工匠精神。所以说，高质量需要工匠精神保驾护航。

事实上，当今社会心浮气躁，许多组织追求 “短、平、快”带来的即时利益，从而忽略了产品的品质灵魂。要想重铸品质灵魂，建立组织的品质之路，工匠精神起着极为关键的作用。

1. 工匠精神是质量提升的原动力

工匠精神作为一种无形的人力资本，可以极大地提高劳动生产率和降低成本，是组织质量提升的原动力。在生产资料和生产对象领域，匠人会选取最好的原材料和制作最好的使用工具；在产品制造环节，匠人具有一种独有的内在禀赋，可以制造出传承千年且不断增值的物品，不断引领企业创造高品质的新产品，并屹立行业首位；在质量文化打造领域，可以带领组织不断进行产品的创新发展，提升产品的质量和品牌。另外，这种原动力将会从提升产品质量出发，在各个层面支撑组织质量战略的建设和实施，在生产的每一个环节都体现出最大限度的专业和标准，保证产品的好品质和高性能。

2. 工匠精神赋予了组织创造力

工匠精神不仅是踏实认真做事情的态度，更是一种严格遵循规则基础上的创造力。中国古代匠人独有一种自我创新和自我开悟的精神，匠人自古就是指聪明具有创造才能的人。工匠精神蕴含的创新，是在严格遵循制作器物规则基础上的质量改善和技术创新，体现在产品设计、生产、销售和售后等全产业链质量管理体系中。工匠精神的创造力可以提升产品劳动生产率和产品质量，不断突破各种生产和流通环节的关键技术瓶颈。促进匠人学习先进的质量工具和方法，不断地进行质量改进和工艺创新。工匠精神赋予了组织活力，使组织具有了永不停歇、积极进取的良好氛围，极大地提高了组织的质量意识，品牌意识，形成了组织的核心竞争力。

3. 工匠精神致力于精益求精

匠人制造物品是源于内心的热爱，源于追寻制作器物本身的善与美。物品的极致追求，体现了匠人在制作器物时所追求的个人价值观和社会责任感。可以说，匠人不仅是为了生存而去制造物品，不仅是为了赢得市场和打价格战，而是为了追求事物的完美与极致，在自由和自律中达到个人价值和社会价值的平衡。工匠精神体现了一种契约精神，具有工匠精神的人是通过全身心的投入、热爱和执着的精神制造产品的。为了追求完美的制作过程，他们会终身修炼技术，控制每个生产环节的质量，通过追寻善与美的目标和对所创造物品的热爱来保证每一个环节的品质，最终形成了内在的高标准和外在的名品牌。

4. 工匠精神是组织质量的品牌资本

在现代市场经济环境中，作为知识资本形态的品牌形象也是一种可经营的组织资本，是一种潜在的、无形的、动态的、能够带来价值增值的资本，是传统的会计体系反映不了的无形资本。塑造良好的品牌形象，有效开发、经营品牌资本，是组织参与市场竞争、占领市场制高点的重要手段。事实上，“工匠精神”在组织质量品牌形象塑造和质量品牌资本创造过程中具有十分重要的作用。“工匠精神”是组织质量品牌内涵的重要体现，也是组织质量品牌知名度、美誉度以及顾客忠诚度培育的有效途径，更是组织质量品牌资本价值增值的重要来源。许多中华老字号，譬如：全聚德烤鸭、东来顺涮肉、天津狗不理包子等，能够驰名中外，都得益于其精益求精、追求品质的“工匠精神”。

质量追求需要工匠精神，工匠精神促进质量提升，没有工匠精神，很难形成强有力的质量文化、质量氛围，所以说，质量复兴之路，一定要有工匠精神的回归。

12.4 传承、弘扬工匠精神——铸匠心、匠魂

2016年全国“两会”期间，李克强总理在政府工作报告中明确了“鼓励企业开展个性化定置、柔性化生产，培育精益求精的工匠精神，增品种、提品质、创品牌”。首次提出了“工匠精神”，表明了从国家层面要大力弘扬“工匠精神”。

著名企业家、教育家聂圣哲曾呼吁：“中国制造”是世界给予中国的最好礼物，要珍惜这个练兵的机会，决不能轻易丢失。“中国制造”熟能生巧，就可以过渡到“中国精造”。“中国精造”稳定了，不怕没有“中国创造”。千万不要让“中国制造”还没有成熟就夭折了，路要一步一步走，人动化（手艺活）是自动化的基础与前提。要有工匠精神，从“匠心”到“匠魂”。

由此可见，在当今中国，全面传承和弘扬工匠精神，已是大势所趋，人心所向。那么，加强、加快工匠精神的传承，究竟路在何方呢？

至少要包括两个大的方面：一是战略层面；二是实施层面。

关于战略层面：

1. 在政府层面，应通过质量战略和制度建设，引导全社会尊重和弘扬工匠精神，尊重匠人。可借鉴国外先进制作大国的双元制和三元制，完善政府、协会和企业三方共建的职业技术教育体系。还要建立和完善现代学徒制度，鼓励建立大师工作室等。

2. 在企业层面，应建立培养工匠精神的激励约束机制。企业家应专注产品质量提升，致力于“百年老店”和“隐形冠军”的打造，引领企业提升产品的国际质量竞争力和世界品牌竞争力。应注重企业人力资本质量管理建设，建立系统化的工匠培育体系，培养大国工匠。建立合理的薪酬制度，改善一线工人工作环境，完善终身晋升制度。积极参与制定人力资本质量管理的国家标准和国际标准，推动中国质量管理标准的国际影响力。

关于实施层面：

1. 形成崇尚工匠精神的良好社会氛围

在全社会形成尊重工匠、崇尚“工匠精神”的良好社会氛围，是培育和弘扬“工匠精神”的必要条件。在我们的文化传统里，工匠在古代等级社会中一直处于社会下层，工匠往往不入统治者的“法眼”而被归为“三教九流”。唐宋以后，手工业者身份地位虽有所提高，但封建王朝依然奉

行“重农抑商”的基本国策，将工商业视为末业，对工商业者进行压制。元代又开始通过严格的“匠户”户籍制度对工匠进行种种限制和奴役，使工匠一直难以获得与普通劳动者平等的社会地位。特别是儒家主流思想向来强调“万般皆下品，唯有读书高”，倡导“君子不器”，轻视职业技能教育，认为匠人们都是一些奇技淫巧，君子应该修齐治平，不为物役。而当代中国虽早已是世界工厂，但社会和企业依然缺乏对工匠和“工匠精神”的重视和尊重。在全社会形成尊重工匠、崇尚“工匠精神”的氛围，其实质是对劳动、知识和创造的尊重。这既是培育和弘扬“工匠精神”的必要条件，也是社会文明进步的重要表现。

2. 建立系统的职业培养机制

一是要深化现代职业教育改革。也就是要以改革的思路，加快发展与技术进步和社会需求相适应、产教学同“工匠精神”深度融合的现代职业教育，培养大量的工程师、高级技工和高素质职业人才；二是要继承古代“师徒制”教育传统。古代流行的中国艺徒制度和西方行会的学徒制，采取的都是一种“言传身教”的教学方式，学徒都是在实践中不断磨炼技艺，体验并形成精雕细琢、精益求精、严谨专注的职业精神。特别是，“师徒制”通过“手把手”“一对一”的培养方式，有利于那些非物质传统技艺的传授和“工匠精神”的养成。三是要实行国家工匠技能认证制度。也就是在加强现行职业教育法规执行力度的同时，借鉴国外职业教育考试制度，全面实行工匠职业从业资格考试制度和工匠技能等级认证制度，不断提高职业资格水准和职业荣誉感。

3. 打造精益求精的企业文化

企业文化是企业在长期的生产经营活动中形成的经营理念、经营目的、经营方针、价值观念、经营行为、社会责任、经营形象等的总和。是企业个性化的根本体现，它是企业生存、竞争和发展的灵魂。显然，以“工匠精神”为核心的工匠文化是企业文化建设必不可少的重要组成部分。正如《周易》所言：“观乎人文以化成天下”。文化价值来自于“化人”的过程，同时又必须回归于“化人”的过程。无疑，“工匠精神”中蕴含的巨大力量，也需要通过融入企业文化建设而得到发扬光大，并使之在滋养员工精神、推动企业发展中得到验证和释放。

4. 完善激励工匠精神传承的保障体系

完善激励保障体系是“工匠精神”得以传承和发扬不可或缺的重要措施。一是要建立传统工匠技艺知识产权保护制度。通过运用法律、制度等形式加强与工匠相关的知识产权、技术专利的保护工作，最大限度地保护传统工匠的合法权益不受侵害；二是要建立濒临失传的传统工匠技艺抢救制度。要建立专项基金，抢救性保护那些濒临失传断代的民间传统技艺、工艺，抢救挖掘那些濒于失传的独门绝技，请大师名匠著书立说或为他们撰写人物志和传记，发扬光大传统技艺和“工匠精神”；三是要建立优秀民间传统技艺表彰奖励制度。可借鉴当今建筑界“鲁班奖”、工艺美术界“金奖”“银奖”形式，对技艺界的精品、优品实行专项奖励制度，以此树立标杆鼓励赶超；四是要建立名品优品特品甄别追究制度。为增加工匠的责任心和荣誉感，可借鉴古代社会“物勒其名”的办法，利用条形码、二维码等现代网络技术手段，对工匠、技师的每一件作品、产品实行甄别认证，既保障他们的著作权、让他们“扬名立万”，又对他们实行终身责任追究，以此强化“工匠精神”的建设。

“路漫漫其修远矣，吾将上下而求索！”

工匠精神的回归之路还很长，绝非一时之功，需要整个社会共同努力，点滴积累，方得大成。

12.5 工匠精神筑造精品——精雕细琢出精品

大名鼎鼎的齐白石可谓家喻户晓，提起他，我们总会不约而同地想到他画的活灵活现的虾。灵动而呈半透明质感的虾在水中嬉戏，或急或缓，时聚时散，疏密有致，浓淡相宜，情态各异，着实惹人喜爱。然而白石老人取得这样前无古人的成就却是来之不易。

为了画好虾，他在案头的水盂里养了长臂青虾，这样就可以经常观察虾的形态并写生，能更好地了解虾的结构和形态。在观察虾的过程中，将虾的进退、游的急缓，甚至斗殴、跳跃等情态都统统收于笔端。在画虾的头胸部时，先用小勺舀清水滴在蘸了淡墨的笔腹上，使之有了硬壳般的感觉。在画腹部时，强调腹部第三节的拱起，很好地表现了虾体的曲直、弹跳的姿势。又将虾钳的前端一节画粗，笔力得以体现。更令人叫绝的是在虾的头胸部的淡墨未干之际加上一笔浓墨，立刻增加了透明感，也使中国画的笔墨味道更浓了。

七十岁以后白石老人画虾已基本定型，但仍在不停改进，使其日趋完美，直至炉火纯青。

正是白石老人这种锲而不舍、精益求精的工匠精神，成就了价值连城的“白石虾”画作精品，并被世人推崇。

工匠精神成就精品，这是它的先天优势。工匠精神追求的是对产品的精雕细琢、精益求精、没有最好只有更好的精神理念。它的目标是打造行业内最优质的、其他同行无法匹敌的卓越产品。它的理念注定了匠人喜欢不断雕琢自己的产品，不断改善自己的工艺，享受着产品在双手中升华的过程。它的内涵决定了匠人对自己的产品容不得半点瑕疵，追求的是极致，行走的是一条不平凡的精品之路。

精益：注重细节，追求完美和极致，不惜花费时间精力，孜孜不倦，反复改进产品，把 99%提高到 99.99%，甚至提高到 100%；

严谨：一丝不苟，不投机取巧，追求系统、严谨。确保每道工序、每个部件的质量，对产品采取严格的检测标准，坚决杜绝不足和遗漏；

专注：耐心，坚持。保持“咬定青山不放松”的精神，不断提升产品和服务，永不停止追求进步，不断摸索、不断改进、不断完善；

专业：术有专攻，有方法、讲技巧，不蛮干、不屈从。保持科学的态度、求真务实的作风；

敬业：兢兢业业，用心做事。做事来自内心的热爱，源于灵魂的本真，不图名不为利，只是单纯地想把一件事情做到极致。

这些内涵交相呼应、相互补充，注定会铸就精品。

当然，工匠精神出精品不是喊口号，而是要有实实在在的行动。

在个人层面：就是要认真、敬业。不仅仅把工作当作赚钱养家糊口的工具，还要树立起对职业敬畏、对工作执着、对产品负责的态度，注重细节，不断追求完美和极致，给客户无可挑剔的体验。同时，将一丝不苟、精益求精的工匠精神融入每一个环节，做出打动人心的一流产品，坚决杜绝“差不多就行的精神”。

在企业家层面：就是要讲企业家精神。具体表现为：一是创新精神：企业家通过从产品创新、技术创新、市场创新到组织形式创新等全面创新，从创新中寻找新的商业机会，保持创新、促进创新；二是敬业精神：企业家要将全身心投入到企业的生产经营，把精益求精和创新当作自己的使命，使产品、企业拥有核心竞争力；三是执着精神：企业家要有锲而不舍、永不放弃的精神，不管是在经济低谷，还是在经济高峰，都要保持一颗平常心，持之以恒、永葆初心。

在社会层面：形成倡导精品、激励精品的精品意识。一是倡导精品：在社会上要大力宣传精品、肯定精品，鼓励大家使用精品、尊重精品，促使从业者创造精品、追求精品。二是激励精品：通过一些评比、比武、创优等手段对精品进行分类、表彰，激励从业者精益求精，持续改进，形成创精、赛精、颂精的良好氛围。

12.6 制造大国跃升强国——工匠精神加创新

前段时间新媒体上纷纷扬扬热议一篇新华社报道：

《圆珠笔之问：小小球珠拷问中国制造》

三千多家制笔企业、二十余万从业人口、年产圆珠笔四百多亿支……中国已经成为当之无愧的制笔大国，但一连串值得骄傲的数字背后，却是核心技术和材料高度依赖进口、劣质假冒产品泛滥的尴尬局面，大量的圆珠笔笔头的“球珠”却需要进口。

原来，笔头和墨水是圆珠笔的关键，其中笔头分为笔尖上的球珠和球座体。目前，碳化钨球珠在国内外应用最为广泛，我国已经具有很好的基础，不仅可以满足国内生产需要，还大量供出口。但球座体的生产，无论是设备还是原材料，长期以来都掌握在瑞士、日本等国家手中。

生产一个小小的圆珠笔头需要二十多道工序，传统工艺需要分开进行处理加工。为了满足出口的需求，国内制笔企业开始大量采用瑞士米克朗公司的一体化生产设备，以提高质量和生产效率。而国外生产设备对原材料的要求相对更高，国产不锈钢线材无法适用，必须依靠日本进口易切削不锈钢线材。同时，与之相匹配的墨水也要从德国、日本等国家进口。从而形成了我国当前圆珠笔产量第一，但核心材料和设备却大量依靠进口的“尴尬”局面。

作为世界制造业大国，为何我们却无法实现一个小小零件的完全自主研发和生产？“圆珠笔之问”更是“中国制造业之问”。

诚然，改革开放四十年来，国家经过高速发展，已经成为了全球第二大经济体，制造业也当之无愧地成为第一制造大国，但我们还不是制造强国。从制造大国迈向制造强国，我们还有很远的路要走。这条路如何走的一帆风顺，是应该好好思考的问题。

1. 发展核心是创新

创新能力低下是制约制造业水平提高的关键因素。由于创新研发能力较弱，创新创造不够，“中国制造”总体处于国际分工和产业链中低端，盈利能力和可持续发展能力严重不足。要改变现有局面，就需要坚持把创新摆在制造业发展全局的核心位置，完善有利于创新的制度环境，推动跨领域跨行业协同创新，突破一批重点领域关键共性技术，促进制造业数字化、网络化、智能化，走创新驱动的发展道路。

坚持创新不仅仅是技术创新，重点还要解决机制创新：一是人才机制创新，要坚持“以人为本”的人才观，培养具有创新精神的人才开发体系，高度重视社会各领域高素质人才的有效整合，确保实现“事业创新有人才，人才创新有环境”。二是管理机制创新，要制定政府引导、企业主导的自主创新发展战略和规划，构建国家技术创新生态系统，为企业创新创造条件，优化创新环境。三是激励机制创新，建立有效的自主创新激励机制，将企业的创新行为内化到其追逐利润的经营中去。

2．工匠精神是保证

打造制造强国需要具有工匠精神的匠人。工匠精神是一种专业精神，表现在对工作充满热爱与激情，工作中坚忍执着、精益求精、开拓创新，它是实现制造强国的金钥匙。只有大国工匠才能支撑起中国精品。

近年来，一些企业片面追求即时效益，忽视产品灵魂——品质，粗制滥造，假冒伪劣，靠“山寨”和低价竞争，造成产品品质不高、企业自主创新能力偏弱。淘汰一族不断扩大，也反映出国内产品设计人性化不够，产品精细化不足，耐用性不强，缺乏引领潮流和具有时代特色的产品等问题。如何实现产品的精益求精，如何把制造业做强做精，需要大量有工匠精神的匠人，需要整个行业的工匠精神。

3．质量优先是使命

质量是制造业强国的生命线，质量是企业的生存之本。从合格制造到优质制造，从制造大国到制造强国，质量优先是使命。

“质量优先”是一种理念，也是一种文化，需要企业、社会重视质量、倡导质量。需要形成企业资源、社会资源向优质产品、优秀品牌和优势企业聚集的氛围。需要企业、社会积极主动地进行质量提升、质量创新。进一步形成全社会的质量诚信。

现阶段，制造业质量还面临着一些困境。譬如：质量环境还没形成、质量法治还不完善、地区间的质量水平很不均衡、供给配套能力有待提升，特别是质量效益没有形成引领效应等，这些困境都制约了制造业的质量提升，影响了制造业的质量声誉，无法形成良好的质量诚信。而要建立制造业强国，就必须克服这些困境，在加强制造业基础能力建设的基础上，完善质量治理机制，全面提高产品的一致性、可靠性和稳定性，形成全社会的尊崇质量、爱护质量、质量诚信的良好氛围。

4．品牌意识要觉醒

品牌是一种“信号标准”。品牌意味着高质量、高信誉、高效益、低成本。也意味着客户的信赖和忠诚。品牌的背后要有强大的技术和质量支撑。

品牌是企业的“刚需”，已日益成为企业经营优势的载体。良好的品牌是企业立足市场，获得消费者认可的前提与保障，也是企业在激烈的市场竞争中长盛不衰的基石。同时，品牌也是国家形象的“名片”，当前，国际经贸交流日益频繁，国家形象与企业品牌形象之间的联系也越来越紧密。一个具有国际知名度、全球美誉度的大名牌，是国家的瑰宝、民族的骄傲。

长期以来，我国制造业产业集中度低、规模效益差、创新能力不强，同时，企业也缺乏长远眼光，未意识到建立品牌的战略意义，大多数企业都没有制定和实施品牌战略，严重地影响了企业在世界市场上的竞争能力，极大地制约了企业的发展空间。而随着我国制造业的规模发展，做强做精已成为制造业进一步发展的战略目标，品牌战略、品牌意识也成为制造业发展的当务之选。

要建立和实施品牌战略，首先要提出品牌兴国、品牌兴企的口号，提升国家、企业对品牌的重视程度，其次，要从品牌创立、品牌定位、品牌推广、品牌维护、品牌核心价值塑造等方面用心地创新培育品牌，并用相应的法律法规保护品牌，最后，逐步形成良好的品牌文化氛围，以文化滋养品牌。

从“大”到“强”说起来容易做起来难，它不仅考验着从业者的决心和韧性，也考验着从业者的智慧和能力。“路途曲折不可怕，前途光明伴君行”，愿所有的从业者能够脚踏实地、稳步前行，走出一条行业腾飞的康庄大道。

参考文献

［1］田武. 质量管理体系内部审核及文件编写［M］. 北京：中国计量出版社, 2005.

［2］黄宏升. 统计技术与方法在质量管理中的应用［M］. 北京：国防工业出版社, 2006.

［3］廖永平. 质量管理常用统计技术与方法［M］. 北京：中国科学技术出版社, 2002.

［4］韩以俊. 统计技术实用教程［M］. 北京：中国标准出版社, 1999.

［5］桑德霍姆. 全面质量管理［M］. 段一泓等, 译. 北京：中国经济出版社, 2003.

［6］乔治. 精益 6 西格玛［M］. 方海萍, 魏青江, 译. 北京：机械工业出版社, 2003.

读者意见反馈表

亲爱的读者：

感谢您对中国铁道出版社有限公司的支持，您的建议是我们不断改进工作的信息来源，您的需求是我们不断开拓创新的基础。为了更好地服务读者，出版更多的精品图书，希望您能在百忙之中抽出时间填写这份意见反馈表发给我们。随书纸制表格请在填好后剪下寄到：北京市西城区右安门西街8号中国铁道出版社有限公司大众出版中心 王佩 收（邮编：100054）。或者采用传真（010-63549458）方式发送。此外，读者也可以直接通过电子邮件把意见反馈给我们，E-mail地址是：1958793918@qq.com。我们将选出意见中肯的热心读者，赠送本社的其他图书作为奖励。同时，我们将充分考虑您的意见和建议，并尽可能地给您满意的答复。谢谢！

所购书名：______________________

个人资料：

姓名：__________ 性别：__________ 年龄：__________ 文化程度：__________

职业：__________ 电话：__________ E-mail：__________

通信地址：______________________ 邮编：__________

您是如何得知本书的：

□书店宣传 □网络宣传 □展会促销 □出版社图书目录 □老师指定 □杂志、报纸等的介绍 □别人推荐

□其他（请指明）______________________

您从何处得到本书的：

□书店 □邮购 □商场、超市等卖场 □图书销售的网站 □培训学校 □其他

影响您购买本书的因素（可多选）：

□内容实用 □价格合理 □装帧设计精美 □带多媒体教学光盘 □优惠促销 □书评广告 □出版社知名度

□作者名气 □工作、生活和学习的需要 □其他

您对本书封面设计的满意程度：

□很满意 □比较满意 □一般 □不满意 □改进建议

您对本书的总体满意程度：

从文字的角度 □很满意 □比较满意 □一般 □不满意

从技术的角度 □很满意 □比较满意 □一般 □不满意

您希望书中图的比例是多少：

□少量的图片辅以大量的文字 □图文比例相当 □大量的图片辅以少量的文字

您希望本书的定价是多少：

本书最令您满意的是：

1.

2.

您在使用本书时遇到哪些困难：

1.

2.

您希望本书在哪些方面进行改进：

1.

2.

您需要购买哪些方面的图书？对我社现有图书有什么好的建议？

您更喜欢阅读哪些类型和层次的书籍（可多选）？

□入门类 □精通类 □综合类 □问答类 □图解类 □查询手册类

您在学习计算机的过程中有什么困难？

您的其他要求：